교육심리학

이 위 환 · 김 용 주 공저

청목출판사

머리말

인간은 태어난 직후는 아주 나약하지만, 무한한 가능성을 갖추고 있다. 이러한 인간은 환경을 흡수하고 적응하면서 자기 자신을 창조하면서 성장·발달한다.

최근 학자들의 연구에 따르면 인간의 학습 능력은 오랜 인류의 진화 과정 속에서 이미 유전자 속에 내재되어 태어날 때부터 가지고 태어난다고 한다.

이에 교육은 인간 유기체 저마다의 독특하고 다양한 감춰진 내적능력을 최대로 계발할 수 있도록 보완하고 도와주는 역할이 중요하다. 따라서 인간과 교육은 분리하여 생각할 수 없다. 교육이 인간을 대상으로 한 것이고, 인간은 교육을 통해 자기자신을 창조해 나가는 존재이기 때문이다.

교육심리학은 심리학을 교육에 적용한 응용과학으로서 기본적으로 인간 심리를 이해하고, 보다 나은 교육을 할 수 있는 다양한 관련 이론들을 제공하는 학문이다. 인간 유기체가 태어나서 '어떠한 성장과정을 거치며, 어떤 상태로 성장하는 것을 목적으로 할 것인가?'를 두고 '어떻게 하면 그것을 최상으로 도울 수 있을까?' 하는 것이 교육심리학의 가장 핵심과제이다.

교육의 최종 목표는 자율적인 인간으로서, 바람직한 인격형성과 자아를 실현하는 것이다.

사회가 용인하는 범주 내에서 자유를 행사하고 자유결정에 대한 책임 인식과 더불어 타인을 배려하고 도덕적 사고로 사회공동체 의식을 가지고 자신의 능력을 충분히 발휘할 때 인간으로서의 삶의 질이 향상되고 가치롭다고 할 수 있다.

지금까지 개발된 많은 교육심리학 책들이 기본적으로 다루는 내용에는 큰 차이가 없으며, 그 내용들을 조직하고 구조화하는 데 저자 나름의 약간의 견해 차이와 특색을 지니고 있을 뿐이다. 이 책에서도 교육심리학에서 전통적으로 중시되고 있는 기본개념들을 포함하면서 최근의 동향으로 정신건강에 대해 가능하면 많이 소개하려고 노력하였다.

이 책을 집필하면서 그동안 대학, 대학원 강단에서 교육심리학을 강의하였던 자료들을 보완하였다. 교직에 뜻을 둔 학생들을 비롯하여 교육현장에 있는 교사들에게 교육심리학에서 다루고 있는 주요 이론들에 대한 이해를 돕고, 교육현장에서 활용할 수 있는 길잡이가 되기를 기대한다.

이 책을 펴내기까지 도움을 주신 여러분과 청목출판사 관계자들에게 감사의 인사를 드리고 싶다.

2007년 1월

저자 씀

차 례

제1장

교육심리학의 학문적 성격

1. 교육과 심리학과의 관계
2. 교육심리학의 성격
3. 교육심리학의 연구

1. 교육과 심리학의 관계

교육은 인간행동을 계획적으로 변화시키는 것에 목적을 둔 활동이며 심리학은 인간행동에 대한 이해에 목적을 두고 행동을 기술, 설명, 예언, 통제하는 학문이다. 즉 인간행동은 교육의 대상이며 심리학의 연구주제이다. 효율적인 교육활동을 하기 위해 교육의 대상자인 학습자에 대한 올바른 이해가 필요하며 심리학은 인간행동에 대한 많은 지식과 정보를 제공한다.

임규혁(1997)은 교육심리학을 교육현상을 연구하는 교육학과 인간행동을 과학적으로 이해하려는 심리학의 이론들을 접목시킨 학문으로 설명하고 있다. 여기서 교육심리학은 교육학과 심리학이라는 두 개의 독립된 학문이 교차하는 통합학문으로 이해될 수 있다. 교육심리학에서 다루는 개인차, 학습, 수업전략, 동기유발, 평가, 학생지도의 내용들은 발달심리, 학습심리, 인지심리, 동기심리, 성격심리, 사회심리, 상담심리 등 심리학의 제 분야의 지식에 기초하고 있다.

이와 같이 심리학은 인간행동에 관한 보편적인 지식과 정보를 제공하며 교육심리학의 학습자 행동에 관한 지식과 정보는 심리학의 지식에 기초하기 때문에 교육심리학은 응용학문의 성격을 갖는다. 교육심리학은 단순히 심리학의 지식을 교육장면에 적용하는 수준을 넘어서 교육현장에 있는 학습자 행동을 기술하고 이해하고 설명하며 통제하는 학문이어야 한다. 따라서 교육심리학은 심리학의 응용학문이기보다 하나의 독립학문으로서의 성격을 갖게 된다. 또한 교육과 심리학의 목적과 관심의 차이는 독립학문으로서의 교육심리학의 학문적 성격을 더욱 분명하게 해준다.

첫째, 부분적으로 심리학의 연구주제는 인간의 행동이지만 연구대상은 동물이다. 심리학에서는 동물을 연구대상으로 하여 행동의 이론과 법칙을 체계화했다. 그러나 교육에서는 인간 행동이 유일한 대상이며 연구주제가 된다. 심리학과 교육의 이러한 대상의 차이는 교육현장에서 기초한 심리학적 지식과 심리학의 지식간에 상당한 차이가 있음을 의미한다. 정신적 기능을 갖고 있는 인간은 동물과 달리 능동적이며 자기 규제적인 행동을 한다. 또한 인간은 언어를 통해 경험을 전달하며 사회-심리적 관계는 역동적으로 행동에 영향을 준다.

둘째, 심리학은 일반적이고 보편적인 행동의 원리, 법칙, 이론을 구축하는 것에 목적이 있다. 교육의 목적은 개인의 행동적 특성에 관심을 두고 모든 학습자의 행동을 효과적으로 변화시키는 것이다.

셋째, 심리학의 많은 이론과 법칙은 엄격히 통제된 실험장면에서 연구되었다. 반면에 교육학의 이론들은 통제가 어려우며 예측할 수 없는 역동적인 교실장면에 기초해야 한다. 실험 상황은 변인들을 임의로 완전하게 통제할 수 있지만 교실상황에서는 통제할 수 없는 많은 심리적 변인들이 개인의 행동에 영향을 주고 있다.

넷째, 심리학의 학습이론은 학습과정에 초점을 두고 그 이론을 체계화했지만 교육은 교수-학습의 과정(teaching-learning process)에 초점을 두고 있다. 효율적인 학습은 학습자의 일방적인 학습활동의 결과가 아니라 교수활동과 학습활동의 상호작용의 결과이다. 교수-학습과정에 관한 체계적인 이론은 학습자에게 가장 효과적인 수업전략을 계획하도록 함으로써 학습을 향상시킨다.

교육과 심리학의 이러한 차이가 교육심리학과 심리학의 학문적 경계를 명확하게 구분시키는 것은 아니다. 실제로 각 학문들은 학문적 경계가 모호해서 연구 분야를 부분적으로 서로 공유할 수 있기 때문에 완전히 배타적으로 독자적인 연구영역을 갖고 있는 것은 아니다. 단지 각 학문이 부분적으로 고유한 관심분야나 연구영역을 갖기 때문에 학문간의 차이를 구분할 수 있다. 마찬가지로 교육심리학도 심리학의 지식에 기초를 두고 있으면서 고유한 관심과 연구영역을 갖고 있다. 결론적으로 교육심리학은 학습자의 행동을 효과적으로 변화시키기 위한 수업전략 및 교육방법을 고유한 연구주제로 하고 있는 교육학의 한 분야이다.

2. 교육심리학의 성격

앞에서 교육심리학의 의미를 파악하는 데 도움을 주기 위하여 교육과 심리학과의 관계를 살펴보았다. 이제 교육이 성립되는 과정 즉 교육의 과정(educational process)상에서의 교육심리학의 성격을 좀더 구체적으로 알아보고자 한다.

교육이 성립되는 일련의 과정은 학자에 따라 여러 가지 기본요소들을 포함시키고 있다. 그러나 일반적으로 교육의 과정은 첫째, 교육목표의 설정 둘째, 학습내용(경험)의 선정 셋째, 학습내용의 조직 넷째, 교수-학습의 방법(실제) 다섯째, 평가의 다섯 단계로 생각할 수 있다. 먼저 이들 관계를 간단히 설명하고 이들 단계들과 교육심리학과의 관계를 살펴보기로 한다.

첫째, 교육목표 설정은 가르치고자 하는 행동특성을 결정하는 일이다. 즉 어떤 사람, 무엇을 할 수 있는 사람이 되게 할 것인가?의 문제가 된다. 결국 교육목표는 교육을 통하여 달성하고자 하는 행동변화를 지칭하며, 지식의 이해 · 응용 · 사고 · 창의력 · 흥미 · 태도 · 가치관 · 제반 기능 등의 일반적 및 특수적인 행동의 변화를 포함한다.

둘째, 학습경험 선정은 교육목표의 달성을 위하여 포함되어지는 학습해야 할 내용을 선정하는 것을 의미한다. 즉 교육목표에서 결정된 행동특성을 형성하기 위하여 무엇을 가르쳐야 할 것인가를 결정하는 단계이다. 다시 말해서 무엇을 가르쳐야 그러한 목적하는 바의 행동특성을 지닌 인간이 되게 할 것인가?의 문제가 이 단계에서 해결되어야 한다.

셋째, 학습 내용의 조직은 선정된 학습 내용의 범위(scope)와 순서(sequence)를 결정함을 의미한다. 즉 가르쳐야 할 학습내용이 결정되면 그것을 어느 정도의 범위에서 그리고 무엇을 먼저 가르치고 무엇을 뒤에 가르칠 것인가?의 문제를 해결해야 하는 단계이다.

넷째, 교수-학습방법(실제)의 결정은 선정되고 조직된 학습내용을 언제(when), 어떻게(how) 가르칠 것인가를 해결하는 단계이다. 즉 학습지도의 실제 또는 실제수업의 단계를 의미한다. 어떤 행동특성을 지닌 인간으로 교육하기 위하여 내용을 선정하고 선정된 내용을 조직하여, 실제로 그것을 '언제, 어떻게, 가르칠 것인가?'의 문제가 이 단계에까지 이르는 것으로 보면 되겠다.

다섯째, 평가의 단계는 처음 설정한 목표의 도달 여부를 알아보는 단계이다. 예를 들어 인사를 잘 하는 사람이 되게 한다는 것이 교육목표였다면 과연 인사를 잘 하는 행동특성을 갖게 되었는지? 그러한 행동특성을 지니고 있다면 어느 정도인지를 알아보는 단계이다. 만약 이 평가의 단계에서 처음 설정한 교육목표에 도달하지 못했다면 지금까지 기술한 다섯 단계를 재검토하여 수정 보완해야 한다. 이러한 수정보완이 시대적·사회적 변화의 요인으로 작용될 때 이를 교육과정(curriculum)의 개편이라고 한다.

지금까지 살펴본 교육의 과정상에서 교육심리학의 작용은 모는 단계에 교육심리학의 배경이 개재되지 않는 곳은 없다. 즉 교육목표를 설정하고, 교육내용을 선정·조직할 때에도 물론 교육심리학의 이론이 개재되고 있다. 그러나 특히 넷째 단계인 교수-학습방법(실제)을 결정하는 단계에서는 가장 직접적으로 교육심리학적 원리가 작용되는 것이다.

발달단계에 따르는 인간특성을 고려하여 목표를 설정하고 그에 따라 내용을 선정하고, 조직해야 하며, 발달수준에 적합한 시기에 가르쳐야 한다. 그리고 학습자의 특성에 따라 가르치는 방법을 달리해야 한다. 이들은 모두 교육심리학의 연구대상이 된다.

앞에서 기술한 교육과 심리학과의 관계, 교육과정상에서의 교육심리학의 위치 등을 배경으로 교육심리학의 성격을 요약해 보면 다음과 같다.

첫째, 교육심리학은 교육의 준비과정에 기여한다. 교육목표 설정의 준거 또는 자료로서의 인간 또는 학생의 발달특성이 파악되어야 하고, 교육과정 속에 담겨질 지식의 구조화나 과학적 준거로서 인간의 인지구조나 그 변용, 인간행동의 규명이 교육심리학적 지식을 통하여 가능하다.

둘째, 교육심리학은 심리학적인 원리를 적용하여 교수-학습과정의 기능을 극대화시킨다. 교육목표를 달성하기 위해 즉, 교수-학습과정의 기능을 극대화시키기 위해 많은 심리학적 원리가 적용될 수 있다.

셋째, 독립적인 연구 분야로서의 교육심리학은 발달이론, 학습이론, 성격이론, 상담이론 등의 심리학에서 개발된 여러 가지 원리를 적용함으로써 독립적인 학문이긴 하나 응용학문으로서의 역할도 한다.

넷째, 교육심리학의 내용은 교육자가 직면하는 의문이나 문제를 과학적으로 추론하는 일들로 이루어진다. 물론 그 중에서도 일차적인 관심은 수업과 학습에 있다. 그러나 교육이란 의도적이고 계획적일 뿐만 아니라 비의도적·비계획적인 즉시적 상호작용에 의하는 잠재적 교육도 포함되며 학력만이 아니라 정의적 특성까지 포함시킨다면 교육심리학이 바라는 이차적 관심은 생활지도를 통한 정신건강과 적응 그리고 성격문제까지 포함된다.

3. 교육심리학의 연구방법

한 변인이 다른 변인에 어떻게 영향을 주는가를 밝히고 이러한 변인 간의 관계에 대한 체계적인 이론을 구축하기 위해 교육심리학에서는 다양한 연구방법을 사용한다. 다음은 교육심리학자들이 체계적인 원리와 이론을 정립하기 위해 교육현장에서 사용하는 대표적인 연구방법들이다.

(1) 서술연구

서술연구(descriptive research)는 관심이 있는 특정상황을 사실 그대로 기록하는 방법이다. 이 연구방법은 교실 안팎의 모든 교육활동을 관찰하고 기록하여 교육실제와 관련된 다양한 정보를 제공한다. 서술연구에서는 정확하고 객관적으로 관찰하고 사실 그대로 기록하는 것이 가장 중요하다. 이와 같은 서술연구를 통해 교육현장을 객관적으로 관찰하고 정확하게 기록하는 것은 교육활동을 이해하는데 중요하다. 예를 들어 서술연구에서는 학급규모(65명 단위, 25명 단위), 학급편성 방법(능력별 학급과 평준화 학급), 학급 구성원의 성(남녀 분반, 혼성 반), 수업시간 단위(50분, 120분 단위) 등 각기 다른 객관적인 관찰과 정확한 기록을 하기 위해서 관찰 대상자들이 관찰자를 의식하거나 또는 관찰자의 존재에 의해 방해받지 않도록 주의해야 한다. 그래서 관찰자늘은 신분을 가장하거나 녹음기나 비디오를 사용하여 기록하기도 한다.

(2) 관찰법

① 관찰법의 의미

연구에서 가장 오랜 역사를 가진 방법인 동시에 연구의 기본 수단이라 말할 수 있고 모든 연구법에 공통적으로 활용하는 방법이다. 특히 관찰법은 인간이해의 기본적인 방법으로 피험자의 연령에 제한을 받지 않는다는 점에서 영아, 유아, 아동, 청년, 성년에 이르기까지 어떠한 피험자에게도 적용될 수 있는 방법이다. 관찰에는 다음과 같은 두 가지 방법으로 나뉘어진다.

• **자연적 관찰법** : 이 관찰은 특별한 조작이나 계획 또는 관찰장치 없이 어떤 사상이나 행동이 자연적으로 일어나는 모습 그대로의 상태를 관찰하는 방법이다.

• **실험적 관찰법(조직적 관찰법)** : 실험적 관찰은 과학적 연구의 모든 면에서 쓰여지고 있는 방법으로서, 관찰하려고 하는 대상을 인위적이고 고의적으로 조건을 변화시켜서 관찰하는 것이다. 즉 특별한 실험기구를 사용하거나 일정한 사상이나 조건을 연구 목적에 따라 의도적인 조건을 가지고 관찰하는 것이다.

② 관찰법의 장 · 단점

관찰법의 장점으로는 연구대상이 제한을 받지 않으므로 어떤 대상에게나 적용시킬 수 있고, 직접조사이므로 질문지법과 같은 간접조사보다 신뢰도를 높일 수 있고 관찰을 통해 부수적인 자료를 수집할 수 있는 장점이 있다. 단점으로는 관찰할 수 없는 대상이나 내용이 있을 수도 있고 관찰목적에 알맞은 현상을 포착하기 어려울 때가 있으며 관찰에 있어서 선입견이나 편견에 사로잡히는 수가 있다. 관찰결과 해석에 주관성이 개입될 가능성이 많다는 점이다.

(3) 면접법

① 면접법의 의미

면접법이란 일상생활에서 아동과 부모가 교사와 서로 대화할 때 그 대화의 내용이나 태도에서 필요한 자료를 얻거나 또는 지도·조언할 수 있는 방법을 말한다. 그래서 면접법은 학생 개개인에 대하여 자세히 그리고 깊이 문제를 추구하는 기술로서 독자적인 의의를 가지고 있는 것이다(Ruth, 1975).

그러므로 면접시에 면접자는 선입견이나 편견을 배제하고 내담자와 면접자 사이에 서로 신뢰할 수 있는 개방적 분위기를 소유할 수 있도록 하여 래포(rapport)가 형성되어 질문에 응해 줄 수 있도록 계획을 잘 세우고 요령 있는 화술과 기술을 발휘해야 한다. 여기서 래포(rapport)란 상담심리학에서 상담자(counselor)와 내담자(client) 사이의 따뜻하고 가까운 신뢰 관계(친밀감)를 의미하며, 심리검사(psycho assessment)에 있어서는 검사자와 피검사자 사이의 안락하고 따뜻한 분위기를 말하는데 이것은 상담의 '촉진적 관계'의 예비적 단계라고 볼 수 있다.

② 면접법의 종류

면접에는 직접면접 방법(directive interview methods)과 간접면접 방법(indirective interview methods)이 있는데, 직접면접 방법은 직접 피험자와 대면하여 상담을 통하여 심리적인 면을 파악하는 것이고, 간접면접 방법은 간접적으로 피험자와의 대화가 아니라 관찰자나 친구를 개입시켜서 이야기를 하게 하는 것이다. 면접법은 특히 피험자의 향성(向性)에 따라서 직접면접과 간접면접을 구별하여 사용해야 한다.

③ 면접법의 장 · 단점

면접법은 문장 해독력이 없는 사람에게서도 자료를 수집할 수 있고, 응답자의 표정이나 태도를 상세히 관찰하므로 반응의 진실성여부를 알 수 있으며 주목적 이외의 부차적인 자료를 수집할 수 있다는 장점이 있는 반면 시간과 경비가 많이 들며, 단기간 내에 많은 자료를 수집하기 곤란하고 면접기술이 미숙할 경우 편견이나 그릇된 판단이 작용하게 되는 단점이 있다.

(4) 질문지법

① 질문지법의 의미

질문지법(설문지법)이란 연구하고자 하는 어떤 문제나 사물에 관한 필요한 사항을 알아보기 위하여 일련의 문항들을 체계적으로 조직하여 작성한 것으로 조사대상자가 그 물음이나 사실에 대해서 자기의 의견이나 관계되는 사실에 대답을 기술하도록 하는 방법이다.

② 질문지법의 유형

• **자유반응형** : 자유반응형, 주어진 질문에 자유스럽게 반응할 수 있도록 되어 있는 문제형식을 자유반응형이라고 한다. 응답자가 아무런 제한을 받지 않고 자유롭게 반응할 수 있는 장점이 있지만, 다양한 반응을 정리하고 요약하는데 많은 시간과 노력이 들고 주관적 판단이 재개되기 쉬운 단점이 있다.

• **선택형** : 한 문항에 두 개 이상의 답지를 주고, 그 가운데서 응답자로 하여금 적당한 답지를 선택하도록 하는 방법이다. 위의 방법에 비해 결과 처리가 용이하고 응답자들의 협조를 얻기 쉬운 장점이 있다.

• **체크리스트형** : 체크리스트란 어떤 행동이나 특성을 목록화한 것이다. 어떤 한 문제에 10여개 이상의 항목을 제시하고, 응답자에게 해당하는 항목을 모두 표시하도록 하는 방법으로 어떤 행동특성이나 사건의 반응 여부에만 관심이 있을 때에 한하여 사용하는 것이 바람직하다.

• **평정척도형** : 응답자에게 미리 정해 놓은 척도에 반응하도록 만든 설문지 형식을 평정척도형이라고 한다. 개인의 행동특성에 관하여 객관적 방법으로 수집할 수 있다. 평정척도는 문항의 성격에 따라 찬성정도, 만족정도 등을 나타낼 수 있도록 만든다.

• **순위형** : 이것은 제시된 항목들을 일정한 기준에 따라서 최상위에서 최하위까지 순위를 매기도록 하는 방법으로, 순위를 매겨야 할 항목이 10개 이내의 항목으로 하는 것이 적당하다.

• **분류형** : 일정한 기준이나 표준에 따라서 질문항목을 분류하는 방법이다. 기준이나 표준으로는 혐오, 찬부, 흥미, 태도가 된다.

• **조합비교형** : 여러 개의 조사항목을 두 개씩 짝지어서 순차적으로 비교시키는 방법이다.

③ 질문지법의 장 · 단점

질문지법의 장점으로는 비용이 적게 들고 간편하며 많은 자료의 조직적 수집이 가능하고 일시에 많은 대상자에게 실시할 수 있기 때문에 시간이 절약되고 연구대상자에게 미치는 영향이 적다. 단점으로는 질문지는 응답자의 문장이해력과 표현능력에 크게 의존하기 때문에 진위를 확인하기 어려우며, 질문지의 회수율이 낮을 수 있다는 점이 지적될 수 있다.

④ 질문지 작성상의 유의점

· 질문지의 현실은 가능한 한 간단하고 명확하게 작성하여야 한다.
· 질문지는 하나의 내용을 물어야 한다.
· 도덕적, 사회적으로 불리해지는 질문은 피해야 한다.
· 질문에 사용하는 언어는 그 의미가 누구에게든지 확실하고 분명한 것이라야 한다.
· 질문의 순서와 배열을 적절히 고려되어야 한다.
· 정직하게 응답할 수 있도록 지시문 작성에 유의하여야 한다.
· 질문지 작성시 조사결과의 정리가 용이하도록 미리 배려하여야 한다.
· 질문지를 작성할 때는 기명으로 할 것인가, 무기명으로 할 것인가를 분명히 결정하고 실시하여야 한다.

(5) 투사법

투사라는 것은 사람의 마음 속에 들어 있는 무의식적 행동, 감정, 생각 및 태도를 다른 대상에 투영시킴으로써 자신의 긴장을 이완 해소하려는 일종의 방어기제(defense mechanism)인데 반하여 투사법(投射法)이란 인간의 심중에 숨겨진 욕구라든가 감정, 상태 등을 투사시켜서 통찰(洞察)하는 방법으로서 이 방법의 특징을 Frank는 피험자로 하여금 그들의 개인적 세계와 성격의 단면을 여러 가지 표현시키는 데 있다고 하였다.

① 언어 자극을 사용하는 방법

• **언어연상검사**(言語聯想檢査, Word association test) : 연상을 이용하는 검사로 감각적인 자극어를 이용해서 이에 대한 반응의 규칙성과 불규칙성, 그 반응어와 반응시간 및 반응동작 등으로부터 그 개인의 심리적 요소의 결합된 모양을 검사하는 방법이다.

• **문장완성검사**(文章完成檢査, sentence completion test) : 불완전 문장을 피험자에게 제시하여 그 문장을 완성시킨 후 이 완성된 문장을 분석하여 개인의 감정, 공상, 욕구, 태도 등을 알아내는 방법이다.

② 시각적 자극으로서 도형이나 회화를 사용하는 방법

• **로르샤하잉크반점검사**(半點檢査, Rorschach ink－blot test) : 잉크를 종이에 떨어뜨리고 그 종이를 반으로 접으면 그곳에서 대칭적으로 묘한 도면이 생긴다. 이것을 피험자에게 1매씩 보이면서 장소, 반응결정요인, 내용반응 그리고 시간반응들을 검사하여 그것에 해석을 가하는 방법을 말한다.

• **그림욕구좌절검사**(慾求挫折檢査, picture frustration test) : 25매의 어떤 욕구가 좌절된 상태를 그린 만화와 비슷한 그림을 보여주고 피험자로 하여금 비어 있는 곳에 반응을 나타나게 하여 그 결과로 성격을 진단하는 방법이다.

• **주제통각검사**(主題統覺檢査, thematic apperception test) : 통각이란 지각에 의한 주체를 통일한다는 의미로 무의미하고 불확실한 사람들의 그림을 보여주고 그 그림을 중심으로 전후의 관계를 상상하게 하여 생각나는 것을 말하게 하는 방법이다.

• **아동통각검사**(兒童統覺檢査, childern apperception test) : 일정한 표준자극을 지각할 경우의 개인차의 동적 의식을 연구함으로써 성격을 검사하는 방법이다.

• **존디검사**(Szondi test) : 동성애, 잔인성살인자, 정신분열증, 긴장

형, 전간(epileptic), 편집광, 울증, 조증인 사람들의 사진으로 되어 있다. 8장의 사진을 보여주고 이 중에서 가장 좋아하는 얼굴 두 장을 고르도록 하며 만약 좋아하는 얼굴이 없고 싫어하는 얼굴만 있을 경우 싫어하는 얼굴 두 장을 고르도록 한다. 이렇게 6~10회 실시한 결과를 기록하여 적절한 해석을 한다.

• **형태검사**(形態檢査, visual matergestalt test) : 벤더(Bender)가 제작한 것으로 9개의 기하학 도형을 모사(模寫)시키는 방법이다. 이 검사는 형태심리학을 근거로 하여 유사성, 근접성, 연속성, 방향성, 포괄성 등 차례로 보여주고 어떤 방식으로 모사해서 그리는지, 9개의 도형을 한 장의 종이에 어떻게 배치해 가는지를 파악한다.

③ 표현이나 행동에 의한 방법

• **핑거페인팅검사**(finger painting test) : 그림을 그릴 수 있는 재료 중 여섯 색을 주고 손으로 직접 그림을 그리게 하여 그것을 어떤 기준에 입각하여 해석하는 방법이다.

• **모자이크검사**(mosaic test) : 5종류의 플라스틱으로 만든 토막을 피험자에게 주어 그릇 속에다가 자기가 만들고 싶은 모양을 자유스럽게 만들게 하여 그 형태를 가지고 해석하는 방법을 말한다.

(6) 사회측정법

사회측정법은 일명 수용성 검사 또는 교우관계 조사법으로 알려져 있는 방법의 사회성 검사는 정신의학자 모레노(Moreno)의 고안으로 집단 내의 개인적·사회적 반응을 평가하기 위하여 만들어진 것이다. 이 측정법은 학생집단의 사회적 구조, 학생 상호간의 인간관계, 집단내의 대인관계 등 질문지를 통하여 그 반응의 결과를 알아보아 적응력 관계를 조사하는 것이다.

(7) 검사법

금세기 초에 비네(Binet)가 지능검사를 창안한 것이 효시가 되어 오늘날 개인의 능력, 흥미, 성격, 적성 등 특성을 측정하는 기술로 다양하게 발전하였다.

검사법의 기능은 ① 예언 ② 진단 ③ 연구로 나눈다. 검사의 종류는 분류하는 기준에 따라 여러 가지로 구분할 수 있는데, 검사의 성격에 따라 나눠보면 다음과 같다.

① 지능검사

지능의 요인을 측정 혹은 진단할 수 있도록 제작된 검사를 지능검사라 한다. 이 검사는 각기 학생들을 상담하는 데 있어 당면하는 학구적 결정을 고려한 교사의 평점과 다른 학업성취에 관한 자료를 보충하면서 정규교육을 수행할 수 있는가의 여부에 관한 학생능력의 독자적인 평가를 제공해 주고 능력수준에 따르는 학생들의 수준을 확인하여 직업에서의 성공과 적응의 예언을 명확히 확증하는 데 필요한 요소이다.

② 적성검사

개인의 적성을 측정하여 장래 활동분야에서의 성공도를 예측하려고 하는 검사이다. 검사의 측정내용은 대체로 언어추리능력, 수량능력, 추상적 추리능력, 공간 지각력, 기계 추리능력, 지각속도 및 정확성 등으로 구성된다.

③ 학력검사

학업성취도를 측정하려고 할 때 사용하는 검사로서, 교사자체의 검사와 전문가에 의해서 만들어진 표준화검사(standardization test)가 있다. 표준화 검사는 측정하려는 행동특성이 분명히 정의되어 있고, 측정결과가 수량화되어 있으며 동일연령 집단과 비교해서 해석할 수 있다는 점에서 가장 정확하고 객관적인 방법이라 할 수 있다.

④ 인성검사

개인이 기질, 성격, 성향, 정서적 상태 등을 진단해 보려고 할 때 사용하는 검사이다.

(8) 사례연구법

사례연구법이란 문제를 가지고 있는 특정의 개인에 대하여 여러 가지의 필요한 사항이나 각종 자료를 수집・조사하여 곤란이나 부적응의 본질 및 원인을 발견하여 그것을 제거하기 위한 처리 방법을 세우고, 그에 대한 적절한 치료 및 지도방법을 찾아내는 방법을 말한다.

사례연구의 양식은 그 사례가 가지는 성격과 환경, 연구의 기능, 조사목적에 따라서 형식과 내용이 달라질 수 있고 다양하다. 그러나 대부분의 형태는 똑같은 기본적 정보를 취급하고 있다(Shertzer & Stone, 1981).

(9) 누가기록법

학교에서 많이 취급하고 있는 생활기록부가 이에 해당한다. 개인에 관한 포괄적이고 객관적인 자료를 생활기록부에 적어 학생 이해에 도움이 되도록 하는 것이다. 개인의 어려서부터 자라온 성장 발달에 관한 모든 정보를 체계 있게 그리고 종합적으로 요약하여 누가적으로 기록하고 보관하여 필요에 따라 언제나 이용할 수 있도록 꾸며진 기록부를 말한다. 그러므로 누가기록부에는 한 개인에 관한 기본적인 모든 자료가 포괄적으로 기입되어 있어야 한다.

좋은 누가기록부라 하면 적어도 가정 배경, 학력, 누가적으로 밟아온 교과명과 그 교과에 있어서의 성적, 제반 표준화 검사결과, 중요한 일화 기록, 교사들에 의한 행동 평가, 교육적 및 직업적 흥미, 희망, 상담, 면접의 중요한 개요, 특별교육활동 사항, 중요한 노작경험, 건강 및 신체적 발달과정, 기타 교사나 카운슬러(상담자)가 특기(特記)하고자 하는 정보 등을 기재할 수 있는 란(공간) 등이 포함되어 있어야 한다.

(10) 상관연구

상관연구(correlational research)는 교육심리학에서 가장 많이 사용하는 연구 방법이다. 교육장면에서 변인들을 관찰하고 기록한 기술적 연구의 결과를 보면, 관찰된 변인들 사이에 어떤 관련성이 있음을 발견할 수 있다. 상관연구는 변인들을 정확하게 관찰하고 기록하는 서술연구를 발전시켜 두 변인의 상관관계(관련 정도)에 관한 정보를 제공한다. 여기서 변인(variables)이란 연령, 성, 성취, 태도, 학습행동 등과 같은 한 개 이상의 값을 갖는 것을 의미한다. 예를 들어 출석확인과 학생들의 출결행동의 관찰에서 출석확인이 학생들의 출석은 증가시키고 결석은 감소시켰다면 분명히 이 두 변인은 관련이 있다고 볼 수 있다. 한 변인이 또 다른 변인과 어느 정도 관계가 있으면서 또 어떤 방향으로 관계되어 있는지를 나타내는 것이 상관관계이다. 또한 두 변인의 관계의 정도와 방향을 수치로 나타낸 것이 바로 상관계수(correlation coefficient)이다.

(11) 실험연구

실험연구(experimental research)는 한 변인이 다른 변인의 원인이 된다는 가설을 전제로 한 변인이 다른 변인에게 미치는 효과를 검증하는 방법이다. 원인이 된다고 가정한 한 변인의 변화에 의한 또 다른 변인의 변화를 측정함으로써 변인들 간의 인과관계를 밝힌다. 가령 보상이 과제수행에 미치는 효과를 밝히는 실험연구에서 연구자는 우선 '보상은 과제수행 행동에 영향을 줄 것이다'라는 가설을 세운다. 그리고 과제수행에 대해 보상을 제공하는 집단과 보상을 주지 않은 집단의 과제수행 정도를 측정하고 비교한다. 이 결과 보상을 받은 집단의 과제수행은 증가하였고 두 집단의 과제수행 수준에 유의한 차이가 있었다면 보상과 과제수행의 두 변인은 상관관계가 있을 뿐 아니라 보상이 과제수행 수준의 행상(行狀)에 원인이 된다고 설명할 수 있다.

이 때 보상과 같이 연구자가 조작하는 변인을 독립변인(independent variable)이라고 하며 독립변인에 의해 영향을 받아 변화하여 측정한 변인을 의존변인(dependent variable)이라고 한다. 교사의 기대수준이 학생들의 학업성취수준에 미치는 효과를 밝히는 연구는 먼저 '교사의 기대는 학업성취수준에 영향을 줄 것이다'라는 가설을 세우고 그리고 교사의 기대수준이 다른 두 집단을 만들고, 기대수준 집단과 기대수준이 낮은 집단의 학업성취를 측정한다. 여기서 교사의 기대수준은 독립변인이고 학업성취결과는 의존변인이 된다.

제2장

학습자 이해

1. 발달 개념
2. 발달 요인
3. 발달 원리
4. 결정적 시기
5. 발달단계와 발달과업
6. 인간의 가능성

1. 발달 개념

교육심리학이 효과 있는 교육적 행동을 행하기 위한 심리학적 지식 체계를 의미하는 것이라고 한다면 인간 발달을 이해함으로써 보다 바람직한 교육적 행동에 적용될 수 있는 것이다. 교육은 인간발달 속에서 행해지는 것이기 때문에 인간의 발달과 분리해서 생각할 수 없다.

발달의 개념을 살펴보면, 발달(development)이란 수정란이 태아로 형성되어 출생, 성장, 노쇠과정을 거쳐 죽음에 이르기까지 인간의 전 생애를 통해 계속되는 과정을 말한다.

과거의 발달심리학자들은 주요 연구대상이 좁은 의미에서의 수태에서 청년기에 이르기까지 나타나는 상승적 혹은 긍정적 변화로 진보, 향상 등의 진화적 변화과정에만 관심을 갖는 경우가 많았지만, 근래에는 넓은 의미에서의 상승적 변화는 물론, 청년기 이후의 하강적 혹은 부정적 변화로서 감소, 쇠퇴 등의 퇴화적 변화과정까지 전 생애를 연구대상으로 본다.

이러한 발달과정은 시간이 경과함에 따라 양적 또는 질적으로 변화하는 과정으로, 양적인 변화는 크기 또는 양에서의 변화를 의미하며, 질적인 변화는 본질, 구조 또는 조직상의 변화를 의미한다. 형태주의 심리학자인 코프카(Koffka, 1945)는 "발달이란 유기체와 그 기관이 양에 있어서 증대하고 구조에 있어서 정밀화되고 기능에 있어서 유능화되어 가는 과정이다."라고 정의하였다.

발달과 관련된 개념으로 성장과 성숙, 학습이라는 의미를 포함한다. 성장(growth)은 신장이나 체중과 같은 신체의 양적 변화를 의미한다. 이에 비해 성숙(maturation)은 질적인 변화로서 생리적, 유전적 요인에 의해 일어나는 신경계통이나 내분비선계통 발달의 변화를 의미한다.

예컨대 유아기의 빠른 성장과 청소년기의 '제2차 성징'과 같은 생물학적 과정을 말한다. 한편 학습(learning)은 직접 또는 간접 경험의 산물로서 훈련이나 연습에 기인하는 발달적 변화로 교육에 의해 인간의 행동이 긍정적으로 변화하는 것을 의미한다.

인간의 발달은 일생을 통하여 성장, 성숙, 학습에 의해 이루어지는 변화과정이다. 따라서 인간은 살아 있는 유기체로서 계속 성장·발달하는 존재이며, 이 발달은 유전적인 요인과 환경적 요인이 서로 상호작용에 의하여 이루어지는 것이다.

2. 발달 요인

과거에는 발달에 대한 학자들의 견해가 극단적인 경향을 나타내었으나, 최근에 와서 대부분의 발달론자들은 어느 한 입장만을 고수하기보다는 유전과 환경이 인간 발달의 긍정적으로 영향을 미치기 위하여 어떻게 함께 작용하는가를 밝히는데 관심을 보이고 있다. 한편 개인의 능동적인 역할 역시 협동적인 중요한 요인으로 발달에 영향을 미친다고 생각한다.

(1) 유전인자

유전이란 부모의 어떤 유전인자가 자녀의 신체적 또는 생리적인 구조적 특징을 이룬 것을 말한다(조대봉, 1990). 부모가 지닌 특질은 그 자녀에게 유전이 되긴 하지만, 부모의 모는 특질이 모든 자녀에게 똑같이 유전되는 것은 아니다. 그러므로 어떤 자녀는 부모의 몇 가지 특질을 유전 받지만, 어떤 자녀는 극소수의 특질이나 보다 더 많은 특질을 유전 받을 수도 있다(유안진, 1999).

(2) 환경요인

인간은 환경을 흡수하면서 성장·발달한다. 환경은 한 인간을 둘러싼 외적인 조건으로서 인간에게 영향을 미칠 가능성이 있는 물리적 조건·심리적 조건·사회적 조건의 복합적인 것이 포함된다. 심리적 조건이란 예컨대 인간을 양육하는 부모의 태도 등 육아방식이 될 것이다. 따라서 부모의 양육방식이나 가치관, 부모의 종교, 가족, 영양, 계층문화, 기후, 단체, 대중매체 등의 모두가 환경이 된다.

개인차(individual difference)는 인간발달에서 부모로부터 어떤 잠재능력을 유전받았느냐도 중요시하면서, 동시에 어떤 환경에서 어떤 경험을 하며 성장하느냐도 강조하는 근거가 된다. 이런 원인에서 발생되는 발달의 개인차는 연령이 어린 시기일수록, 그리고 보다 급속히 발달하는 시기일수록 더 크게 영향을 받는다. 따라서 개인의 잠재능력이 최대한으로 발휘될 수 있는 최적의 환경적 조건과 상황 조성이 중요하다.

(3) 유전과 환경의 상호작용

인간발달은 유전과 환경의 상호작용에 영향을 받는다. 인간의 어떠한 발달 특징도 일생동안 유전이나 환경 어느 하나에 주로 기인하는 것이 아니고 유전과 환경의 상호 작용의 결과라고 볼 수 있다. 즉 유전인자는 환경이라는 제한 속에서 유전인자가 지닌 잠재력을 발휘할 수 있으며, 환경도 마찬가지로 유전인자의 본질이 제한하는 한계 내에서 발달에 영향력을 행사할 수 있기 때문이다.

(4) 개인의 능동적인 역할

인간의 두 가지 기본적 관점은 유기체적 또는 능동적 입장과 기계적 또는 수동적 입장이다. 유기체적 관점에서는 유기체 내부에서부터 자극을 받아 변화가 일어난다고 본다. 즉 인간을 주변세계를 조직화하고 구조화하고, 어떤 면에서는 자신의 세계를 만들어 내는 능동적 존재라고 생각하는 것이다. 반면 기계론적 관점에서는 수동적인 경험의 수용자로 보며, 외부 환경의 자극에 의해 만들어지는 존재라 본다.

오늘날 대부분의 연구자들은 인간은 자신의 성장과 발달에 적극적이고 능동적인 역할을 한다고 믿는다. 개인의 능동적인 역할을 할 때 보다 긍정적이고 진보적으로 발달한다고 가정한다.

3. 발달 원리

인간의 발달현상에는 보편적이고도 일반적으로 나타나는 원리가 있다. 물론 발달의 속도와 순서에 있어 약간의 개인차가 존재하기 마련이지만 어느 정도의 일관성과 규칙성이 내포되어 있다. 이를 발달의 원리라고 한다. 이에 많은 학자들은 인간이 어떻게 성장 발달하는가를 설명하기 위해 비교적 다양한 관점에서 다음과 같이 제시하고 있다.

(1) 운동발달에는 일정한 순서와 방향이 있다.

발달에는 일정한 순서가 있다. 예를 들어 어린 유아들의 경우 엎드리고, 앉고, 기고, 그 다음에 걷게 되고, 뛸 수 있게 된다. 또한 운동발달에는 일정한 순서뿐만 아니라 일정한 방향으로 진행되는 데 구체적으로 살펴보면 다음과 같다.

첫째, 두미(cephalocaudal) 발달 원칙으로, 머리에서 발 방향으로 발달이 진행된다. 즉 머리부터 시작하여 몸통, 팔, 다리의 순서로 발달해 간다.

둘째, 근원(proximodistal) 발달 원칙으로, 중심부가 말초신경 보다 먼저 발달한다. 즉 팔, 손목, 손, 손가락의 순서대로 발달이 이루어진다.

셋째, 세분화(general to specific) 발달 원칙으로, 전체활동에서 특수활동으로 발달한다. 근육발달은 큰 근육에서 작은 근육으로 진행하기 때문에 유아 초기의 행동은 몸 전체를 사용하지만 점차적으로 분화되고 정밀한 행동으로 대체된다.

이러한 사실은 발달에 일정한 순서와 방향이 있음을 증명하는 근거인 동시에 한 단계의 발달은 다음으로 이어지는 보다 높은 차원의 발달단계의 발달에 기초가 된다는 것을 의미한다.

(2) 발달은 유전과 환경과의 상호작용에 의한다.

인간의 행동발달은 유전적인 요인과 환경적인 요인이 상호작용에 의하여 형성된다. 즉 유기체는 일정한 환경 속에서 성장 · 발달하는 것이어서 그 발달은 환경의 변화와 불가분의 관계가 있다. 중요한 것은 '무엇이 얼마나'보다 '어떻게 영향을 미치는가?'이다.

(3) 발달에는 개인차가 있다.

발달에는 일반적이고도 보편적인 순서에 따라 발달한다. 그러나 성장 속도나 발달시기에는 개인차를 보인다. 예를 들어 연령이 같고 성별이 같다 해도 사람들은 신장이나 체중은 물론, 운동기능과 정신기능에도 차이가 있다. 이런 개인차는 각 개인이 지닌 유전적인 조건과 환경의 상호작용에 의해 나타난다. 개인차에는 두 가지 유형이 있는데, 하나는 성이나 연령, 성장 배경의 차이와 같은 개인 간의 차이이고, 또 다른 하나는 한 개인 내에 존재하는 개인내 차이로 구별할 수 있다.

(4) 발달은 연속적인 과정이지만 그 속도는 항상 일정하지 않다.

발달은 연속적, 계속적인 과정이다. 그러나 신체의 각 부위에 따라, 정신기능에 따라 발달의 속도는 각각 다르다. 뿐만 아니라 특정측면의 발달이라도 발달단계에 따라 그 속도는 일정하지 않다. 예를 들면 신체의 발달은 유아기와 사춘기에, 어휘 수는 유아기, 추리력은 청년기에 급속한 발달을 보인다.

이와 같이 특정한 시기에 어떤 기관이나 기능의 발달이 급속히 진행되는데, 이러한 시기를 결정적 시기(critical period)라 한다. 이 결정적 시기를 놓치게 되면 그 특성의 발달은 지연되거나 많은 노력을 해도 어렵게 되는 경우가 많다.

(5) 발달은 성숙과 학습에 의존한다.

학령의 증가에 따라서 나타나는 발달적 변화는 성숙과 학습의 소산이다. 발달에 영향을 미치는 요인 중에서 생물학적 · 유전학적인 성숙요인의 영향이 큰가, 또는 환경적 · 경험적인 학습요인의 영향이 큰가하는 문제는 오랫동안 논란의 대상이 되어 왔다.

성숙론자들은 좋지 않은 환경이 인간발달을 저해하는 요인이 될 수는 있지만 기본적으로 성장은 성숙에 의존한다고 믿는 반면 학습론자들은 발달에서 경험의 중요성을 강조한다. 그러나 발달의 모든 측면에서 성숙과 학습의 효과가 분명히 구분되지 않고, 오히려 이 두 요인의 영향이 상승적으로 작용하는 경우가 많다.

(6) 발달은 분화와 통합의 과정이다.

발달은 전체적 · 일반적인 기능에서부터 부분적 · 특수적인 기능으로 분화해 가는 동시에, 그 분화는 단순한 세분에 그치지 않고 분화된 각 부분은 일정한 계열에 준하여 조직되고 통합된다. 예를 들어 아기가 처음엔 낯가림을 하지 않지만 자라면서 차츰 어머니와 어머니가 아닌 다른 가족, 나아가서는 낯선 타인에게 서로 다른 반응을 보이는 것처럼 발달은 분화되어 간다. 또한 1세 된 아기가 책상 위의 장난감을 손으로 잡을 때에는 손의 세분화된 발달과 눈과 온몸이 그 장난감을 잡기 위하여 통합적으로 작용되어야 한다. 각 신체 부분의 세분화 발달이 그 자체로서 의미가 있는 것이 아니라 전체적 · 통합적인 의미가 있는 것이다.

(7) 발달의 각 영역은 상호 밀접한 관련이 있다.

유기체의 여러 영역의 발달 즉 생물학적 발달, 인지적 발달, 사회정서적 발달은 각각 독립적으로 이루어지는 것이 아니라, 서로 밀접한 상호관련 하에서 상호보완적으로 이루어진다. 사회정서적 과정이 인지적 과정에 영향을 미치고, 인지적 과정은 사회정서적 과정에 영향을 미치며, 생물학적 과정은 또 인지적 과정에 영향을 미친다. 예를 들면 신체발달에서 우수한 아동은 인지적 발달에서 앞서기도 하고, 성취동기도 높고, 경쟁적이며 호기심이 강하기 때문에 적극적이고, 긍정적인 성격으로 발달될 수 있다. 따라서 주변아동이 그에게 리더십을 기대하게 되면서 강력한 호기심과 성취욕으로 인지적 발달에 보다 좋은 영향을 끼칠 수 있다. 반면 신체적으로 발달이 늦은 아동은 대인관계의 기술이 결여될 수 있는데, 이는 병약한 몸 때문에 여러 아동과 어울릴 기회가 적기 때문이다. 따라서 신체발달은 사회성 발달과 관련될 수 있다.

결국 발달의 각 영역은 서로 무관한 것이 아니라 상호 밀접한 관련이 있다.

(8) 발달의 가장 중요한 시기는 최초 단계의 경험이다.

인간 초기의 발달이 그 이후의 모든 발달단계에 있어서의 성장·발달을 좌우하게 된다. 초기발달의 경험으로 신체적, 성격적, 정서적, 지적, 도덕적 발달이 어떠한 과정을 거쳐서 어떠한 발달현상으로 나타나느냐는 그 영향이 그의 일생에 지속적이고도 결정적인 영향을 미친다는 것이다. 예를 들면 어린시기의 부모와의 관계가 긍정적인 애착 형성이 되지 못하게 되면 성인이 되어서도 원만한 대인관계가 어렵게 된다.

4. 결정적 시기

모든 인간발달 이론들의 공통적 견해는 인간발달은 연속적인 변화라는 것이다. 이러한 변화들 중 어떤 것은 특정 시기에는 매우 빠르게 일어나지만, 다른 시기에는 느리게 일어나는 것으로 발달심리학자들은 중요한 변수로서 변화속도의 차이에 관심을 갖는다(정옥분, 2004).

결정적 시기는 민감한 시기라고도 표현한다. 민감한 시기는 특정 능력이나 행동이 출현하는 데에 최적의 시기이다. 이 때 그 특성을 자신의 것으로 만든 후에는 그것에 감수성이 소멸되는 짧은 기간으로, 일시적인 성질을 가지고 있으며, 발달에 최대의 영향을 미치는 시기이다. 이 기능의 발달을 위해서는 적시에 적당한 자극이 외부 즉, 환경으로부터 부여되지 않으면 안 된다. 다시 말하면, 인간의 발달에는 결정적 시기가 있으므로, 그 시기의 성장과 발달에 필요한 경험이나 자극이 주어지지 않거나 박탈된다면 손상된 발달의 영역을 치유하기 위한 교육적인 시도가 이 시기 후에 주어진다 하더라도 회복되기 어려울뿐더러 어떤 것은 전혀 불가능하다는 것이다.

19세기 초, 우연히 자연적으로 발생한 사건으로, 프랑스의 시골에서 발견된 빅터(Victor)라는 열두 살 난 소년의 경우 정신지체아가 아님에도 불구하고 12세라는 나이에 언어를 습득하지 못한 것은 언어발달에 있어서 결정적 시기가 있다는 가설을 뒷받침하는 단적인 예가 될 수 있다.

빅터

동물학자 로렌즈(Lorenz)는 각인현상으로써 출생 후의 결정적 시기 개념을 설명하려고 하였다. 각인이란 어린 새끼동물이 출생 후 초기의 특정한 시기에 어떤 대상에게 노출되면, 그 대상에 대해 추종반응을 나타내고 비교적 영구적인 유대를 형성하는 현상을 의미한다.

볼비(Bowlby)는 인생 초기에 형성되는 사회적 관계의 질이 그 후의 발달에서 결정적인 역할을 한다고 믿는다. 유아가 태어나서 자신을 돌보는 사람 특히 어머니와 강한 정서적 유대를 맺게 되는데 이것이 애착관계이다. 볼비는 인생에서 생후 첫 3년이 사회정서발달의 민감한 시기라고 본다. 다시 말하자면 첫 3년간이 친밀한 정서적 유대를 형성하는 데 매우 민감한 시기이다. 만약 이 기간 동안 그런 기회를 갖지 못한다면 이후에 친밀한 인간관계를 형성하는 것이 거의 불가능하게 된다고 한다.

5. 발달단계와 발달과업

(1) 발달단계

심신의 발달에는 연속성과 계열성이 있어 수태에서부터 죽음에 이르기까지 계속적으로 이루어지며 여기에는 몇 가지 구분되는 특징이 있다. 이러한 특징에 따라 발달과정을 단계로 구분한 것이 '발달단계'이다. 다시 말해 발달단계란 일정한 연령에 도달하면 그 전후 시기와는 구별되는 특징을 지니며 그 시기의 사람들에게 공통적으로 나타나는 일반적인 발달적 특징이 존재하는데, 이것을 기준으로 하여 인간의 생애를 몇 개의 시기로 구분한다. 일반적인 인간발달의 단계는 태내기, 신생아기, 영아기, 유아기, 아동기, 청년기, 장년기, 노년기로 구분한다.

이러한 발달단계의 구분은 학자들의 관심영역 또는 구분의 기준에 따라 다르다. 예를 들면 프로이트(Freud)는 성적 에너지(libido), 피아제(Piaget)는 인지구조의 차이, 에릭슨(Erikson)은 심리사회적 위기에 따라 발달단계를 구분한다. 그리고 구분의 기준에 따라 연속성과 불연속성 과정인 이론으로 양분된다.

행동주의적 접근과 같이 학습과 경험을 강조하는 발달론자들은 대부분 발달을 점진적이고 연속적인 과정으로 보며 성숙을 강조한다. 유아가 처음 말을 시작할 때 이것은 갑작스럽고 불연속적인 것으로 보이지만, 연속적 견해에서 보면 이것은 몇 주 또는 몇 달에 걸친 성장과 연습의 결과라고 본다. 반면 발달이 일련의 독립적이며 질적으로 다른 단계들로 구성된다고 믿는 단계이론가들은 발달은 불연속적인 과정으로 본다. 예를 들면 추상적인 사고를 할 수 없었던 아동이 어느 날 추상적 사고를 할 수 있게 되는 것이다. 이것은 양적이고 연속적인 변화가 아니고 질적이고 불연속적인 변화인 것이다.

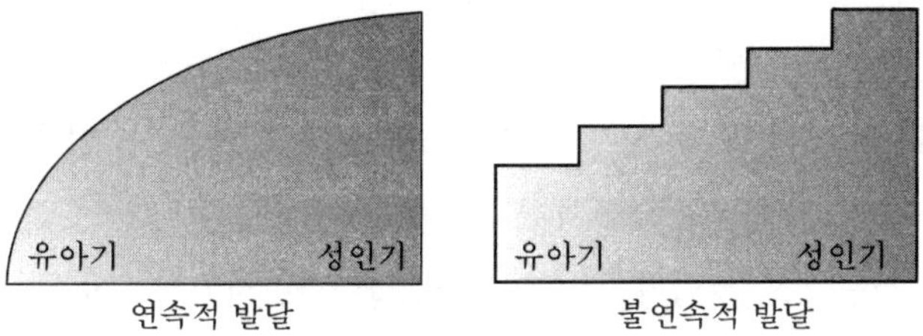

발달의 연속성과 불연속성

발달단계를 구분하는 것이 쉽지 않지만 발달단계를 구분함으로써 얻을 수 있는 이점이 있다. 첫째, 각 시기에 있어서 인간의 전체적인 모습이나 특징을 직관적으로 파악할 수 있다. 둘째, 각 발달단계에서 인간이 달성해야 할 발달과업이나 척도를 알 수 있다. 셋째, 특정한 심신의 기능이 저차원에서 고차원의 단계로 변화하는 과정을 발달적으로 파악하는 일이 가능하다.

하지만 발달단계 구분에 따른 제한점도 존재한다. 첫째, 어떤 단계에서 다음 단계로의 이행이라는 것은 서서히 연속적으로 이루어지는 것이어서 현실적으로 각 단계 간에 분명한 선을 긋는다는 것이 곤란하다. 둘째, 심신의 발달에는 개인차가 작용하기 때문에 개개인을 연령에 따라 일률적으로 특정의 단계로 구분한다는 것은 합리적이지 않은 것이 문제로 지적되고 있다(이현림 외, 2005).

(2) 발달과업

발달과업은 자기가 속해 있는 발달과정에서 적정시기에 반드시 성취해야 할 일들이 있는데 이것을 발달과업(development task)이라고 한다.

헤비거스트(Havighurst, 1972)에 의하면, 발달과업이란 개인의 일생에 있어서 일정한 시기나 그 시기에 가까이에서 일어나는 과업으로, 정상적인 성장발달을 위해 자기가 위치하고 있는 발달단계에서 이루어내야만 하는 과업으로 어느 누구를 막론하고 모든 사람이 정해진 시기에 반드시 풀어야 할 숙제라고 정의내렸다. 그 과업을 훌륭하게 성취하면 개인은 행복하게 되고 그 이후의 과업도 성공하지만, 만일에 실패하게 되면 개인은 불행하게 되며, 사회로부터 인정을 받을 수 없게 되고 그 이후의 과업의 성취에 있어서도 곤란을 초래하게 된다고 보았다.

또한 그는 발달과업의 개념을 준비도와 관련시켜서 "신체가 성숙하여 사회가 요구하고, 자신이 어떤 과업을 성취할 준비가 되었을 때, 교육의 적정시기가 온 것이며, 만일 너무 일찍 가르치고자 한다면 그 노력은 헛수고일 것이며, 적정시기에 노력하면 만족스러운 결과를 초래할 것이다."라고 주장하였다.

6. 인간의 가능성

(1) 인간과 동물의 차이

동물은 태어나서 잠시 있으면 혼자서 걷기도 하고, 모든 종족의 동물은 전 세계에서 같은 모양으로 울고 같은 행동을 한다. 즉 태어나면서 어떤 고정된 행동 양식이 갖추어져 있다. 때문에 태어나서 바로 행동할 수는 있으나 몇 년이 지나도 거의 진보하지 않는다. 이에 반해 인간은 태어난 직후는 걸을 수도, 말할 수도, 아무것도 할 수 없는, 아주 나약한 존재이기 때문에 누구의 도움 없이는 하루도 살 수 없다. 그러나 여러 가지 면에 걸쳐 발달할 수 있는 무한한 가능성을 갖추고 있다. 이러한 인간의 무한한 가능성은 학습에 의해서 다른 어떤 동물도 할 수 없었던 것을 할 수 있게 된다. 따라서 인간 유기체는 어느 시기까지의 보호와 양육이 필요로 하고, 또한 전 생애에 걸쳐 학습이 필요로 한 존재이다.

인간의 학습능력은 오랜 인류의 진화 과정 속에서 유전자 속에 내재되어 이미 태어날 때부터 가지고 태어나기 때문에 환경을 흡수하고 적응하면서 그리고 자기 자신을 창조해 가면서 성장 발달한다. 예를 들어 언어에 대해서도 처음 태어나서는 무(無)지만 이윽고 자신이 사는 환경에 있는 언어를, 그것이 아무리 복잡한 언어일지라도 손쉽게 습득해서 자신의 일상용어로 하는 것이다(이정규 역). 따라서 인간과 동물의 차이는 바로 학습이다.

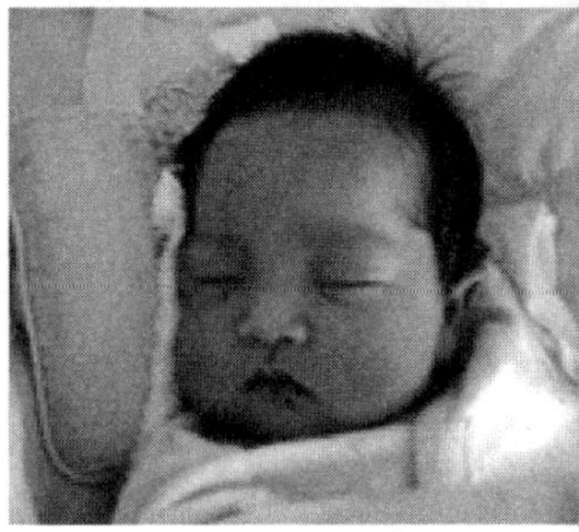

인간의 무한한 가능성

인간은 이처럼 자신이 소유한 무한한 잠재능력을 가지고, 다양한 경험과 학습에 의해 자기 자신을 형성해 가고, 자기 창조 즉 인격형성을 조성해 나가는 존재이다.

(2) 잠재능력

잠재능력이란 지적 능력뿐만이 아니라 여러 가지 지능을 포함한 더 폭넓은 능력을 의미한다.

정신분석학에서 말하는 것처럼 인간의 의식과 무의식이 외부로 들어난 것과 빙산이 수면 속에 잠긴 부분처럼 내부 속에 감춰진 것이 있다. 빙면 속에 빙산의 90%가 잠겨 있고 수면 위로 10%가 드러나듯이 타고날 때부터 이미 내재해 있는 능력임에도 불구하고 감지하지 못할 뿐 인간의 숨은 능력인 잠재력도 같은 기제로 설명된다.

빙산의 일부가 물속에 잠겨 있어 외면상 표출되지는 않지만 엄연히 존재 한다는 사실을 지각해야 하고 그것을 성취하기 위한 동기는 외부에서 빙산을 깨뜨리는 것처럼 자극화해야 한다. 그런 개인의 잠재성의 능력이 동기화를 이루기 위한 자극요소는 훈련이나 교육프로그램을 통해 강화받는다. 그리고 자아실현에 대한 목표 설정이 확고해짐에 따라서 빠른 속도로 동기화를 이루며 그것을 성취하고자 하는 욕구로 이어진다. 이런 것이 결국 성장 동기로 나타나고 개인의 궁극적인 자아실현을 가져다주는 과정으로 부각되고, 인생을 통한 성취감을 얻게 된다. 인간 본성의 선천적 잠재력이 나타나고 발휘될 경우에 최상의 개인적 발달과 효율성이 초래되는 것이다(Maslow, 1954).

그래서 인간이란 개인의 잠재력을 인식하고 그것의 실현을 위하여 영원히 노력하는 미래지향적인 존재로 보는 것이다(Maslow, 1970). 자신의 잠재력을 많이 인식하는 것이 자유로운 인간으로서 개인이 가질 수 있는 책임이기도 하고, 개인의 능력을 촉진하는 분위기에 따라 잠재력이 발휘되기도 한다. 이러한 인간의 잠재력 실현을 위한 경향은 타고난 것이다.

결국 잠재능력이란 자아(self)의 발견과 그에 대한 가치인식 그리고 자신을 진정한 자기답게 재창조해 나갈 수 있는 능력이다.

이에 교육은 유기체 개인의 독특한 잠재능력을 최대로 계발할 수 있도록 도와줄 뿐만 아니라 잠재적 약점까지도 보완하여 능력을 더욱 계발하도록 도와주므로 그 역할이 중요하다.

제3장

학 습 이 론

1. 학습 개념
2. 학습 원리
3. 행동주의 이론
4. 인지주의 이론

1. 학습 개념

학습은 인간의 생애에 가장 중요하고도 기본적인 과정이다. 인간의 행동을 연구하는 것이 목적인 심리학에서 학습이 차지하는 비중은 실로 크다. 그것은 인간의 행동 대부분이 학습에 의한 것이라고 볼 때, 학습을 제외하고서는 인간행동의 메커니즘을 생각할 수 없기 때문이다. 후천적인 경험에 의해 성취되는 새로운 행동과 능력은 모두 학습의 결과로 얻어진 것들이다.

교육심리학의 중심문제는 '어떻게 하여 학습자로 하여금 효과적으로 학습하게 하는가?' 그 원리와 방법에 대한 연구이다.

학습에 관한 개념으로, 가네(Gagne, 1985)는 "학습이란 일정기간 이상 인간의 성향이나 능력에 변화를 가져오는 현상을 말하며, 여기에는 단순한 성장과정에서 기인하는 변화는 포함되지 않는다"고 했으며, 헤르겐헨(Hergenhahn, 1976)은 "학습은 질병, 피로 또는 약물에 의한 일시적인 신체적 상태에 원인을 돌릴 수 없는, 경험으로부터 오는 행동 또는 행동 잠재력의 영속적인 변화"라고 정의하였다.

전통적으로 심리학자들은 학습을 다음과 같은 세 가지 기준에서 정의를 내리고 있다.

첫째, 학습은 행동의 변화이다.

학습이란 인간이나 동물과 같은 유기체의 행동에 관련된 개념이다. 여기서 행동은 신체적 · 정신적인 일체의 행동을 포함한 행동이다. 즉 외현적 · 신체적 행동과 내현적 · 심리적 행동을 포함한 넓은 의미의 행동을 말한다. 그러나 학습을 의미할 때는 신장이나 체중과 같은 신체적 특징 혹은 근육이나 내분비선의 변화에 의해 일어나는 것 등은 포함되지 않는다.

둘째, 학습은 경험에 의한 변화이다.

행동은 성장이나 성숙에 의해서도 변화하지만 이러한 변화는 학습으로 간주하지 않는다. 따라서 이전의 경험이나 연습의 결과로 나타나는 변화를 의미한다.

셋째, 행동의 변화는 지속적이다.

비록 경험과 연습에 의한 행동의 변화라고 할지라도 그 변화된 행동이 비교적 지속적이어야 학습이라고 할 수 있다. 일시적 피로, 약물, 질환 등도 행동에 변화를 초래할 수 있지만 이러한 일시적인 행동 상의 변화는 학습이라고 볼 수 없다.

따라서 학습이란 연습과 경험의 결과로서 일어나는 비교적 지속적인 행동의 변화로 정의할 수 있으며, 학습은 생득적 행동이 아니라 습득적 행동이라고 말할 수 있다.

2. 학습 원리

끊임없이 변화하는 환경에 대처하기 위해 우리의 행동을 바람직한 방향으로의 진보·변화시키려는 노력도 학습의 원리와 과정을 이해하지 않고서는 가능하지 않다.

학습의 원리를 설명하는 이론은 크게 행동주의 학습이론과 인지 학습이론으로 나누어진다. 행동주의 학습이론은 환경 속에 있는 여러 자극들이 반응과 단순히 연합됨으로써 학습이 이루어진다고 보기 때문에, 직접 관찰 가능한 자극들 간의 관계를 중시한다. 반면에 인지 학습이론은 문제해결과 같은 복잡한 형태의 학습을 연구하기 위해서 눈에 보이는 외부의 자극보다 인간의 머리 속에서 인지구조가 형성되고 여러 가지 정보를 체계화한다는 것으로 높은 수준의 지적인 과정들을 중시한다.

(1) 두 가지 관점

학습은 경험과 훈련을 통해 비교적 지속적으로 행동이 변화한 것을 의미한다. 개인과 환경과의 상호작용의 결과로 학습이 이루어지지만 인간관과 환경관의 차이에 따라 학습을 두 가지 면으로 정의할 수 있다. 인간관의 차이에 따라 객관적 실체로 보는 수동적 인간관과 개인을 의식의 주체로 보는 능동적 인간관으로 볼 수 있다. 이에 따라 변화시키려는 행동이 다르다.

행동주의 학습이론의 관점에서는 인간관을 수동적으로 보았으며, 변화의 초점을 관찰할 수 있는 외적행동에 두고 있다. 따라서 학습자를 둘러싸고 있는 객관적이고 실재적인 물리적 환경을 다루고 있다. 반면에 인지주의 학습이론의 관점에서는 인간관을 능동적 주체로 보고 지각, 기억, 사고, 상상, 추리력, 문제해결 능력과 같은 인지과정의 내적 행동에 초점을 두고 있다. 따라서 학습자가 어떻게 환경을 규정하는가에 관심을 두고 개인의 심리적 환경을 다루었다.

다시 말해 행동주의 학습에서는 외적행동과 물리적 환경에 초점을 둔 학습을 강조하고, 인지주의 학습에서는 내적 행동과 심리적 환경과의 관계로 학습을 설명하고 있다.

① 행동주의 이론

행동주의 이론을 주장하는 학자들은 학습에서 외적환경의 변화(S)에 대한 학습자의 반응(R)양식에 주의를 기울였다. 그들은 학습을 자극(S)과 반응(R)간의 결합을 형성·변화시키는 자체로 본다. 자극이란 감각을 활성화시키는 환경적 조건이다. 행동주의에서는 모든 환경적 조건에 의해 형성된 결과라고 보고 자극(stimuli)과 반응(response)의 연합 관계로 행동을 설명한다. 행동은 자극에 대한 반응이기 때문에 자극을 반복적으로 제시함으로써 반응이 지속된다. 이런 의미에서 행동주의 학습은 행동의 '습관'이다. 손다이크(Thorndike), 파블로프(Pavlov)와 스키너(Skinner)는 반복적 자극에 의해 행동이 습관화되는 행동주의 학습이론을 체계화한 대표적인 사람들이다. 이와 같이 행동주의 학습에서 변화된 행동은 측정되고 관찰될 수 있으며 행동이 반복적으로 발생하여 습관이 형성되었을 때 비로소 학습이 일어나는 것이다. 결국 행동적 관점에서 학습은 바로 새로운 행동의 습관이다.

② 인지주의 이론

인지이론을 주장하는 학자들은 학습을 인지구조의 성립이나 통찰, 관찰 및 새로운 사고방식을 획득하거나 기존의 사고방식의 변용으로 본다. 그래서 이 이론은 학습자 내부의 사상(事象)에 초점을 둔다. 각 학습자는 과거 경험에서 생성된 지식에 상응하는 정신조직체를 가지고 있음을 가정한다.

인지주의는 자극과 반응의 관계가 단순한 행동을 잘 설명할 수 있지만 복잡한 행동을 설명하지 못한다고 본다. 환경 자극에 대해 선택적으로 반응하고 기억된 정보를 적절하게 사용하며, 사고하고 계획하는 행동들은 단순히 자극과 반응의 관계로 설명할 수 없는 복잡한 행동들이다. 인지주의 학습은 '깨달음', '이해', '비교', '판단', '기억'과 같은 내면적인 정신능력의 변화로서, 지각, 기억, 사고, 문제해결, 정보처리의 정신활동에 초점을 두고 있다. 따라서 학습은 경험을 통해 사물의 차이를 지각하고 지식과 정보를 저장하고 인출하며, 대상들 간의 관계를 파악하고 새로운 문제를 해결하는 능력을 습득하는 것을 의미한다.

인지주의 학습이론은 크게 세 그룹으로 나누어 설명할 수 있다. 첫 번째는 부분보다는 전체에, 그리고 독립된 사건보다는 패턴에 관심을 둔 게스탈트 심리학이다. 여기에는 레빈(Lewin), 쾰러(Köhler), 코프카(Koffka), 톨만(Tolman) 등이 속하는데 이들의 학습이론이 인지주의에 공헌한 것은 지각, 통찰, 그리고 의미이다. 두 번째로는 내적 인지과정에 관심을 가진 인지심리학자인 피아제(Piaget)이다. 피아제의 이론에서 인간의 지적 능력은 개인이 주어진 환경에 효과적으로 적응할 수 있는 능력을 의미한다. 그는 환경에 순응하기 위하여 환경내의 여러 사상들을 수동적으로 받아들이는 것이 아니라 능동적인 활동을 통해 끊임없이 자신의 인지구조를 재구성해 나가는 것으로 생각한다. 이것은 학습에 있어서 학습자는 주어지는 정보를 재조직하고 재인지발달이 이루어지는 데에는 생득적 요인인 성숙과 환경적 요인의 영향을 받는다. 마지막으로 학습에서의 정신적 과정에 초점을 둔 입장이 있다. 여기에는 정보처리이론 기억, 초인지, 전이이론 등이 있다.

결국 인지적 관점에서 학습은 필요한 정보를 선택하고 저장하며 기존의 지식을 재조직하여 새로운 통찰능력을 갖는 과정으로 학습은 인지구조, 사고구조의 변화를 의미한다.

③ 행동주의 이론과 인지주의 이론의 차이점

오즈벨(D. P. Ausubel, 1965)은 행동주의 이론과 인지주의 이론을 비교하여 그 차이를 다음과 같이 지적하고 있다.

첫째, 행동주의 이론은 고전적 및 조건화, 암기적, 도구적 그리고 변별적 학습 등을 주로 취급하고 있음에 비해 인지주의 이론은 개념형성, 사고과정, 지식의 습득 등을 주로 다루고 있다.

둘째, 행동주의 이론은 관찰할 수 있는 자극과 반응과의 관계에 관한 기제(mechanism)의 규명에 많은 관심을 갖는데 비해 인지주의 이론은 정신적 개념 즉 지각, 인식, 의미, 이해 그리고 이와 유사한 의식적 경험 등이 행동 내지 학습을 결정하는 중심개념이라 간주한다.

셋째, 행동주의 이론은 개인 내부에 형성되는 심리적 혹은 인지적 요소는 유기체의 기본적 행동과정에 수반되어 나타나는 사상(事象)이라고 가정하고 있음에 비하여 인지주의 이론은 인지적 요소를 인지 구조 속에 상징, 표상, 개념 등의 조직된 체제로 존재하는 의식의 분화된 상태로서 규정한다.

(2) 학습이론의 발전

① 내성법

과학적인 심리학 연구는 인간의 마음을 과학적으로 파악하려 했던 심리학의 아버지인 운트(Wundt)로부터 시작되었다.

인간을 이해하기 위해 인간 의식의 내용을 밝혀야 한다고 주장한 초기 심리학은 인간의 의식을 구성하고 있는 요소와 그 요소들이 결합되어 있는 구조를 밝히기 위한 체계적인 연구 방법으로 내성법(introspection)을 사용하였다. 내성법은 내부에서 일어나는 의식 내용을 스스로 관찰하여 언어로 보고하는 방법이다. 운트는 복잡한 의식내용도 내성법에 의해 구성요소를 분석할 수 있고 그렇게 함으로써 의식을 이해할 수 있다고 보았다. 그러나 이러한 자기관찰과 보고하는 방법을 통해 의식의 변화를 연구하기보다는 더 객관적이고 구체적인 접근이 가능해야 한다는 데서 행동주의가 주장되었다.

② 행동주의

초기의 행동주의 이론가들은 기계론적이고 결정론적 입장을 취하였다. 그리하여 인간을 환경에 반응하는 수동적인 존재로 보았다. 인간은 자극에 대해 어떻게 반응하느냐에 따라서 행동이 결정된다. 따라서 학습된 행동은 학습원리에 의해서 변화될 수 있다고 믿었다.

1930~1960년대의 학습에 대한 연구는 행동주의 심리학의 영향을 받아 주로 통제된 실험실에서 동물을 대상으로 이루어졌다. 손다이크(Throndike)의 자극-반응 결합, 파블로프(Pavlov)의 조건 반사, 스키너(Skinner)의 조작 조건화는 과학적 연구측면이 강조된 동물학습 실험들이었다. 행동주의 학습이론이 발전하는 데 중요한 공헌을 한 학자는 왓슨(Watson)이다. 그는 인간에 대한 이해가 관찰 가능한 외현적인 행동과 그러한 행동을 이끌어 내고 강화시키는 사건들의 과학적 관찰에 근거를 두어야 한다고 주장했다. 왓슨의 주장은 학계에 지대한 영향을 주었으며, 이후 미국 심리학에서 행동주의 학습이론의 다양한 연구가 이루어졌다. 행동주의 학습이론은 인간의 발달을 연속적이고 누적적이며 새롭고 복잡한 행동들을 점진적으로 획득해 가는 계층적 과정(Borich & Tombari, 1995)으로 이해하고 있다. 이는 환경을 조성하고 적절한 강화를 제공하면 어떠한 행동도 학습시킬 수 있다는 것을 의미한다. 결국 초기의 행동주의 이론가들은 심리학이 과학이어야 한다는 것을 강조하고 인간에 대한 연구도 과학적이어야 한다고 주장하였다.

따라서 학습을 경험의 결과로 나타나는 관찰할 수 있는 행동의 변화로 보았다. 그러나 1960년대에 들어와 관찰할 수 없는 사고, 의식, 감정과 같은 학습의 내적 과정이나 절차 등은 고려하지 못한다는 인지심리학자들의 비판을 받아왔다.

③ 신행동주의

동물의 학습행동에서는 정신적 과정이 완전히 배제 될 수 있지만 인간의 학습과정에서는 정신적 과정이 완전히 배제된 자극과 반응의 관계로만 단순히 설명할 수 없었기 때문에 S-R의 관계는 유기체가 개입하는 S-O-R의 관계로 발전하게 되었다. 즉 정신적 과정이 자극과 반응 사이에 최종적으로 개인이 반응을 결정한다는 신행동주의 이론이 나왔다. 이것은 행동주의가 인간을 단순히 자극을 통해 학습하는 수동적 존재로 보는 시각에서 탈피하여 적극적으로 환경을 다루며 사고하는 능동적인 존재로 인식하는 것이다.

신행동주의는 이전에 행동주의 학습에서 다루지 않았던 기대, 신념, 사고와 같은 관찰 불가능한 내적인 정신과정을 학습과정에서 다루고 있다. 반응 뒤에 숨어 있는 사고과정을 고려하지 않고서는 학습과정을 이해할 수 없었기 때문에 정신적 과정(mental process)에 대한 객관적인 연구가 시작되었다.

신행동주의의(neo-behaviorism) 대표적인 이론이 바로 반두라(Bandura)의 사회학습 이론(social learning theory)이다. 반두라는 직접 관찰할 수 없는 기대, 의도, 신념, 사고 등의 인지적 매개체를 학습과정에 포함시키고 사회적 환경의 중요성을 강조하였다. 사회인지 이론은 환경(외적 환경)과, 개인(개인의 인지적 요인 및 내적 사건), 행동(반응) 이 세 요인이 서로 상호작용하며 내적 요인과 외적 요인 모두 학습에 중요한 영향을 준다고 본다. 특히 다른 사람을 관찰·모방함으로써 학습이 일어난다고 설명함으로써 행동주의에서 간과했던 인지적 요인을 학습과정의 중요한 요인으로 다루고 있다.

④ 인지주의

지식의 본질, 이성의 존재는 이미 고대 그리스의 철학의 중요한 주제였기 때문에 인지적 관점은 가장 오래되었지만 심리학이 인간행동을 과학적으로 연구하는 학문으로서 행동주의가 발전하면서 인지에 대한 관심이 사라졌다. 그 후 제2차 세계대전이 일어나고 인간의 복잡한 정신기능에 대한 관심과 컴퓨터의 등장 그리고 언어발달에 대한 연구가 발전하면서 인지에 대한 연구가 다시 활발해졌다.

게스탈트 심리학으로 알려진 독일의 심리학자 집단, 스위스의 피아제(Piaget), 러시아의 비고츠키(Vygotsty) 그리고 글레저(Glaser), 브루너(Bruner) 등은 사고과정에 초점을 두고 학습과정을 연구한 인지주의 학자들이다. 미국에서 행동주의가 제기되는 거의 같은 시기에 독일에서는 베르타이머(Wertheimer)가 1912년에 형태심리학(gestalt psychology)을 발표하였다. 베르타이머는 의식은 구성요소의 합으로 설명될 수 없으며 부분들의 합 이상의 통합된 전체로서 이해되어야 한다고 주장했다. 형태심리학의 형태(gestalt)란 윤곽, 조직을 의미한다. 인간의 지각 내용은 현상 그 자체이지 현상을 구성하는 요소들이 아님을 증명해 주는 것이다. 즉 유의미한 조직·형태로 모여진 자극으로 받아들인다. 따라서 '전체는 부분의 합 이상이다'란 말이 형태주의자들의 명제가 된다.

인지주의는 학습자들이 어떻게 사고하고, 개념을 학습하고, 문제들을 해결하는가를 밝히기 위해 많은 연구를 하였다(정순례, 2003).

출처: Kanizsa(1976).

부분과 전체의 관계를 나타내는 삼각형: 그림의 가운데 부분에 실제적으로 존재하지 않는 새로운 삼각형이 나타남

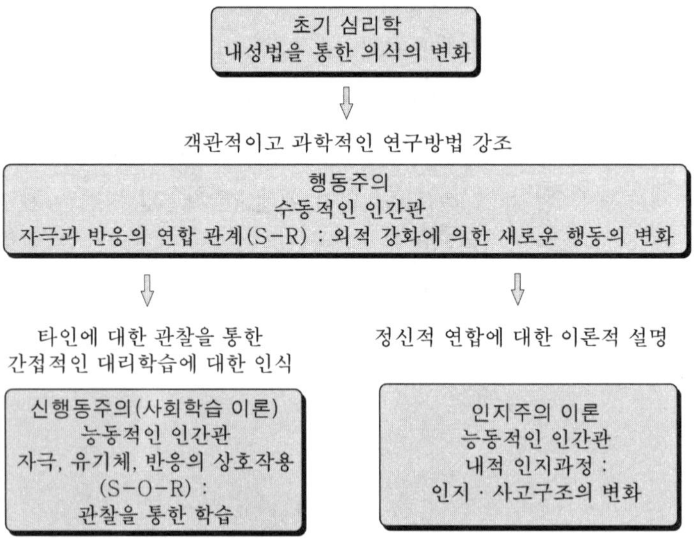

학습이론의 발전과정

3. 행동주의 이론

(1) 손다이크의 시행착오설

손다이크

미국의 심리학자인 손다이크(E. L. Thorndike, 1879~1949)는 윗슨(Watson)이 '금세기 최고의 학습이론가'라고 칭할 정도로 뛰어난 학자로 학습이론의 개척자적 역할을 했다. 손다이크가 제시한 시행착오설은 연합설 혹은 결합설이라고도 불린다. 그의 이론은 학습은 무작정 시행과 착오의 과정을 통해 일어난다고 주장했다. 그는 동물실험에서 자극과 반응 사이의 신경결합이 반복되는 시행착오적 학습을 통하여 강해지거나 약해진다는 것을 발견했다.

손다이크는 굶주린 고양이를 문이 열리게 장치가 되어 있는 문제상자에 가두어 놓고, 그 상자 밖에 있는 생선을 먹기 위하여 고양이가 밖으로 어떻게 탈출하는지를 관찰하는 것이었다. 이 과정에서 고양이는 뛰고, 할퀴고, 목을 내밀어 보기도 하고, 부딪혀 보는 등 밖으로 나가려는 온갖 행동을 보이다가 우연히 페달을 밟아 열린 문을 통하여 나와서 생선을 구하는 데 성공하게 되었다. 이와 같이 고양이가 실수를 거듭하다가 우연히 성공하게 되면 다음부터는 불필요한 행동은 점차 줄어지고 페달을 밟는 행동을 하기까지의 시간은 점차 단축되었다.

이러한 동물실험은 통해 학습이란 시행착오와 우연적 성공에 의해서 선택되고 결합되는 것이라고 보았다. 이 경우 만족스럽고 성공한 행동은 각인이 되지만, 불만족스럽거나 실패한 행동은 배제된다고 봄으로써 결국 그 방법이 개선되고 보다 바람직한 학습효과를 가져온다는 것이다.

그는 일련의 실험을 통하여 중요한 세 가지의 학습법칙을 발견했다. 그것은 효과의 법칙(law of effect), 연습의 법칙(law of exercise) 그리고 준비성의 법칙(law of readiness)이다.

a. 효과의 법칙(결과의 법칙) : 만족을 주는 반응들은 학습이 되고 불만족을 가져오는 반응들은 제거된다. 즉, 학습의 과정이나 결과가 만족스러울 때는 결합이 더욱 강해지고 불만족스러울 때는 결합이 약해진다.

b. 연습의 법칙(빈도의 법칙) : 상황 또는 자극에 대한 반응의 결합은 연습을 많이 할수록 결합이 강화되고 연습 횟수가 적거나 그것을 사용하지 않을 때는 결합이 약화되거나 소멸된다.

c. 준비성의 법칙(심리적 · 물리적 준비) : 유기체가 어떤 행동을 행할 준비가 미리 갖추어져 있을 때 행동을 하면 학습이 일어나지만, 준비가 갖추어지지 않은 상태에서의 행동은 억제된다.

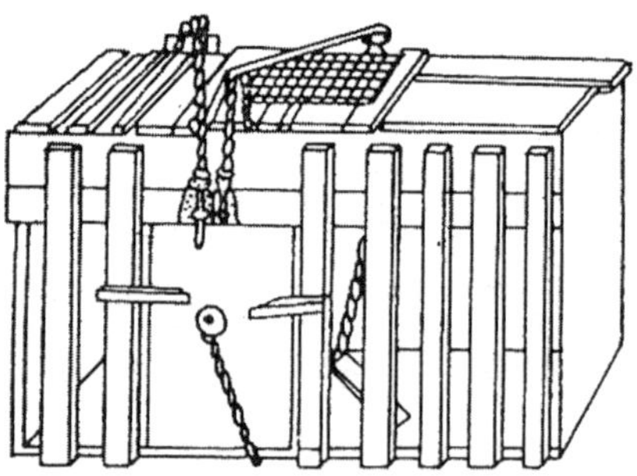

손다이크의 문제상자

(2) 파블로프의 고전적 조건형성

러시아의 생리학자인 파블로프(Pavlov, 1849~1936)는 소화생리학에 관한 연구로 1904년에 노벨상을 수상하였다. 그는 개의 소화과정을 연구하던 중 우연히 조건형성으로 불리는 학습현상을 발견하였다. 그의 학습이론은 고전적 조건형성이라고 불린다. 고전적 조건형성을 간단히 설명하면 조건 자극에 대한 조건 반응의 결합이라고 할 수 있다. 즉 무조건 반응을 일으키는 무조건 자극이 중성 자극과 같이 제시되면 처음에는 무조건 자극에 대한 무조건 반응을 보이던 유기체가 나중에는 중성 자극에 대해서도 무조건 자극에 대해서 보였던 것과 같은 반응을 보인다는 것이다. 그리고 이 때 보이는 반응은 이전의 무조건 반응이 아니고 조건 반응이고 또한, 이전의 중성 자극은 조건 자극이 되는 것이다. 이러한 조건 자극에 무조건 자극이 동반되는 조작을 강화라고 한다.

파블로프

파블로프의 고전적 조건형성 실험

파블로프의 실험을 예로 들면 음식에 대한 반응으로 개가 타액을 얼마나 많이 분비하는가를 측정하는 과정에서, 파블로프는 개가 음식을 보거나 냄새를 맡기 이전에 이미 침을 흘리기(예를 들면, 음식을 주러 오는 사람의 발자국)가 시작한다는 사실을 발견하였다. 이러한 가정 하에 다른 자극에 대해서도 침이 분비되는지를 알아보기 위해 배고픈 개를 묶어 놓고 종소리(중립 자극)를 들려주었다. 그러나 침분비(무반응)가 일어나지 않는다. 이번에는 배고픈 개에게 음식(무조건 자극)을 주었더니 침이 분비(무조건 반응)되었다. 다음에는 종소리(중립 자극)를 5초 내지 30초간 듣게 한 후 곧바로 음식(무조건 자극)을 결합시켜 제공하는 것을 계속 반복했더니 드디어 종소리(조건 자극)만 듣고서도 개의 침분비량(조건 반응)이 같음을 알게 되었다. 개로 하여금 침분비하도록 할 수 없었던 중립적 자극에 대해 학습된 침분비 반응을 조건반사라고 하며, 이러한 과정을 고전적 조건형성이라고 한다. 결국 학습은 조건 자극과 조건 반응이 반복적으로 연결됨으로써 발생한다.

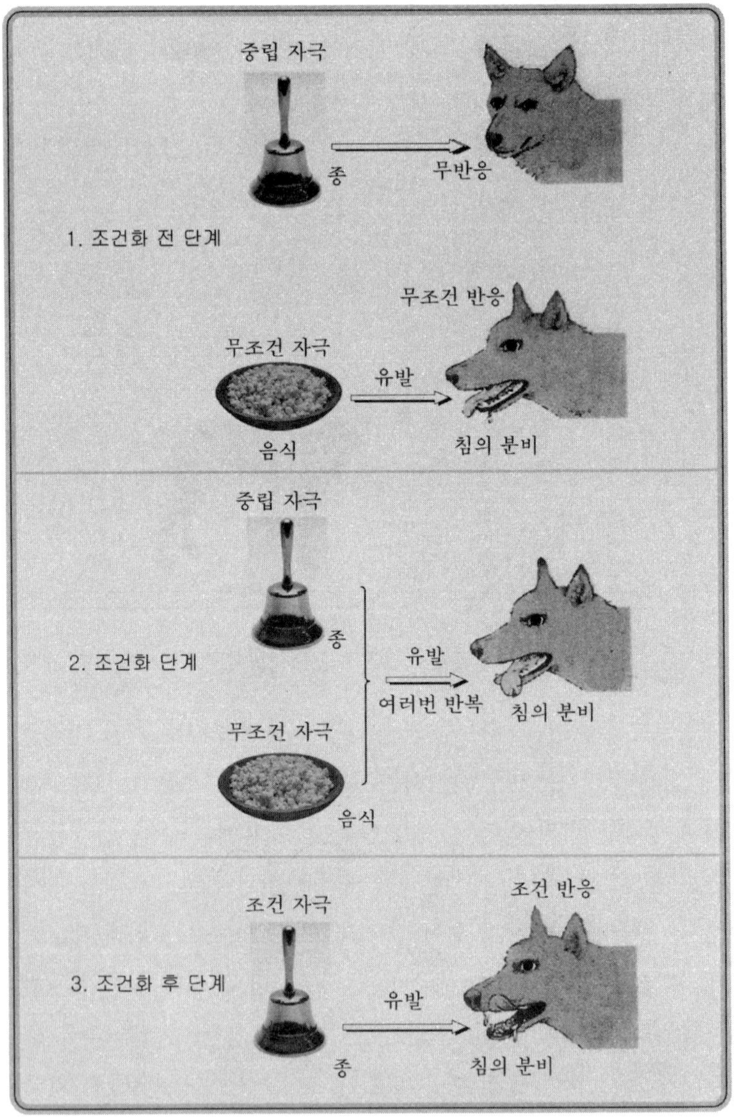

출처: Shaffer(1993).

파블로프의 고전적 조건형성의 모형

① 고전적 조건형성의 기초개념

a. 무조건 자극(UCS) : 먹이와 같이 실험의 시작에서부터 의존반응을

일으키는 자극을 '무조건 자극(unconditioned stimulus)'이라 한다. 파블로프는 무조건 자극을 '강화물(reinforcement)'이라 부르고 있는데, 이는 조건 반응을 지속시키기 때문이다. 보다 넓은 의미에서 강화물이란 학습상황에 도입되는 보상이나 처벌을 말한다.

b. **무조건 반응(UCR)** : 무조건 자극에 대해서 나타나는 지속적인 반응을 말한다. 파블로프의 실험에서 침의 분비가 '무조건 반응(unconditioned response)'이다.

c. **조건 자극(CS)** : 종소리와 같이 실험 목적으로 무조건 자극과 짝지워 제시되는 자극을 '조건 자극(conditioned stimulus)'이라 한다.

d. **조건 반응(CR)** : 무조건 반응과 유사한 반응이나, 무조건 자극이 아니라 조건 자극에 의해서 일어나는 반응을 '조건 반응(conditioned response)'이라 한다.

② 고전적 조건형성의 기본원리

a. 시간의 원리 : 조건 형성의 과정에서 자극을 제시하는 시간의 중요성이다. 중립 자극은 무조건 자극의 제시와 거의 동시에 이루어져야 한다.

b. 강도의 원리 : 무조건 자극의 강도와 감각역과의 관계로서 자극의 강도가 감각역을 넘어야 한다는 것이다. 즉 침을 분비시키는 무조건 자극의 강도가 강하면 강할수록 조건 형성이 용이하게 이루어진다.

c. 일관성의 원리 : 동일한 조건 자극을 통해 일관성 있게 강화해 주어야 조건 반응이 쉽게 이루어진다.

d. 계속성의 원리 : 자극과 반응 간의 결합 관계의 반복 횟수가 많을수록 조건화가 잘 형성된다는 것이다. 이것은 연습의 법칙이나 빈도의 법칙과 같은 성질의 원리이다.

③ 고전적 조건형성과 영향요인

파블로프는 조건 반사의 강도에 영향을 주는 몇 가지 요인을 확인했는데 강화와 소거, 자발적 회복, 그리고 일반화와 변별화, 고차적 조건형성이다.

a. **강화**(reinforcement) : 강화는 한 행동에 뒤따르는 자극사건이 그 행동을 다시 일으킬 가능성(확률)을 증가시킨다는 것을 의미한다.

b. **소거**(extinction) : 조건형성이 한 번 이루어졌다고 해서 조건자극이 계속해서 영원히 작용하는 것은 아니다. 즉 무조건 자극 없이 조건자극만 계속 반복하면 이미 습득되었던 조건 반응의 강도가 점차 약화되고 결국 사라지게 되는 것이다. 예를 들면 종소리를 타액분비를 위한 조건 자극으로 만들 수는 있으나, 만약 음식(무조건 자극) 없이 종소리(조건 자극)만 몇 번 제시하면 종소리는 그 효과(조건 반응)를 잃게 되는데 이러한 현상을 소거 또는 소멸이라 한다.

c. **자발적 회복**(spontaneous recovery) : 소멸은 조건 반응을 일어나지 않게 하므로 학습된 반응이 없어지는 것이지만 시간간격을 두어 다시 조건 자극을 제시하면 소거된 것으로 보였던 조건 반응이 재생될 수 있다. 이것을 자발적 회복이라 한다.

d. **일반화**(generalization) : 일반화는 원래의 자극과 유사한 조건 자극에 대해 조건 반응하는 것을 의미한다. 조건화된 자극과 비슷하지만 동일하지 않은 자극에 대한 조건화된 반응의 연속이다. 예를 들면 어떤 음조의 종소리에 타액을 분비하도록 조건형성된 개는 유사한 다른 음조의 종소리에도 같은 반응을 하는데 이것이 일반화이다. "자라보고 놀란 가슴 솥뚜껑 보고 놀란다."라는 속담도 자극 일반화의 예이다.

e. **변별화**(differentiation) : 일반화에 대한 보완적인 과정이 변별화인데, 한 자극이 다른 것과 변별되어지는 방식을 말한다. 두 조건 자극 간의 차이가 적으면 적을수록 변별은 어려워진다. 변별의 예를 들면 어두운 곳에서 공포를 느끼는 아동이 극장과 같은 어떤 특정한 어두운 장소에서는 공포를 느끼지 않는 것이다.

f. **고차적 조건형성**(higher-order conditioning) : 조건형성이 이루어

진 후 그 조건 자극과 또 다른 새로운 자극을 짝지어 반복 제시함으로써 2차 조건화를 형성해낼 수 있다. 종소리에 타액을 분비하도록 학습된 개에게 불빛을 비추면서 종소리를 함께 들려주기를 반복하면 결국 개는 불빛을 보고 타액을 흘리게 된다. 이런 방법으로 계속 3차, 4차의 조건화를 유도할 수 있으며 이를 통틀어 고차적 조건형성이라 부른다.

파블로프는 학습이 이루어지는 방법을 과학적으로 설명함으로써 이후의 학습이론에 초석을 마련했다는 평가를 받고 있다. 고전적 조건형성은 유기체의 바람직한 행동을 격려하는 반면 바람직하지 못한 행동은 교정 또는 제거하는 데 도움이 된다.

고전적 조건형성 이론을 심리학 분야에 최초로 도입한 학자는 왓슨으로 고전적 조건형성을 이용하여 인간의 행동을 형성할 수 있다고 주장하였다. 왓슨에 의하면, 모든 행동은 조건형성을 통한 새로운 자극과 반응의 결합을 확립함으로써 형성된다는 것이다. 그의 대표적인 실험은 1세된 앨버트(Albert)라는 어린이에게 공포 반응을 학습시켰다. 왓슨이 앨버트의 옆에서 큰 소리를 내자 앨버트는 깜짝 놀라는 반응을 보이면서 도망치려고 하였다. 여기서 큰 소리는 무조건 자극이며, 놀라는 반응과 도망치려는 반응은 무조건 반응이다. 이 때 큰소리와 함께 중성자극인 조그만 흰 쥐를 짝지어 제시하였다. 그 결과 앨버트는 흰 쥐(조건 자극)에 대해서도 놀라는 반응(조건 반응)과 도망치는 반응(조건 반응)을 보였다. 즉 앨버트는 흰 쥐에 대한 공포를 학습한 것이다. 흰 쥐에 대한 공포는 흰 털(예를 들어, 산타클로스의 수염, 털코트, 토끼)에까지도 일반화되었다. 왓슨은 아동의 많은 정서적 반응은 고전적 조건형성에 의해 학습 영향을 받기 쉽다는 것을 보여주었다.

1. 조건화 전 단계

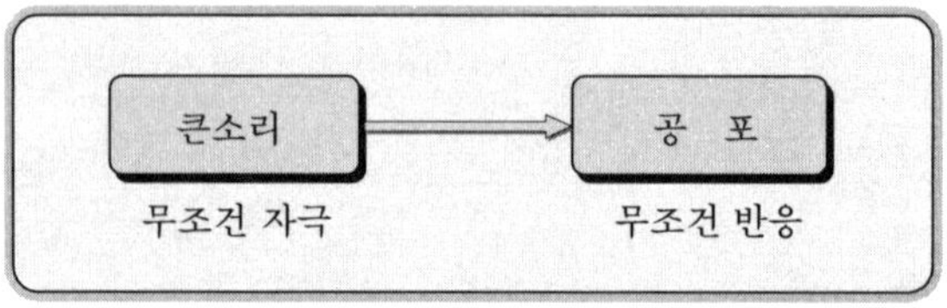

2. 조건화 단계

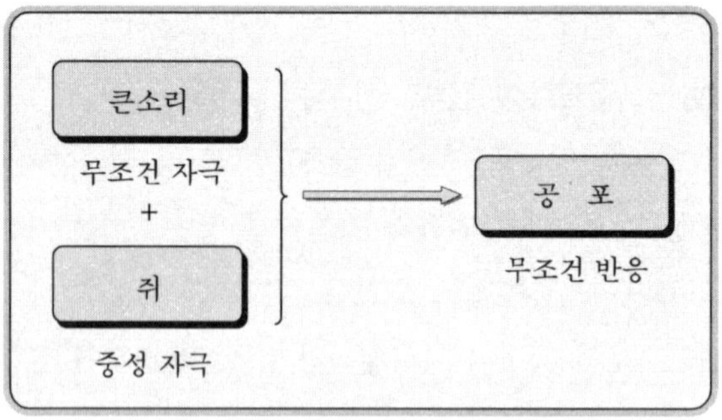

3. 조건화 후 단계

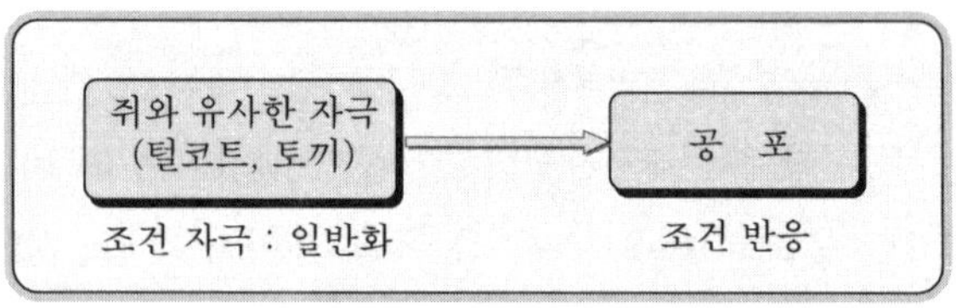

1세 된 앨버트에게 공포반응 조건형성하기

(3) 스키너의 조작적 조건형성

미국의 심리학자 스키너(B. F. Skinner, 1904~1990)는 행동주의 학습이론을 가장 많이 발전시킨 연구자 중 한 사람이다. 그의 학습이론은 조작적 조건형성 또는 도구적 조건형성이라 불리운다. 스키너의 입장은

스키너

손다이크와 파블로프의 고전적 조건형성과는 구별된다. 개를 대상으로 한 파블로프의 실험에서는 유기체에게 자극(S)이 먼저 주어지면 그에 따라 어떤 반응(R)이 후속적으로 일어난다고 본다(S-R이론). 그러나 스키너는 유기체가 어떤 자극이 주어질 때까지 수동적으로 있는 것이 아니라 어떤 행동을 먼저 시도한다는 것이다. 즉 조작적 행동은 유기체가 더욱 적극적이고 능동적이며 의식적인 성격을 지닌다는 주장이다.

행동은 그것의 결과에 의해서 결정된다는 것이 조작적 조건형성의 기본 원리로서 특정행동이나 반응의 확률이나 빈도를 증가시키는 강화의 개념이 중요하게 작용한다. 강화는 반응을 일으키는 자극(보상)이라고 말하는데 이 자극이 어떠냐에 따라서 그 반응의 빈도가 증감된다. 만일 어떤 행동이 만족스러운 결과를 가져오면 앞으로도 그 행동이 일어날 확률은 증가하고, 역으로 불만족스러운 결과를 얻게 되면, 그 행동이 발생할 확률이 낮아진다. 결국 조작적 조건형성은 학습경험의 결과로서 강화와 처벌의 역할이 중요하다. 예를 들면 어린 아기가 웃을 때 어머니가 같이 웃으며 아기를 안아준다고 하자. 이러한 행동은 아기에게 만족감을 준다. 아기는 이 만족감을 얻기 위해 어머니를 보면 자기 쪽에서 먼저 웃는 일을 자주 하게 된다. 이것은 학습원리를 반응-자극(R-S)의 순서로 설명한 것이다. 다시 말해 유기체가 어떤 행동을 먼저 하고, 그 다음에 어떤 자극 또는 강화가 환경 속에서 일어나고 그런 강화물이 그 행동을 지속하도록 조건 지워준다.

스키너는 연구대상으로 비둘기(쥐를 대상으로 한, 누를 수 있는 지렛대와 음식)를 이용하였다. 스키너상자라고 불리는 첫 번째 실험장치 벽에는 단추와 이동문이 달려 있다. 만일 비둘기가 이 벽의 단추를 쪼면 이동문이 열리면서 음식이 떨어지도록 고안되어 있다. 비둘기가 단추를 쪼는 반응(R)은 처음에는 우발적으로 발생하지만, 반응의 결과로써 음식(S)을 받게 되면 마침내 비둘기는 단추 쪼기와 음식을 연결하도록 조건형성이 된다. 두 번째 상자는 전류가 통하며 비둘기가 단추를 쪼면 전류가 멈추도록 고안되어 있다. 이 때 전류는 혐오 자극이며 비둘기는 이 혐오 자극을 피하기 위해 단추를 쪼는 행동을 증가시킨다.

〈쥐가 지렛대를 누르는 장면〉

〈비둘기가 원판을 쪼는 장면〉

스키너 상자 실험

앞에서 설명한 첫 번째 상자에서 비둘기가 음식이라는 자극을 얻기 위해 단추를 쪼는 반응을 증가시킬 때 그 자극을 정적(긍정적) 강화물이라 하며, 정적 강화물로 인해 반응이 증가하는 현상을 정적 강화라 한다. 두 번째 상자에서 전류를 피하기 위해 단추 또는 반응을 증가시키는데, 이때의 자극을 부적(부정적) 강화물이라 하며, 부적 강화물로 인해 반응이 증가하는 현상을 부적 강화라 한다. 이와 같이 어떤 자극을 얻거나 피하기 위해 행동 반응이 증가될 때 그 자극을 강화물이라 하며, 그 자극이 행동을 증가시키는 힘을 강화라 한다. 이 때 강화란 항상 반응을 증가 시키는 것이고, 정적 또는 부적이라는 것은 어떤 것이 제시되느냐 아니면 제거되느냐 하는 것이다.

처벌은 강화와 반대로 그에 선행하는 반응이 반복되어 나타날 가능성을 감소시키는 효과를 가져온다. 처벌에는 가(加)·감(減)의 두 종류가 있다. 가함으로써 처벌하는 것은 어떤 반응 뒤에 혐오 자극(부적 강화물)을 가하는 것으로, 예컨대 수업시간에 떠드는 학생에게 방과후 청소를 시키는 것이다. 감함으로써 벌하는 것은 어떤 반응 뒤에 정적 강화물을 박탈하는 것으로써 수업시간에 떠드는 학생을 복도에 나가 서 있게 하는 것이다.

새로운 행동이 학습되도록 강화물을 제시하는 방법을 스키너는 강화계획이라 하였다. 강화계획에는 연속적 강화와 간헐적 강화가 있다. 유기체가 바람직한 행동을 했을 때마다 곧바로 강화물을 제시하는 것은 연속적 강화이다. 연속적 강화는 행동수정의 초기 단계에서 필수적이다. 그리고 간헐적 강화는 모든 행동이 아닌 그 중 일부 행동에 한하여 강화해 주는 방법이다. 간헐적 강화는 시간 간격에 따른 간격강화와 반응 횟수에 따른 비율강화로 나뉘어진다.

① **고정간격 강화** : 일정한 시간이 경과하지 않으면 아무리 반응을 해도 보상을 주어지지 않게 계획한다.
② **변동간격 강화** : 강화의 시간간격이 일정하지 않은 경우이다. 즉 간격을 변동시키는 것이다.
③ **고정비율 강화** : 일정한 회수의 반응이 있은 후에 보상이 주어지는 강화계획이다.
④ **변동비율 강화** : 강화와 강화간의 반응회수가 어떤 평균치를 중심으로 변동한다.

이상의 강화계획은 어떤 계획에 따라서 행동이 학습되도록 하는 것이다. 임규혁(1996)은 보리쉬(Borich)와 톰바리(Tombari, 1995)가 강화계획의 구체적인 모습을 예시한 것을 번역하여 다음과 같이 제시하고 있다.

네 가지 강화계획과 예시

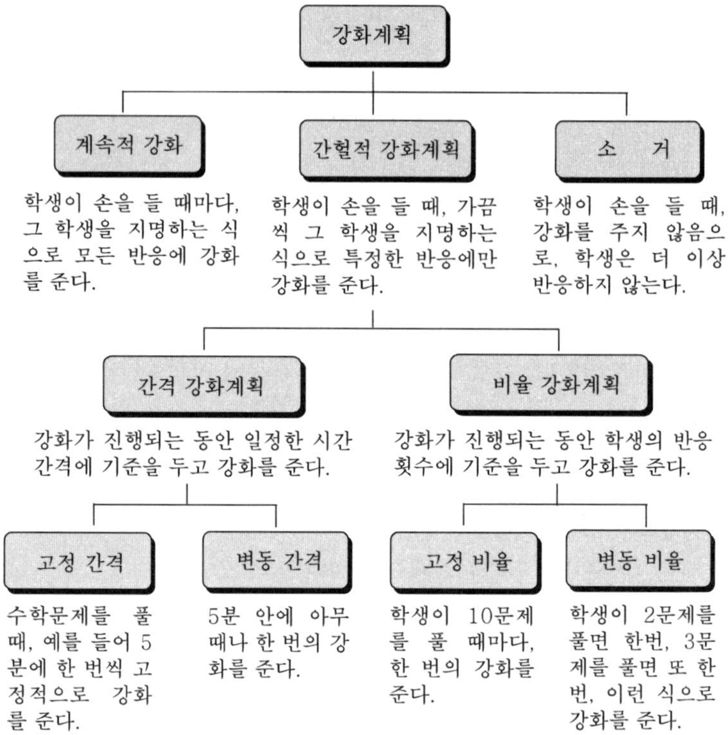

고전적 조건형성과 조작적 조건형성의 비교

특 징	고전적 조건형성	조작적 조건형성
대표 학자	파블로프	스키너
자극 - 반응의 순서	자극이 반응에 선행한다.	반응은 결과에 선행하여 일어난다.
자극의 역할	반응을 유도한다(elicied).	반응이 자발적으로 방출된다(emitted).
자극의 특수성	특수한 자극은 특정한 반응을 일으킨다.	특수한 자극은 특정한 반응을 일으키지 않는다.
조건 - 반응	이미 예정된 한 가지 반응이다.	무한한 반응이다.
조건형성 과정	한 자극이 다른 것으로 대치된다.	자극에서 대리로 일어나는 것은 없다.
내 용	정서적 행동이 일차적으로 학습된다.	목적 지향적 행동이 일차적으로 학습된다.
학습자의 태도	수동적 · 소극적이다.	능동적 · 적극적이다

(4) 반두라의 사회학습 이론

반두라

캐나다 심리학자인 반두라(Albert Bandura, 1925~1997)는 유명한 사회학습 이론가이고 환경론자이다. 그는 인간은 사회상황에서 모방(modeling)을 통해 많은 것을 학습한다고 주장하여 모방학습의 이해에 관심을 고조시켰다. 인간은 타인의 행동을 관찰하는 것은 곧 인간으로서의 사회화과정을 학습하는 것을 의미이다. 만일 학습이 유기체의 직접경험에 의해서만 이루어진다면 너무나 많은 시행착오 과정을 겪을 것이며, 비효율적이고 위험을 감수해야 될 것이다. 그러나 다행히 관찰학습으로 인해 많은 시행착오 과정을 줄일 수 있게 된다. 관찰학습은 기계적인 모방이라기보다는 능동적으로 판단하고 구성하는 과정이라고 할 수 있다.

반두라(1977)에 의하면 복잡한 행동의 패턴은 분화적으로 강화에 의해 서서히 학습되는 것이 아니고 오히려 전체적으로 학습된다고 하였다. 그는 인간이 환경과의 접촉을 통해 행동유형을 어떻게 발달시켜 나가는지를 보여주었다.

사회학습이란 인간은 어떤 모델의 행동을 관찰 모방함으로써 학습하게 된다는 것으로 주위 사람과 사건들에 주의 집중함으로써 정보를 획득하는 학습이다. 즉 자신의 행동에 대한 직접적 보상이나 벌을 받지 않더라도 다른 사람의 보상이나 벌을 받는 것을 관찰함으로써 간접적으로 강화를 받기 때문에 학습이 이루어진다는 이론으로 기본적으로 강화이론에 토대를 둔다. 따라서 사회학습 이론을 관찰학습, 산집학습, 대리학습, 인지적 행동주의 학습으로도 불리운다.

사회학습 이론은 행동과 환경뿐만 아니라 인지도 발달에 있어서 중요한 요인으로, 사회적 환경과 인지능력이 학습과 발달에 미치는 중요성을 강조함으로써 학습 이론과 인지발달 이론 사이의 결함을 메우는 역할을 했다(Bandura, 1986, 1989).

인간은 심상, 사고, 계획 등을 할 수 있는 생각하고 인식하는 존재이므로 장래를 계획하고, 내적 표준에 근거해 자신의 행동을 조정하며, 자기 행동의 결과를 예측할 수 있다. 따라서 학습된 반응을 수행할 의지는 인지적 통제하에 있는 것이다(이인정 외, 2001).

반두라의 실험적 연구에 따르면, 모델의 행동이 관찰자에게 영향을 주는 것은 모델이 행한 반응의 결과에 따르는데, 모델의 행동이 보상받는 것을 본 관찰자는 보상받는 행동을 더욱 열심히 수행하려고 하며, 반대로 부정적인 결과를 가져오는 모델의 행동을 관찰한 관찰자는 그것을 하지 않으려고 한다. 그리고 위대하다고 생각하는 사람의 행동을 위대하다고 생각하지 않는 사람의 행동보다 더 잘 모방하고, 자기와 동성인 모델의 행동을 이성인 모델의 행동보다 더 잘 모방하며, 돈·명성·높은 사회경제적 지위 등을 지닌 모델을 더 잘 모방하고, 벌을 받은 모델을 거의 모방하지 않으며, 연령이나 지위에서 자기와 비슷한 모델을 상이한 모델보다 더 잘 모방한다고 한다(Bandura & Walters, 1963).

① 관찰학습의 네 가지 구성요소

반두라에 의하면 관찰학습에는 주의, 파지(기억), 운동재생, 강화와 동기화의 네 가지 과정이 필요하다고 하는데, 이 중 한 과정이라도 빠지면 사회학습 이론의 모형은 불완전한 것이 되며, 성공적 모방이 이루어지지 않는다.

a. 주의집중 과정(attentional process)

관찰학습은 모델로부터 특정 행동에 주의집중을 하며, 정확하게 지각하여 선택적으로 학습할 것을 결정한다. 주의집중 과정은 여러 가지 결정요인들 가운데, 결합양상이 매우 중요하다. 관찰학습의 정도는 모델링 자극의 독특성, 정서성, 복합성, 우월성, 기능적 가치 뿐만 아니라 관찰자 자신의 감각능력, 각성수준, 지각형태, 과거의 강화 등에 의해 영향을 받는다. 주의집중에는 주위의 빈번히 노출된 대상뿐만 아니라 관찰자 자신의 흥미나 욕구 또는 모델 자체의 매력이 중요한 변수로 심리적 특성에 의해 작용된다.

b. 파지 과정(retentional process)

관찰의 효과를 위해서는 관찰 결과에 의하여 획득된 지각을 어떤 상징적 형태로 보유하고 있어야 한다. 이와 같은 파지 과정은 정보가 심상적 및 어문적 방법의 상징적(image) 기호로 저장되는 것을 의미한다. 관찰자들이 이들 모델사건을 상징적 형태로 바꾸고 또 본질적인 요소들을 인지적으로 체계화하여 기억쉐마로 조직한다. 심상적으로 저장된 기호는 모델링한 경험의 실제 모습을 저장한 것이고, 이것은 관찰학습이 일어난 뒤 오랜 시간이 지나도 인출이 가능하며 행위로 옮겨질 수 있다.

c. 운동재생 과정(motor reprodution process)

모델의 행동을 상징적으로 부호화해서 기억한 것을 행동으로 전환하는 과정으로, 학습된 것이 어느 정도의 수행으로 전환되는가를 결정한다. 처음으로 수행을 일으킬 때는 인지적 시연(cognitive rehearsal)이 필요하다. 행동을 정확하게 재생하려면 필요한 운동 기술을 갖추어야 하며, 이러한 신체적 능력에는 신체적 성장과 연습이 있어야 한다.

d. 동기 과정(motivational process)

수행은 강화와 동기적 변수에 의해 좌우된다. 수행은 과거에 받은 직접적 강화뿐만 아니라 모델행동의 결과에 의한 대리 강화에 의해서도 영향을 받는다. 또한 자기 자신의 행동에 대한 스스로 내린 평가, 자기 강화에 의해서도 부분적으로 좌우된다.

따라서, 관찰학습 과정은 첫째, 어떤 행동을 관찰할 때 행동의 특징 등을 유심히 주의해서 살펴보고 둘째, 그 행동을 이미지나 언어로 기억해 두며 셋째, 신체적으로나 운동적으로 그 행동을 할 수 있는 능력이 있고 넷째, 그 행동을 했을 때 받게 될 보상이 어떤 것인가에 대한 기대가 있어 그 행동을 하고자 하는 동기가 유발될 때 비로소 관찰한 행동을 수행하게 된다(이소희 외, 2004).

반두라의 관찰학습의 구성요소

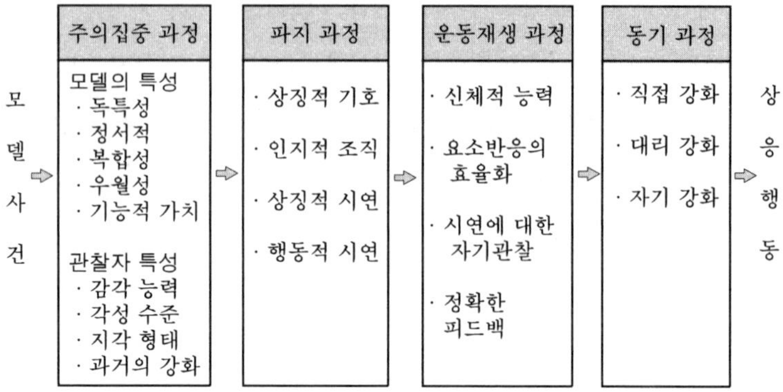

② 상호 결정론

반두라는 인간 행동이 인간의 내적 과정과 환경적 요소 사이의 복잡한 상호작용에 의해 결정된다고 보았다. 즉 인간 행동은 인간 내적 사건과 외적 환경의 자극이 상호작용하여 결정된다는 것이다. 이것이 상호결정론(reciprocal determinism)이다(Bandura, 1977).

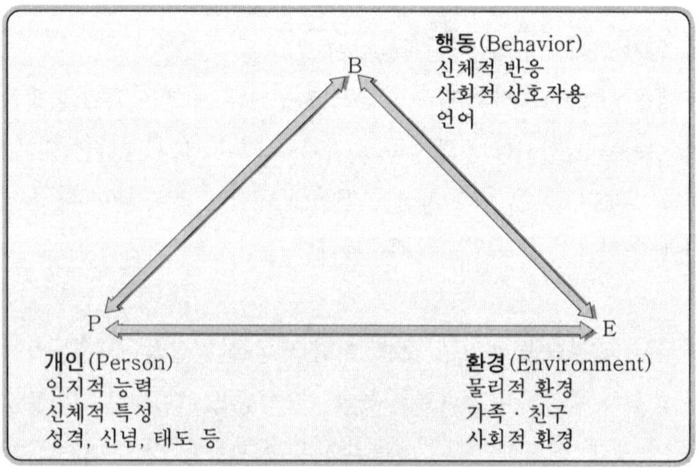

반두라의 상호결정론 모형

개인, 행동, 환경 간의 관계는 양방향성이고, 상호결정론의 모형은 상호작용의 삼각형을 구성한다. 인지 능력, 신체적 특성, 성격, 신념과 태도의 개인(P)은 자신의 행동(B)이나 환경(E)에 영향을 미친다. 인간의 행동은 자신에 대한 느낌, 신념과 태도에 영향을 미치고(B→P), 또한 자신의 환경에 영향을 미친다(B→E). 그리고 가족, 또래, 책, TV, 그 외 다른 환경 등으로부터의 정보는 개인의 행동과 신념, 태도 등에 영향을 미친다(E→B, E→P).

따라서 사회학습 이론에서 인간의 발달은 개인 자신과 환경 간의 계속적 상호작용에 의하여 이루어진다. 인간의 경험하는 환경이 개인 자신에게 영향을 미치고, 행동 또한 환경에 영향을 미치므로 결국 인간은 자신의 성장과 발달에 영향을 미친다고 할 수 있다.

③ 자기 효능감

자기 효능감(self-efficacy)은 자신이 바라는 목적을 이루기 위해 특정 행동을 성공적으로 수행할 수 있다는 개인적 신념이다. 반두라(Bandura, 1986)는 자기 효능감 평가가 동기의 수준에 강력한 영향을 발휘한다고 믿었다. 자신의 능력을 믿으면 과제에 열심히 임할 것이고, 일시적 차질에도 굴하지 않고 지속할 것이나. 하지만 능력을 믿지 못하면 열성적이지 않고 어려움에 직면했을 때 쉽게 포기할 것이다. 따라서 자기 효능감에 대한 낙천적 평가는 어떤 행동을 결정하는 데 도움이 된다.

④ 관찰학습과 모방학습의 차이점

관찰학습은 밀러(Miller)와 돌란드(Dollard)가 제시한 모방학습과는 유사한 점도 있으나, 다음과 같은 몇 가지 사실에서 크게 다르다. 모방학습에서는 강화가 주어짐으로써 모델과 동일한 행동을 하는 모방이 일어난다는 점과 모방이 성립하는 데는 시행착오의 과정을 필요로 한다는 점 등이다. 이것은 강화에 의한 직접 학습 가운데 하나로 생각할 수 있지만 이에 비해 관찰학습은 직접 경험에 의하지 않고 또 외적 강화를 필요로 하지도 않으며 반드시 시행착오를 거치지 않고 성립한다고 하는 점에서 구별된다. 관찰학습은 강화에 의한 직접 학습보다도 가끔 유효한 학습법이라는 것이 어린이들을 대상으로 한 실험연구에서 밝혀지고 있다.

반두라의 사회학습 이론은 이전의 이론이 학습을 단지 자극-반응의 관계로 보는 것에서 넘어서 사회적 관계 속에서 인지적 변수를 포함시켜 학습 이론을 설명하고 있다. 즉 사회적 · 정서적 · 동기적 측면을 고려함으로써 인지발달에 대한 이해를 넓혔다(Miller, 1993).

사회학습 이론은 첫째, 학습자를 자신의 학습에 있어 능동적 공헌자로서 간주하며 둘째, 실험실 상황에서 벗어나 사회적 관계 속에서 더 복잡한 관계망 내에서의 인간의 행동을 연구하며 셋째, 사회학습 이론은 인지의 중요성을 인정하고 있다. 그러나 발달이론가들은 반두라가 지나치게 환경론적이라고 본다. 반두라는 본보기를 보임으로서 가르치는 방법을 주장한 반면 발달이론가들은 이러한 것이 중요하긴 하지만 발달 변인들의 중요성을 과소 평가했다고 비판했다. 그럼에도 불구하고 반두라는 환경적인 힘이 어떻게 작용하는가에 대해 상당한 공헌을 하였다.

4. 인지주의 이론

(1) 퀼러의 통찰 이론

퀼러

퀼러(W. Köhler, 1887~1968)는 형태주의 심리학자로서, 그의 통찰 이론(insight theory)은 1916년 그가 테네리페(Tenerife) 섬에서 침팬지를 대상으로 한 실험으로부터 발전된 것이다. 이 실험에서 침팬지는 손다이크의 고양이나 스키너의 쥐와 같이 시행착오적으로 문제를 해결하는 것이 아니라 잠시 상황에 대하여 주의 깊게 관찰한 후 통찰에 의해 즉각적으로 문제를 해결한다. 이것은 문제해결의 열쇠가 되는 어떤 관계를 지각함으로써 학습이 이루어지는 것이다. 따라서 학습은 목적과 수단, 전체와 부분의 관계를 통찰하고, 장면을 재구성하여, 인지구조를 재체제화함으로써 가능하다는 의미이다. 그의 이론은 문제를 하나의 전체로서 지각하는 의식현상을 중요시하는 형태심리학적 입장을 뒷받침한다.

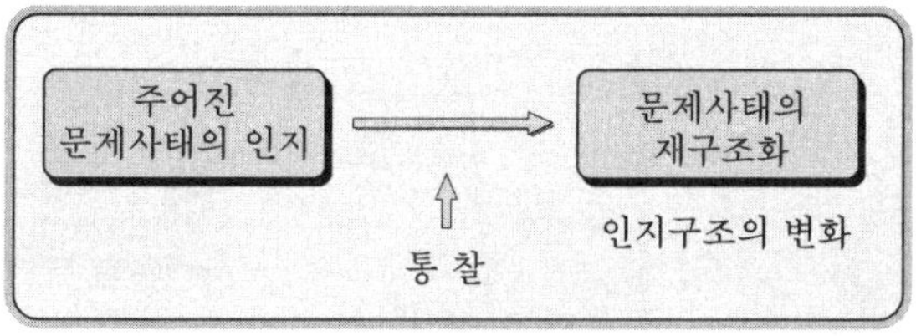

통찰학습 과정

쾰러는 볼 수는 있어도 손이 닿지 않는 먼 곳에 과일을 두거나 높은 곳에 과일을 매달아 놓은 실험장면에 침팬지를 노출시키고 어떻게 해서 그것을 먹느냐를 관찰하였다. 한 실험에서 침팬지가 손을 내밀어 멀리 있는 과일을 잡으려 했을 때 오히려 과일은 더 멀리 밀려나가 실패하였다. 실패 후 침팬지는 주변을 둘러보고는 과일을 끌어들이는 데 사용할 수 있는 막대기를 발견하였다. 순간 바로 그 막대기를 이용해서 과일을 끌어당기는 데 성공했다.

먼 곳에 과일을 둔 실험 장면

실험에서 더 복잡한 과제로 침팬지가 천정에 매달려 있는 바나나를 따먹기 위해 처음에는 바나나 밑에서 껑충껑충 뛰었지만 바나나를 딸

수가 없자 잠시 행동을 중단하였다. 그리고 주위를 살펴본 후, 갑자기 방안에 널려 있던 몇 개의 상자들을 포개놓고 올라가서 바나나를 땄다. 이러한 행동은 갑자기 생기고 즉각 최종 목표를 달성하는 행동으로 옮겨졌다.

높은 곳에 과일을 매달아 놓은 실험 장면

이 과정을 관찰한 쾰러는 통찰은 '해결전'에서 '해결'로 갑자기 일어나며 또한 그것은 완전한 것이기 때문에 대개 '아하 경험(aha experience)'이라고도 한다.

쾰러의 통찰 이론에 있어서 통찰의 기저는 학습의 장에 대한 학습자의 관찰과 그의 주관적인 장의 구성에 의존하고 있으며, 과제의 난이도는 거의 지각 문제에 달려 있는 것이 된다.

지각 방식의 체제화 법칙은 다음과 같다(임창재, 2000).

① **근접성의 법칙** : 지각장면의 자극은 서로 근접한 것끼리 하나의 통합된 형태로 지각되어 의미 있는 형태를 형성한다는 원리이다.

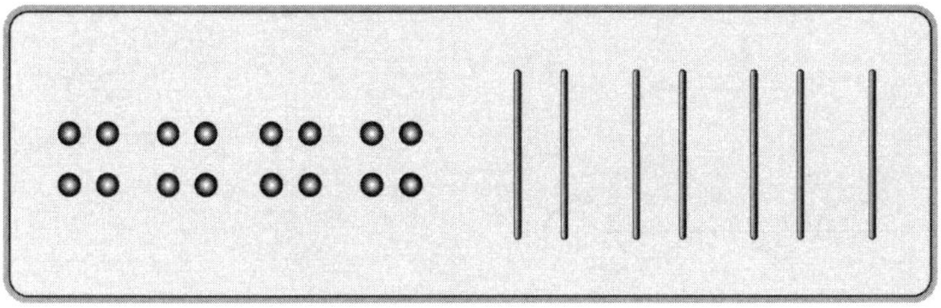

② **유사성의 법칙** : 지각장면에 포함되어 있는 자극 즉, 사물들이 유사한 것끼리 통합하여 하나의 의미 있는 형태를 형성한다는 원리이다.

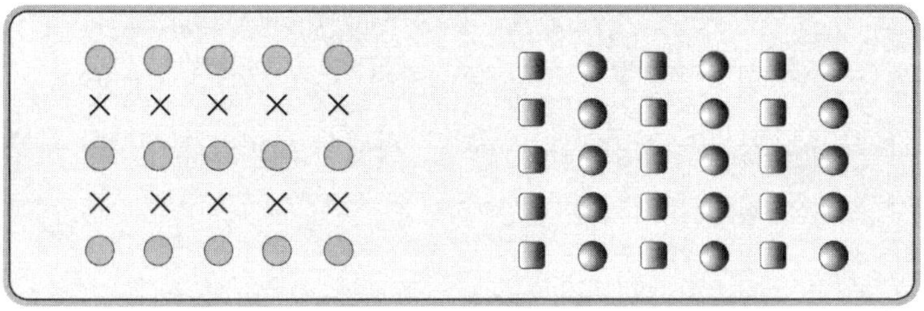

③ **폐쇄성의 법칙** : 공백이 있거나 불완전하게 떨어져 있는 부분을 보완하여 완성된 형태로 자극 정보를 받아들이는 현상이다.

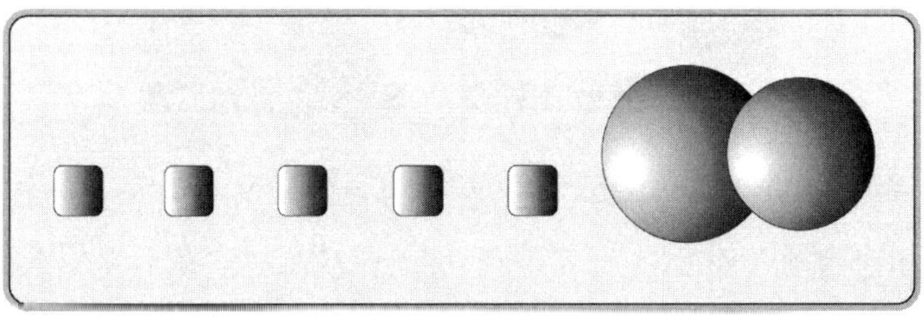

④ **연속성의 법칙** : 연속되는 자극들을 단절된 정보보다 계속된 형태로 체제화하는 현상이다.

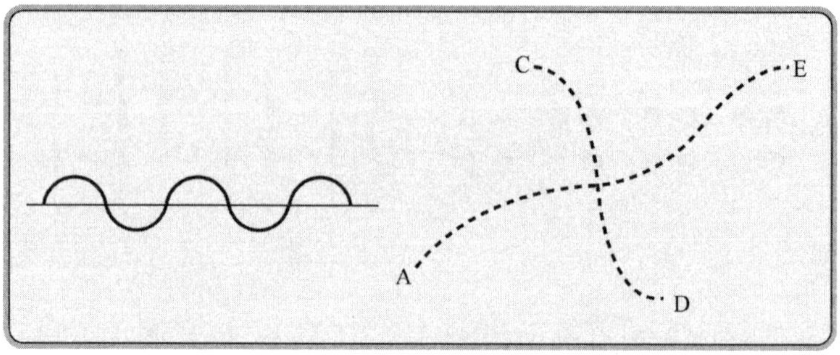

⑤ **의미부여에 따른 지각** : 지각에 있어 가장 기본이 되는 것은 장면을 '도형'과 '배경'으로 구분하며, 한 장면을 볼 때 주의를 기울여 보는 것은 도형이 되고, 그 외의 부분은 배경이 되는 것이다. 즉 장면 그 자체가 의미를 가지는 것이 아니라, 보는 사람이 의미를 붙여주기 때문에 생각한 바와 같이 지각되는 현상이다.

통찰학습에서의 내용을 일반적으로 요약하면 첫째, 통찰은 문제 상황의 배열에 달려 있다. 문제를 해결하는데 있어 학습자의 과거 경험도 필요하지만 이것이 해답을 보증하지는 못한다. 문제해결에 필요한 요소들이 지각하기 쉽도록 잘 배열되어 있을 때 통찰은 더욱 쉽게 일어난다. 둘째, 통찰은 갑작스러운 해결이다. 일단 통찰로 해답을 구하면 그것은 즉각적으로 반복될 수 있다. 셋째, 통찰로 얻은 문제해결은 새로운 상황에 적용될 수 있다. 통찰실험에서 학습한 것은 수단(상자들)과 목적(바나나) 간의 인지적 관계이다. 따라서 하나의 수단은 다른 수단으로 대치될 수 있다.

(2) 레빈의 장 이론

장 이론(field theory)을 주장한 대표적인 학자는 레빈(K. Lewin, 1980~1947)이다. 그의 이론은 동기, 자아, 그리고 성격문제에 많은 관심을 갖고 있다. 장이론은 인간이 어느 주어진 특정 시간에 자기가 직면하고 있는 심리에 영향을 주고 있는 모든 상황과 자기 자신을 어떻게 지각할 수 있느냐 하는 문제에 초점을 둔다.

장이란 한 사람의 전체적 상황으로서의 생활공간(life space)을 뜻하며, 환경과 개인으로 구성된다. 생활공간은 인간이 자기 자신과 자기의 환경에 대해 무엇이 현실적인가를 지각하는 것을 말하는 것으로, 유기체 내에 성립하고 있는 주관적인 공간이다.

장이론은 상황을 강조한다. 항상 전체로서의 상황으로, 그 속의 영역들을 정밀하게 분석함으로써 진행된다. 상황의 여러 영역들은 서로 배타적인 것이 아니라, 상호의존적으로 본다.

레빈에 의하면 인간행동이란 그 때에 경험한 심리적 환경의 총합으로 결정된다는 것이다. 심리적 환경이란 행동에 영향을 미치는 관념적이든 실재적이든 그 모든 것을 말하는 것으로, 이러한 모든 심리적 환경 중 어떤 것은 인간행동에 긍정적 영향을 미치고, 어떤 것은 부정적 영향을 미친다. 어떠한 시점에서 행동을 결정하는 것은 이러한 사상들의 전체이다.

레빈은 의식적으로 경험한 것만이 행동에 영향을 미치기 때문에 과거에 경험한 어떤 것이 현재의 행동에 영향을 미치려면 사람은 먼저 그것을 의식해야 한다고 한다. 어떠한 심리적 사실이 변화하면 전체의 생활공간이 재배치된다. 그리하여 행동의 원인은 계속적으로 변화하며, 그들은 역동적이다. 즉 사람이란 계속적으로 변화하는 장속에 있으며, 이들 중 어떠한 것의 변화도 다른 모든 것에 작용한다. 이것이 심리학적 장이론이 의미하는 것이다.

레빈은 학습을 재조직 혹은 재구성으로 본다. 자기 자신이 지각하는 생활공간의 구조는 인지 구조이며, 학습이나 통찰은 이러한 인지구조의 변화로 일어나는 것이다. 그러므로 우리들의 생활공간의 어느 부분을 알게 되어 가는 과정을 학습이라고 보고 있다. 이러한 인지구조의 변화는 미분화된 생활공간들이 경험 내지 지식의 획득에 의하여 점차로 체제화되고 막연하던 영역들이 뚜렷이 분화되어 장의 인지구조나 시간적 전망, 현실수준 등이 정립됨으로써 객관성 있는 인지구조의 성립이나 효과적인 문제해결에 타당한 인지구조의 변용이 이루어진다고 했다(Lewin, 1942). 다시 말해 생활공간 속의 어떤 미분화한 영역이 분화하여 그것들이 새로운 구조에 의해 연결되는 것이 행동 변인의 원인이라고 보았다.

(3) 톨만의 기호형태 이론

톨만(E. C. Tolman, 1886~1959)은 기호형태 이론(sign-gestalt theory)을 주장하였다. 톨만은 관찰 가능한 자극과 외현적인 반응을 다루고 있지만, 학습이론에서 전체적인 행동을 선택함으로써, 목적적이라는 특징을 가진다. 따라서 인지적인 입장을 강조하여 행동주의자들과는 구별된다. 이 이론은 기호-학습설, 기호-기대설, 기호-유의미설, 목적적 행동주의설 등 여러 가지로 불려진다.

인간은 목적지향적이라 어떤 목표를 향해 부단히 노력하는 존재이다. 그 수단으로써 환경을 활용하며 가능한 간단하고 쉬운 수단을 선택하여 도달하려는 경향을 지닌다. 즉, 주위환경에 대처해 가면서 앞으로 닥치게 될 유사한 상황에 적용할 수 있는 경험을 획득하고 쌓아가는 것이다(이현림 외, 2005).

톨만은 학습에 있어서 문제사태인지를 가장 필요한 조건이라고 본다. 그는 학습의 목표를 의미체라 부르고 그것을 달성하는 수단이 되는 대상을 '기호'라 하여 이 양자간의 '수단-목적'관계를 '기호-형태'라고 불렀다. 그는 학습이란 경험을 쌓음으로써 '기호-형태-기대' 즉 '무엇을 어떻게 하면 어떻게 되느냐' 하는 식의 논리를 알게 됨으로써, 환경에 대한 인식이 획득되는 것이라고 생각하였다.

뚜렷한 목적이 있을 때 그에 따른 행동은 의미가 있다고 보므로 그의 이론은 유목적의 성격을 띠고 있다. 그에 의하면 학습은 기대의 성격을 띠고 있는 사고의 형성인 동시에 발전이다. 서로 관련된 기대의 망은 인지도 혹 인지구조를 형성한다. 이는 행동이 아닌 사전 인지이며, 인지도가 신경조직 속에 형성되는 것이다. 따라서 기호형태 이론에서의 학습은 구체적인 행동의 결과가 아니라 수단과 목표와의 의미관계를 파악하고 전체 환경장면에 대한 인지구조를 형성해 가는 것이다.

톨만은 학습은 강화가 없이도 일어나며, 새로운 통찰의 결과로 이러한 인지구조에 변화가 있을 때 발생한다고 보았다.

(4) 정보처리 이론

정보처리 이론(information-processing theory)은 인간의 정보와 관련된 인간의 내적 처리과정을 컴퓨터의 처리 과정과 비교해 본 이론으로서 최근에 대두되고 있는 이론이다. 이 이론은 컴퓨터의 하드웨어와 소프트웨어의 용어를 사용해서 비교하고 있는데, 하드웨어란 컴퓨터의 물리적 장치를 말하는 것이고, 소프트웨어는 컴퓨터 조작을 위한 프로그래밍을 말한다. 정신활동 역시 하드웨어와 소프트웨어를 가졌다고 볼 수 있는데, 뇌와 신경계를 하드웨어로, 문제해결을 위한 계획이나 책략 등을 소프트웨어로 볼 수 있다(Flavell, 1971).

정보처리 이론은 인간이 새로운 지식을 어떻게 습득하고, 저장하며, 회상하고, 이미 배운 것을 토대로 유사한 환경이나 새로운 문제상황에서 인출하는 데 관심을 가지고 있다. 즉 외부 세계로부터 들어오는 정보를 기억과정을 통해 저장하고, 시간의 흐름에 따라 저장된 정보를 전환하며, 또한 정보를 효율적으로 인출하는 정보처리의 과정을 연구대상으로 한다.

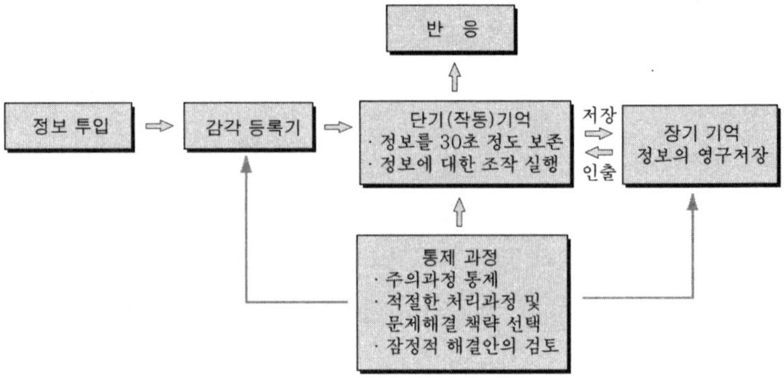

출처 : Atkinson, R. C., & Shiffrin, R. M. (1968).

정보처리 모델

정보처리 이론은 인간의 인지를 세 가지 체계로 개념화하고 있다. 첫째, 외부세계로부터의 정보를 감각기관을 통해 인지체계에 투입하고 둘째, 뇌는 투입된 정보를 다양한 방법으로 전환해서 저장한다. 즉 정보를 기억에 수용할 수 있는 부호화로 변형시켜 저장하고 셋째, 인출하는 과정으로 필요할 때 정보를 기억 속에서 찾아내는 과정을 말한다.

① 정보처리이론의 구조

정보처리이론의 구조는 정보저장소와 인지처리과정의 두 가지 요소로 구성되어 있다. 정보저장소란 투입된 정보가 머무르는 곳이며, 인지처리과정이란 각각의 정보저장소로부터 정보가 이동하는 것과 관계되는 처리과정을 의미한다.

a. 정보저장소(information storage)

투입된 정보가 머무르는 정보저장소는 정보의 저장에 이용되는 서류철이나 주소록 등으로 비유될 수 있다. 이러한 정보저장소에는 감각등록기, 단기기억, 장기기억 등의 세 가지 요소가 포함되어 있으며 이들의 특징은 다음과 같다.

• 감각등록기

감각등록기(sensory register)란 학습자가 환경으로부터 감각수용기관을 통해 정보를 최초로 저장하는 곳이다. 감각등록기는 자극을 아주 정확하게 저장하지만, 매우 짧은 시간 동안 저장한다는 특징을 가지고 있다. 시각인 경우 약 1초 정도, 그리고 청각인 경우엔 약 4초 정도 정보를 저장한다고 알려져 있다. 감각등록기는 그 수용량에 제한이 없지만, 투입되는 정보가 즉시 처리되지 않을 경우 그 정보는 곧 유실된다.

• 단기기억

단기기억(short-term memory)은 단기간 저장이 가능하다는 의미이다. 단기 기억은 소량의 정보만 기억할 수 있으며 약 30초가 지나면 단기기억 내의 정보는 잊혀지든지 아니면 장기기억으로 넘어가게 된다.

• 장기기억

장기기억(long-term memory)은 무한한 정보를 영구적으로 저장할 수 있는 곳이다(Ashcraft, 1989). 일반적으로 장기기억은 일상기억과 의미기억이라는 두 부분으로 구성되어 있다고 가정된다(Tulving, 1985; Yantis & Meyer, 1988).

-일상기억 : 일상기억(episodic memory)은 주로 개인의 경험을 보유하는 저장소이다. 일상기억에서의 정보는 주로 이미지로 부호화되며, 정보가 발생한 때와 장소를 기초로 조직된다.

-의미기억 : 문제해결 전략과 사고기술 그리고 사실, 개념, 일반화, 규칙 등이 저장된다. 따라서 학교에서 학습하는 대부분의 내용들은 장기기억 중 의미기억에 저장되는 것이다(Paivio, 1971). 이 때 의미기억(semantic memory)에 저장되는 정보들은 서로 연관을 맺으면서 체계적인 네트워크를 구성한다. 이는 학습자가 정보들을 의미 있는 구조로 만들어 간다는 것이다.

b. 인지처리과정

인지처리과정(cognitive process)이란 어떠한 정보를 하나의 저장소에서 다른 저장소로 옮기는 내부적이고 지적인 활동을 의미하며 주의집중, 지각, 시연, 부호화, 인출과 망각 등의 처리과정이 포함되어 있다.

• 주의집중

주의집중(attention)이란 자극에 대해 반응하는 것으로, 주의를 집중하지 않으면 곧 유실되는 것으로 선택적이다. 학습은 감각등록기에 들어온 많은 정보들을 주의집중을 함으로써 시작되는 것이다. 이는 곧 관심을 두지 않으면 학습은 결코 일어나지 않는다는 의미이다.

• 지각

지각(perception)이란 경험에 의미와 해석을 부여하는 과정이다. 감각등록기에 들어온 자극에 주의집중을 하면 그러한 자극에 대해 지각을 하게 된다. 이 때 지각은 과거 경험의 정도에 좌우되며, 일단 지각이 일어난 자극은 주관적 실재로서 개인마다 다르게 받아들인다.

• 시연

시연(rehearsal)은 작동기억 안에서 이루어지는 처리과정으로서 정보를 반복해서 외우거나, 좀더 낯익은 범주로 조직화하는 여러 가지 기억전략을 의미한다. 단기기억 안으로 들어온 정보는 시연을 통해 파지가 되기도 하고, 장기기억으로 전이가 이루어지기도 한다.

• 부호화

부호화(encoding)란 장기기억 속에 존재하고 있는 기존의 정보에 새로운 정보를 연결하거나 연합하는 것으로, 단기기억에서 장기기억으로 정보를 이동시키는 과정을 의미한다. 부호화는 정보처리 모델에서 가장 중요한 인지처리과정이라고 할 수 있는데, 이는 부호화가 일어나지 않는다면 우리가 받아들이는 대부분의 정보가 단지 일시적으로 저장되기 때문이다.

이 때 부호화는 유의미한 것으로 이루어져야 함이 아주 중요하다. 이것은 장기기억 속에 하나의 생각과 다른 생각들이 연결되어 새로운 체제로 구축되는 것을 의미하며, 장기기억으로의 전이가 훨씬 용이해진다.

• 인출

인출(retrieval)이란 장기기억에서 정보를 찾는 탐색과정이며, 부호화와 밀접하게 관련되어 있다. 문제는 정보를 인출할 때 발생한다. 저장된 정보를 빨리 정확하게 인출하는 것이 관건이다. 이는 효과적으로 부호화되지 않으면 효과적으로 인출될 수 없음을 의미한다. 정확한 인출을 위해서는 최초에 얼마나 완전하게 학습하느냐에 달려 있다.

감각등록기, 단기 기억 및 장기기억간의 차이

특 징	감각 등록기	단기 기억	장기 기억
정보의 투입	주의 이전	주의집중을 요함	시연(정교 암송)
정보의 유지	없음	계속적 주의집중 시연(반복 암송)	반복 조직화
정보의 형태	실재의 복사	음운적 (시각과 의미론적 부호에 의하기도 함)	대부분 의미에 의함 (시각, 청각, 미각, 후각 등 다른 양식의 부호도 가능)
용 량	큼	작음	거의 무제한
정보 상실	사라짐	대치 (사라지거나 간섭이 가능함)	상실이 거의 없음 (간섭에 의한 적절한 기억내용을 접근 실패)
흔적 지속	1/4정도에서 수초	30초 정도	지속적
인 출	정보 판독	거의 자동적 (의식 속의 항목들 일시적/음운적 단서)	인출 단서 (탐색처리가 가능)

지식기반의 확장에 있어 가장 중요한 인지변화는 정보를 통제하고 분석하는 통제과정(control process)이다. 통제과정은 컴퓨터와 인간의 정보처리과정이 구별되는 부분으로서 어떤 정보에 주의를 기울이고, 저장과 인출과정에서 어떤 책략을 사용할 것인지 등을 결정하는 과정이다(정옥분, 2004). 통제과정은 정보를 저장하고 재생하는 양과 질을 결정한다. 지식의 인지변화는 점점 통제과정이 점점 효율적이 되어 문제해결을 효율적으로 하게 된다.

(5) 구성주의

1980년대 후반부터 교수-학습 이론에 있어서 구성주의 이론은 지배적인 영향력을 미치고 있다고 할 수 있다. 구성주의 이론은 학습자가 환경과의 상호작용을 통해 그들 자신의 경험과 사고로부터 지식을 재구성하는 것을 의미한다. 지식은 기존에 만들어져 있는 것을 외부로부터 학습자에게 전달하는 것이 아니라 사전 지식에 의한 새로운 지식을 구성하는 것이다. 즉 학습자 스스로가 주체가 되어, 능동적인 학습의 구성자로서 자신의 경험에 대한 반성을 통하여 정신적으로 지식을 재구성한다.

구성주의에 의하면 인간은 외부세계에 있는 실재의 본성을 경험에 의하여 의미있게 구성하고, 학습을 이끌어 내는 동시에 개인적인 학습목적을 추구하게 된다. 구성주의의 중요한 인식론적 가정은 인간이 외부 세상에 대한 독특한 경험과 마음에 의해서 모든 외부의 실재를 개인에 따라 다르게 받아들인다는 점이다. 여기서 실재란 그 실재가 구성되고 해석되어져 인간의 정신 속에서 그 이상의 것이 된다. 다시 말해서 구성주의에서는 지식이란 개별적으로 구성되어져 사람의 마음에 내재되어 있는 것이며, 인간은 상호작용에 의해 보다 서로 잘 협동하고 타협한다고 보고 있다.

구성주의는 크게 나누어서 개인적 구성주의와 사회적 구성주의로 구분할 수 있다. 개인적 구성주의의 관점에서는 인지적 갈등을 유발하는 경험을 통해서 학습자가 자신의 기존 정보를 새로운 정보에 결합시켜 자신의 의미를 수정하여 새로운 지식이 형성됨으로써 환경에 더 잘 적응할 수 있는 새로운 스키마를 계발한다. 반면 사회적 구성주의자들은 지식이란 개인이 사회적으로 공유하는 문제나 과제에 관해서 말하고 행동할 때 형성된다고 생각한다. 의미를 만드는 것은 사람들 간의 대화과정이고 학습은 개인이 더 기술이 많은 구성원에 의해서 한 문화권에 소개되는 과정이라고 본다. 이러한 접근법에서는 학습이 문화적으로 공유된 방식으로 세계와 현실에 대해서 이해하고 말하는 것을 의미한다.

지식을 많이 축적한다는 것은 사회에 적절한 상징적 의미구조를 획득하는 것이고, 지식은 사회적으로 형성되기 때문에 사회의 구성원은 지식의 테두리에 새로운 것을 첨가할 수도 있고 변화시킬 수도 있다는 것이다(권두승, 2004). 따라서 학습자가 유의미한 학습을 가능케 하고 전이를 극대화하기 위하여 유기체들이 세상에 대한 의미를 스스로 구성할 수 있는 환경 제공과 또한 경쟁보다는 협동학습을 통하여 사회적 상호교류를 촉진하고, 사회적 협상을 통하여 사회적으로 의미있는 지식을 구성하도록 하는 것이 중요하다.

구성주의 이론을 대표하는 학자에는 피아제와 비고츠키가 있다. 피아제는 개인주의 구성주의의 입장으로서 피아제의 환경은 물리적 성격에 가깝다. 한편 비고츠키는 사회적 구성주의의 입장으로서 문화와 사회적 관계를 강조하였다는 입장 차이가 있다.

① 피아제의 인지발달 이론

피아제

피아제(Jean Piaget, 1896~1980)는 스위스의 생물학자, 발달심리학자이다. 그는 1930년대와 1940년대에 걸쳐 매우 중요한 연구를 수행하였지만, 1960년대 미국의 교육학자 브루너(Bruner) 등을 통해서 소개되기 전까지는 발달심리학계에 그다지 알려지지 않았다. 이는 아동의 학습과 발달에 대한 그의 기본 가정과 연구방법이 1920년대부터 1960년대까지 미국의 심리학을 지배했던 행동주의 심리학의 전통과 반대되기 때문이다. 그러나 피아제는 20세기의 가장 영향력 있는 발달심리학자들 중의 한 사람으로 인정받고 있으며(Beilin, 1992; Berk, 1993), 그가 제안한 인지발달이론은 현재 많은 연구의 이론적인 기초역할을 하고 있다.

피아제의 인지발달이론에서는 도식, 적응, 동화, 조절, 평형이 중요한 의미를 갖는다.

피아제 연구의 중심에는 평형(equilibrium)이라는 개념이 존재한다. 인간에게는 질서와 체계를 유지하려는 본능적이고도 선천적인 욕구가 있는데, 이것은 개인의 정신적 활동과 환경 간의 균형의 상태를 의미한다. 피아제는 이러한 경향을 평형에 대한 욕구라고 부른다. 또한 평형의 욕구에 대한 반응으로 개인은 삶에서의 경험을 구조화시키며 조직하려는 경향을 도식(schema)이라 하였다. 도식은 어원으로는 형태라는 의미이다. 일반적으로 사물이나 사건 또는 사실에 대한 전체적인 윤곽이나 개념으로, 우리가 세계를 이해하고 반응하여 기능하기 위해 사용하는 지식, 절차, 관계 등을 뜻한다. 적응은 환경과의 직접적인 상호 작용을 통해 도식이 변화하는 과정이다. 적응은 개인의 욕구를 충족시키기 위해 이루어지는 개인 또는 환경의 수정을 포함하는 매우 복잡한 과정이다. 적응은 동화와 조절이라는 두 가지 수단을 통해 진행된다. 동화(assimilation)란 새로운 정보 혹은 새로운 경험을 접할 때, 그러한 정보와 경험을 이미 자신에게 구성되어 있는 도식에 적용시키려 하는 경향성을 뜻한다. 그리고 조절(accommodation)이란 새로운 정보 혹은 새로운 경험을 인식하기 위해 기존의 도식을 수정하는 것을 의미한다. 즉 현재의 지식으로는 새로운 상황과 문제를 해결 해 나가는 과정에서 어려운 현상으로서 기존의 지식을 변화시켜서 새로운 상황에 대처하는 것을 의미한다. 예를 들면 유아가 구급차를 보고 자동차라고 말할 때, "이것은 자동차가 아니라 구급차란다."라고 말해줌으로써 기존의 지식을 조절함으로써 지식의 변화를 일으킨다. 이 때 유아는 '자동차'에서 '구급차'라는 새로운 도식이 형성되게 되는 것이다.

피아제에 의하면 인지발달이란 모순 없는 새로운 지식은 동화시키고, 기존의 도식에 적절하지 않은 지식에 대해서는 도식을 변경하면서 끊임없이 도식을 확장시키는 과정이라고 설명한다.

a. 인지 발달단계

피아제는 동화와 조절이라는 적응의 과정을, 심리구조의 재구성을 이룩함으로써 인지발달이 이루어져 간다고 하였다. 피아제는 이런 인지발달을 촉진하는 요소는 타고난 유전적 기질과 환경과의 상호작용의 결과로 보고 있다. 첫째, 성숙은 주어진 단계에서 인지발달의 가능성과 불가능성의 한계를 규정하고 둘째, 물리적 경험은 감각적인 경험과 신체적인 활동이 사고나 정신적 조작을 통해 내재화되는 것을 말한다. 셋째, 아이디어의 교환 등 사회적 상호작용이다.

피아제는 인지 발달의 개념화를 위해서 발달 단계를 감각 운동기, 전조작기, 구체적 조작기, 형식적 조작기 네 단계로 구분하여 설명하고 있다.

이 발달단계는 불연속적이라기보다는 연속적이다. 이것은 아동이 한 단계에서 갑자기 다음 단계로 도약하는 것이 아니라, 서서히 계속적으로 발전한다는 것을 의미한다. 생활연령에 따라 각 단계들이 나누어지지만, 이것은 개인의 성숙도와 개인이 처해 있는 문화에 많은 영향을 받아 개개인에 따라서는 각 단계를 통과하는 속도가 어느 정도 다를 수 있다. 그러나 발달의 순서는 결코 뒤바뀌지 않는다고 생각하였다.

그 발달 단계의 내용을 구체적으로 살펴보면 다음과 같다.

• 감각 운동기(sensorimotor stage : 0~2세)

출생 후 약 2년간 아동은 감각과 운동을 통하여 세상을 적응해 나간다. 그들의 사고는 유아가 대상에 대해 보여 주는 실제 행동에 국한되어 있다. 감각운동기의 유아들은 기억 속에 사물에 대한 어떤 표상도 가지고 있지 않으며 모방력을 발전시키는데, 이 시기에 발전되는 모방력은 이후의 관찰학습을 위한 토대를 형성하는 데 중요한 기능을 하게 된다. 이 단계에서 가장 중요한 성취는 대상영속개념의 획득이다. 즉 대상은 그가 직접 경험하고 있지 않을 때도 계속 존재한다는 것을 이해하는 것이다.

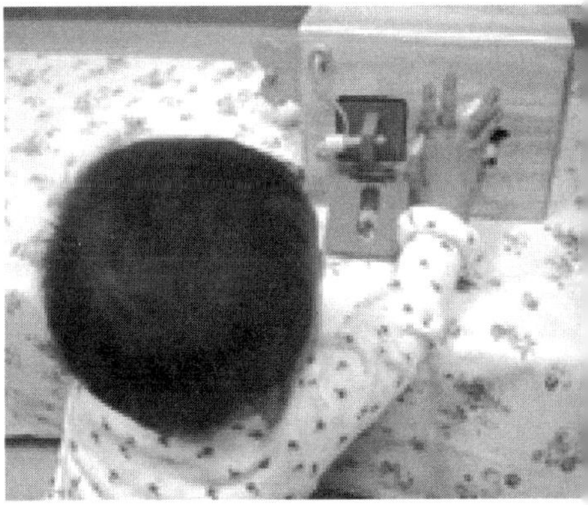

주요 발달과업으로서는 다음과 같다

- 주변의 여러 대상물로부터 자신을 분리시키기
- 빛과 소리 자극에 반응하기
- 흥미있는 일을 계속하기
- 조작을 통한 물체의 속성 알기
- 대상 영속성의 개념 획득하기

• 전 조작기(preoperational stage : 2~7세)

이 단계에서 '전조작'이라는 용어를 사용하는 것은 그것이 발달의 불완전한 단계로서, 감각운동단계에서 조작단계로 넘어가는 과도기적 단계이다. 아동들은 이 단계를 거치면서 언어발달이 급속히 이루어지고 상징적 사고의 발달과 개념획득 능력에 있어서 빠른 성장을 보인다. 그들의 사고가 작용하는 영역의 범위를 시간적으로나 공간적으로 확장하게 된다. 물질로 존재하거나 현재 상황과 연결된 개념들은 비교적 쉽게 습득하지만, 추상적인 개념의 습득은 여전히 한정되어 있다.

이 단계에 나타나는 특징을 보면 다음과 같다.

자연 모방 : 과거에 본 행동을 현재에 재현해 내는 것으로써 모델이 없는 상태에서 이전에 본 행동을 완벽하게 모방해 내는 능력이다.

상징 놀이 : 자연 모방과 거의 동시에 나타나는 것으로, 상상에 기초한 놀이를 말한다. 예를 들면 막대기를 들고서 '기타 연주' 하는 놀이를 한다.

언어 증가 : 언어가 증가함으로 해서 더 많은 상상과 내면적 사고가 가능해진다.

직관적 판단 : 지각적 판단에 의존함으로써 물체나 대상이 지각적으로 변해 보이면 사물이 전혀 달라진 것으로 판단한다. 예를 들면 똑같은 양의 물을 모양이 다른 컵에 담겨 있으면 그 양도 다르다고 지각한다.

자아 중심성 : 타인의 관점을 이해하지 못하고 자신의 입장에서만 생각한다. 이것은 의도적인 것이 아니라 타인의 관점을 이해하는 능력이 부족하기 때문이다.

물활론적인 사고 : 생명이 없는 대상에게 생명과 감정이 있는 것으로 지각한다.

타율적 도덕성 : 놀이에서의 규칙이나 도덕적 규범은 절대적으로 지켜야 한다고 지각한다.

아동의 보존개념 획득 여부를 확인하기 위한 실험들

보존개념의 종류	아동의 관찰 및 반응	실험자의 조작	보존개념에 관한 질문 및 아동의 대답
액체의 양 (liquid quantiy)	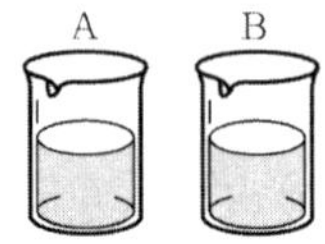 같은 두 비커에 같은 양의 물을 채우면 두 비커에 같은 양의 물이 담겨 있다고 말한다.	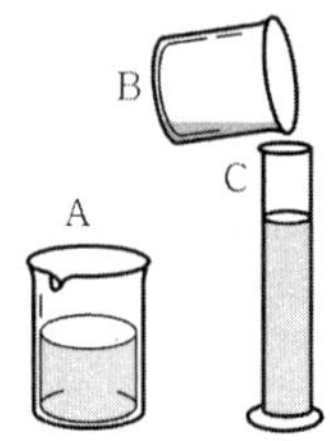 B 비커의 물을 높고 가는 C비커에 붓는다. 결과적으로 물의 높이는 A비커보다 더 높다.	**질문** : 두 비커(A, C)에 담겨있는 물의 양은 같으냐? · 보존개념이 아직 획득되지 못한 아동은 "보세요. 이것이 더 높잖아요" 라고 하면서 C비커의 물이 더 많다고 대답한다. · 보존개념이 획득된 아동은 "선생님이 B비커의 물을 바로 C비커에 부었기 때문에 물의 양은 같다" 라고 대답한다.
수 (number)	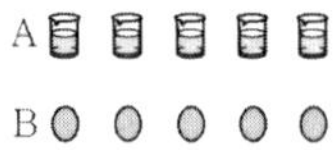 비커와 달걀을 1 : 1의 관계로 대응시켜 놓으면 그 수는 같다고 말한다.	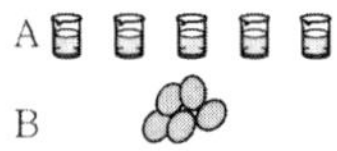 달걀을 한 군데에 모은다.	**질문** : 비커와 달걀의 수는 같으냐? · 보존개념이 아직 획득되지 못한 아동은 비커의 수가 더 많다고 대답한다. · 보존개념이 획득된 아동은 비커와 달걀의 수가 같다고 대답한다.
길이 (length)	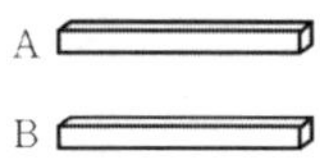 길이가 같은 두 개의 막대를 나란히 놓으면 두 막대의 길이가 같다고 말한다.	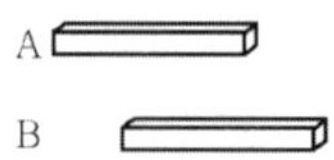 길이가 같은 두 개의 막대를 엇비슷하게 놓는다.	**질문** : 두 막대의 길이는 같으냐? · 보존개념이 아직 획득되지 못한 아동은 둘 중에 서 하나의 막대가 더 길다고 대답한다. · 보존개념이 획득된 아동은 두 막대의 길이는 같다고 대답한다.
물체의 양 (substance amount)	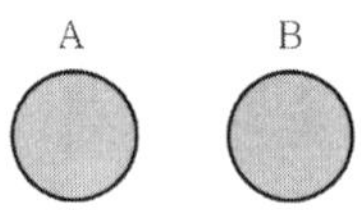 두 개의 똑같은 공모양의 진흙덩어리의 양은 같다고 말한다.	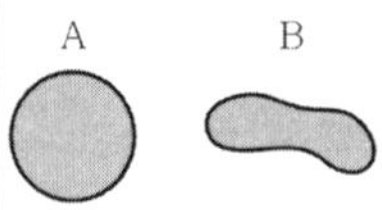 하나의 진흙덩어리를 소시지 모양으로 길쭉하게 늘어뜨린다.	**질문** : 두 개의 진흙덩어리의 양는 같으냐? · 보존개념이 아직 획득되지 못한 아동은 긴 진흙덩어리의 양이 더 많다고 대답한다. · 보존개념이 획득된 아동은 두 진흙덩어리의 양이 같다고 대답한다.

면적 (area)	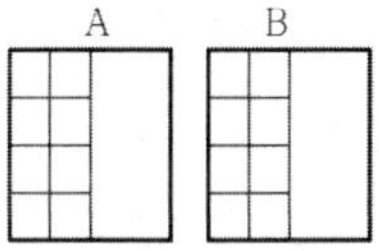 같은 크기의 마분지 위에 나무블럭들을 동일한 취치에 놓으면, 두 마분지의 나머지공간의 면적은 같다고 말한다.	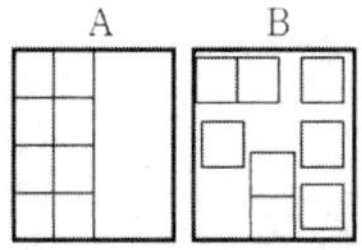 한 마분지 위에 나무블럭들을 흐트려 놓는다.	**질문** : 두 마분지의 나머지 공간의 면적은 같으냐? · 보존개념이 아직 획득되지 못한 아동은 나무블럭들이 흩어져 있는 마분지의 나머지 공간의 면적이 더 작다고 대답한다. · 보존개념이 획득된 아동은 두 마분지의 나머지 공간의 면적이 같다고 대답한다.
부피 (volume)	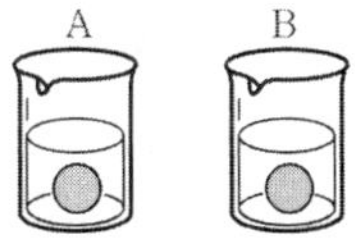 동일한 양의 물이 들어있는 같은 모양의 비커에 같은 모양의 진흙덩어리를 넣으면, 그것들이 차지하는 물의 부피는 같다고 말한다.	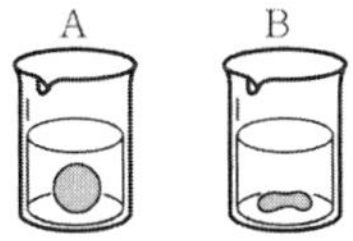 진흙덩어리 중의 하나를 모양을 변형시켜 같은 비커에 넣는다.	**질문** : 두 개의 진흙덩어리가 차지하는 물의 부피는 같으냐? · 보존개념이 아직 획득지 못한 아동은 더 긴 진흙덩어리가 차지하는 물의 부피가 더 많다고 대답한다. · 보존개념이 획득된 아동은 두 진흙덩어리가 차지하는 물의 부피가 같다고 대답한다.

출처: Clarke-Stewart, Friedman & Koch(1985).

• 구체직 조작기(concrete operation stage : 7~12세)

이 단계에서는 주변의 세계를 인식하는 아동의 능력이 상당히 진전한다. 문제를 주는 한 변인에 집중하지 않고 여러 변인들을 동시에 고려하며 그들의 관심이 상태 혹은 결과뿐만 아니라 과정에도 집중하는 특징을 보여준다. 구체적인 문제에 대한 논리적 사고가 가능한 시기이며, 이 단계의 주된 특성은 수와 물질의 특성에 대해서 배열과 분류의 능력이 발달된다. 이 시기는 양, 무게, 부피의 보존 개념을 확실하게 획득할 수 있다. 이것은 상보성, 가역성의 원리를 이해한다는 의미이다. 또한 전조작기의 자기중심적 사고는 타인에 대한 관심으로 전환된다.

• 형식적 조작기(formal operation stage : 12~15세)

이 단계는 사고에 있어서의 질적 변화가 나타난다. 체계적이면서도 현명한 과학적 추론할 수 있다. 현존하는 것을 초월하여 여러 가지 가능한 경우를 가정한다. 따라서 현실적인 것뿐만 아니라 비현실적인 것에 대해서도 추론할 수 있게 된다. 구체적 조작단계의 아동들은 정신적으로 조작하는 자료가 구체적인 대상과 자료인 반면에 이 단계의 아동들은 처리되는 자료가 언어적 명제이다. 또한 이들은 이상적인 사고를 한다. 자신이 생각하는 이상적인 기준에 맞추어 다른 사람들에게 바라는 특성에 대해 사고하기 시작한다.

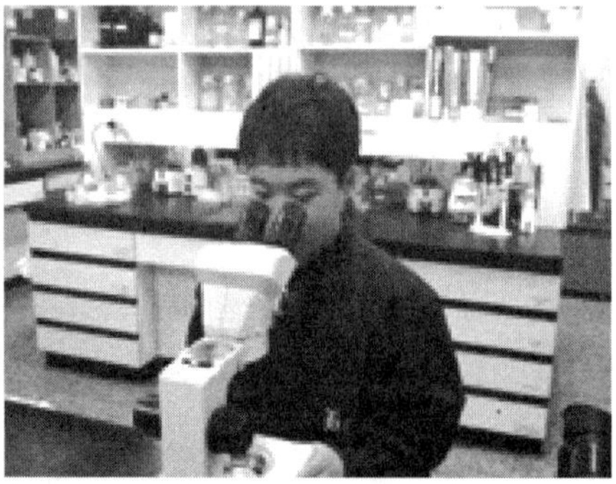

b. 피아제 이론의 한계

최근 아동의 발달에 대한 많은 연구들은 피아제 이론의 문제점을 지적하고 있다. 이들이 지적하고 있는 점을 요약하면 다음과 같다(Gelman

& Baillargeon, 1983; Rogoff & Moreiji, 1989 ; Siegler, 1991). 첫째, 발달단계에 대한 문제점을 들 수 있다. 아동이 피아제가 제시한 변화를 통해 발달해 간다는 것에 대해서 의문을 제기한다. 즉 아동의 사고에는 일관성이 부족하다는 것으로, 사고의 분리된 네 단계의 존재에 대해서 의문점을 제시한다. 둘째, 피아제는 아동의 인지능력을 과소평가했다는 점이다. 실제의 연구에서는 아동들이 피아제가 제시하고 있는 능력 이상의 것을 이해할 수 있었다는 것이다. 초등학교 입학전 유아는 피아제가 생각한 것보다는 훨씬 인지적으로 발달해 있어서, 4~5세경에 이미 보존개념이 형성되며 자기중심성에서도 벗어나고 있다는 연구결과들이 있다. 셋째, 피아제는 문화의 차이를 무시하였으나 연구에 따라서는 문화에 따라 다른 연구의 결과를 얻었을 수 있었다. 피아제가 질문한 내용을 다른 문화에서 물었을 때, 문화에 따라 다른 결과가 나왔다는 것이다.

결론적으로, 피아제의 가장 큰 기여는 아동은 능동적으로 자신의 인지발달을 촉진한다는 생각을 강조한 것이다. 그러나 그의 이론이 지나치게 논리적인 사고만을 인지발달의 주요인으로 고려한다든지, 또는 인지적 발달이 그가 생각한 것처럼 질적으로 다른 단계적 변화를 거치지 않는다는 것이다. 피아제의 발달단계 이론은 하나의 이상적인 모형이며, 개인의 적성과 흥미, 그리고 그가 살아가는 환경이나 경험 등에 따른 정도의 차이가 있다는 것이다. 또한 12~15세경에 인지적 발달이 완성되는 것이 아니라 성인기의 발달을 설명할 수 있는 새로운 단계가 필요하다고 주장하는 연구결과도 있다(Riegel, 1975).

피아제의 인지 발달 단계

발달단계		발달단계의 특성	각 단계별 중요한 분화
감각 운동기 (0~2세)	1단계 (0-1개월)	· 반사활동만 가능, 분화가 안됨	- 반사활동으로부터 표상으로 발달함 - 문제를 감각-운동적으로 해결함
	2단계 (1-4개월) 일차순환반응	· 손-입의 협응, 빨기반사를 통한 분화	
	3단계 (4-8개월) 이차순환반응	· 손-눈의 협응, 흥미로운 사건을 반복함	
	4단계 (8-12개월) 이차순환반응	· 두 도식의 협응, 사물에 대한 영속성 획득	
	5단계 (12-18개월) 삼차순환반응	· 실험을 통한 새로운 수단 착상(발명), 계열적 변위 추구	
	6단계 (18-24개월)	· 심적 협응활동을 통한 새로운 수단의 발견	
전조작기 (2~7세)		· 표상을 통한 문제 해결 · 언어발달(2~4세) · 사고와 언어는 자기 중심적임 · 보존문제는 해결할 수 없음 · 직관적 판단 발달	감각-운동적 표상에서 전 논리적 사고가 발달하며 구체적인 문제를 전 논리적으로 해결함
구체적 조작기 (7~12세)		· 자기중심적 사고→과학적 시간·공간의 기초 개념 형성 · 가역성, 보존성, 분류성, 서열성, 탈중심화 · 논리적 조작이 발달하여 구체적인 문제에 적용 · 복잡한 언어 문제를 해결할 수 있음 · 실제적인 사물이나 사건을 향한 논리적 조작 가능	전 논리적 사고에서부터 논리적 사고로 발달하여 구체적인 문제를 논리적으로 해결
형식적 조작기 (12~15세)		· 어떠한 형태의 문제라도 논리적으로 해결함 · 과학적으로 사고함(가설 연역적, 명제적, 조합적 사고) · 복잡한 언어 문제를 해결 · 인지구조가 성숙에 달함	구체적 문제의 논리적 해결로부터 모든 유(class)의 문제를 논리적으로 해결할 수 있는데까지 발달

출처: 한국복지정책연구소 편(2002).

② 비고츠키의 사회문화적 인지 이론

스위스의 피아제와 미국의 스키너가 동시대에 활발한 활동을 할 무

비고츠키

렵 러시아에서는 심리학자인 비고츠키(L. S. Vygotsky, 1896~1934)가 심리학계에 최초의 지식인으로 등장하였다. 그는 37세의 짧은 생을 살고, 1934년 결핵으로 요절하였다. 1960년 이후 그는 주목받기 시작했으며, 심리학은 물론 교육학, 언어 및 철학분야에 많은 업적을 남겼다. 특히 아동의 인지를 연구하는 데 큰 영향을 미쳤다.

최근 인지발달 심리학 분야에서 비고츠키의 사회문화적 이론에 대한 관심이 날로 증가하고 있는 이유는 오늘날 아동발달에서 사회·문화적 맥락의 중요성이 제고되었기 때문이다. 피아제는 아동은 스스로의 세계를 구조화하고 이해하는 존재라고 생각한 반면에 비고츠키는 인간에 대한 사회적 존재임을 강조함으로써 특정 문화의 가치, 신념, 관습, 기술이 어떻게 다음 세대로 전수되는지 초점을 두고 사회·문화·역사적인 측면을 제시하였다. 그에 따르면 개인의 지식과 정신기능은 사회적 상호작용을 통하여 형성되고, 개인 간에 형성된 기능을 내면화하여 자기 것으로 만드는데 이것은 전체적인 사회적 환경, 즉 문화에 의해 직·간접적으로 영향을 받아서 개인의 환경 속에 존재하는 모든 것을 말한다고 보았다. 인간의 인지발달은 독립적 활동이 아니라 사회학습의 결과로서, 사회적 상호작용, 특히 부모, 또래, 교사 등 기타 성인 간의 대화가 아동이 특정 문화에 적절하게 사고하고 행동하는 법을 습득하는 데 필수적이라고 한다(Wertsch & Tulviste, 1992). 따라서 상호작용에 필수적 요소인 언어의 습득을 아동발달에 가장 중요한 변인으로 생각한다(Blanck, 1990).

아동 발달에 대한 비고츠키의 견해를 요약하면 다음과 같다(Tappan, 1998).

첫째, 아동의 인지기능을 이해하기 위해서는 인지기능의 기원과 초기형태에서 나중 형태로의 전환을 연구해야 한다. 즉 아동의 인지기술은 발달의 차원에서 분석되고 해석될 때만 이해가 가능하다.

둘째, 인지기능을 이해하기 위해서는 문제해결을 돕는 중재하는 도구로서 언어가 가장 중요한 필수적 도구이다.

셋째, 인지기능은 사회적 관계와 문화에 그 기초를 둔다. 따라서 아동 발달은 사회·문화적 활동과 불가분의 관계에 있다고 주장한다. 기억, 주의집중, 추론 등의 발달은 사회가 고안해 낸 언어나 수리체계, 기억전략을 사용하는 학습을 포함한다는 것이다.

a. 중심개념

비고츠키 이론에서 중요하게 다루어지고 있는 중심개념으로 근접발달영역, 비계, 언어와 사고 등의 개념이 있다.

• 근접발달영역

근접발달영역(Zone of Proximal Development)은 아동이 스스로 독립적으로 문제를 해결할 수 있는 수준인 실제적 발달수준과 성인이나 뛰어난 또래로부터 도움을 받아 성취할 수 있는 수준인 잠재적 발달수준사이의 거리영역을 의미한다.

근접발달영역의 개념은 비록 두 아동이 도움 없이 혼자 힘으로 문제를 해결할 수 있는 수준이 비슷하다 할지라도, 도움을 받고 문제를 해결할 수 있는 수준은 크게 다를 수 있음을 암시한다. 즉 도움에 의해 수행능력이 증가하면 할수록 근접발달의 영역은 더 넓어진다(정옥분, 2004).

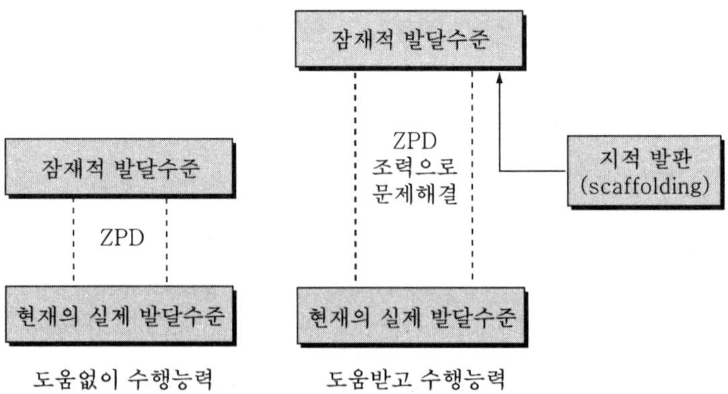

근접발달영역과 발판

• 발판

근접발달영역과 밀접한 연관이 있는 발판(비계: scaffolding)은 아동이나 초보자들이 스스로의 힘으로 문제를 해결할 수 있도록 성인이나 뛰어난 또래가 도와주는 것을 의미한다. 비고츠키는 아동의 인지발달은 자신이 속한 문화에서 보다 성숙한 구성원과의 상호작용을 통해 이루어진다고 보았다. 이들은 아동을 가르치는 동안 아동의 현재 수준에 알맞도록 가르침의 양을 조절한다. 아동이 학습하는 내용이 새로운 것이라면 직접적인 지시나 조언을 하고, 차츰 직접적인 지시 대신에 힌트를 주어 성장할 수 있도록 안내자, 조력자 역할을 한다. 이러한 최종 목표는 아동이 독립적으로 수행하도록 적절한 때에 발판을 설정해 오던 것을 제거하는 것이다. 따라서 바람직한 수행활동은 성인이 아동에게 현재의 발달수준보다 조금 앞선 내용을 안내함으로써 인지발달에 적극적으로 도움을 줄 수 있다는 이론적 근거를 제시했다는 점에서 중요한 의미가 있다.

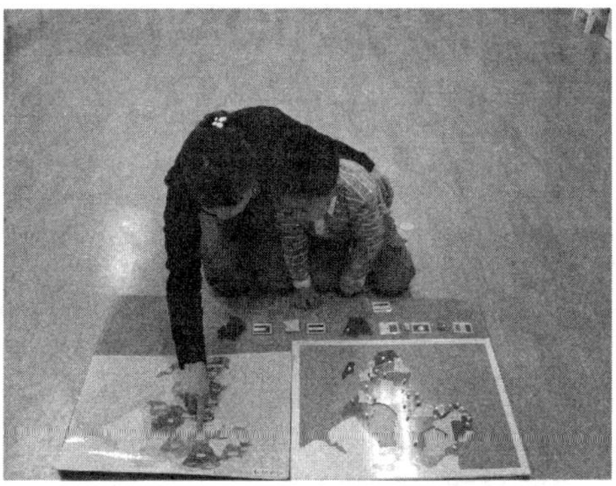

• 언어와 사고

언어는 다른 사람들과의 의사소통을 위한 기본적인 수단이며 사고를 위한 필수적인 도구이다. 또 언어는 사고를 더욱 추상적이고 융통성 있고 즉각적인 자극들로부터 독립적인 것으로 만든다. 비고츠키는 이러한 언어가 사회·문화적인 환경과 개인의 정신기능을 연결해 주는 중요한 매개체이며, 또한 내적인 사고과정으로서 사고를 조직·형성하는 중요한 도구라고 생각하였다.

비고츠키는 아동의 지적발달이 내적 언어와 사회적 언어 모두에 영향을 받는다고 설명한다. 그는 아동이 일정한 양의 비언어적인 사고와 비지적인 언어를 가지고 있으며, 문제해결의 초기에는 비언어적인 사고가 사용되며 이 시기가 지난 후에야 구체적인 단어로 형성된다고 주장한다.

아동이 2세 정도 되었을 때 사고와 언어가 결합되기 시작하며, 점차 언어는 지적이고 합리적이 된다. 아동이 언어의 상징적 기능을 발견하게 되는 것도 이 시기이다. 사고와 언어의 결합은 아동의 단어에 대한 호기심과 어휘력의 빠른 습득 등으로 나타난다. 이때부터 아동은 그들 스스로에게 많은 말을 한다. 4세가 되면 언어는 아동의 사고형성에 구체적인 도움을 주게 된다(Clarke-Stewart & Koch, 1983). 이처럼 목적 달성에 필요한 수단을 얻기 위해 마음속에서 사용되는 언어를 내적 언어(inner speech)라 한다.

아동에게 있어서 내적 언어의 발달에 관한 연구(Palincsar & Brown, 1989)를 살펴보면, 내적 언어의 사용빈도는 과제수행의 시간이 지나면서 더욱 증가하였고, 과제의 난이도와 정적 상관을 보였다. 즉 문제해결에 있어서 곤란도가 높을수록 내적 언어의 사용이 증가한다. 이러한 결과는 내적 언어가 아동의 문제해결에 중요하게 기능한다는 사실을 말해주고 있다.

b. 비고츠키와 피아제의 인지이론의 차이점

비고츠키는 아동의 사고 구조적 변화에 있어서 피아제의 접근법과 상당히 다르다. 두 이론이 각각 독특하게 지니고 있는 특성을 통하여 차이점을 보면 다음과 같다(홍용희, 1995 ; 한순미, 1999 ; Bodrova & Leong, 1996).

첫째, 피아제는 아동들의 사고에 있어서 일반적인 구조적 변화를 설명하는데 자연적이고 생물학적인 면을 강조하였고, 비고츠키는 사회·문화적 환경의 역할을 강조하였다.

둘째, 피아제는 성숙된 사고발달을 위해 아동과 물리적 사물과의 상호작용을 강조한 반면 비고츠키는 사회적 존재로서의 사람들과의 상호작용이 인지발달을 결정하는 것으로 간주한다.

셋째, 피아제 이론에 있어서 언어는 지적 발달의 원천이기보다는 지적 발달의 부산물이지만, 비고츠키는 언어는 인지발달에 중요한 역할을 하며 한 아동의 정신 기능의 핵심이 된다.

넷째, 피아제는 아동을 세상에 대해 스스로 학습해나가는 독립적 발견자로 간주하나, 비고츠키는 학습은 문화적 맥락에서 일어나며, 발견되는 대상과 그것을 발견하는 수단은 모두 인류 역사와 문화의 산물이라고 보았다.

다섯째, 피아제는 아동들이 혼자서 알아낸 것만이 그들의 현재 인지적 위상을 반영해 준다고 생각하였으나, 비고츠키는 문화적 지식을 내면화하는 것이 아동의 인지발달에 중대한 역할을 하기 때문에 한 아동이 다른 사람과 공유된 활동을 수행하는 것은 독립적인 수행을 하는 것 만큼이나 그 아동의 지적 위상을 결정짓는 데 가치로운 자료가 된다고 믿었다. 즉 유능한 또래, 부모 등 기타 성인 간의 지원이 아동의 인지발달에 중요한 요소로 보았다.

여섯째, 피아제에 의하면, 모든 아동의 인지발달은 매우 유사한 단계를 거친다고 보았으며, 발달이 학습을 촉진한다고 보았다. 반면 비고츠키는 모든 아동이 똑같은 인지발달 단계를 거친다고 보지 않았으며, 학습이 발달을 주도한다고 보았다.

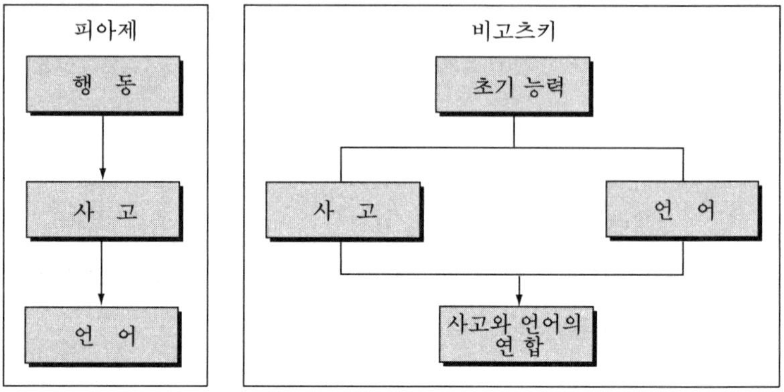

출처 : Clarke-Stewart & Koch(1983).

사고와 언어의 발달과정

한편 비고츠키는 문화적·사회적 경험을 지나치게 강조함으로써 발달의 생물학적인 측면을 소홀히 했다는 비판을 받는다. 그리고 근접발달영역 등의 개념정의가 명확하지 않기 때문에 경험적 검증이 어렵다는 지적도 받고 있다(Wertsch, 1999).

주요 학습이론의 특성 비교

비교점	행동주의		인지주의		인본주의
	행동주의	사회학습이론	인지주의	구성주의	
학습 이론가	Guthrie, Hull, Thorndike, Pavlov, Watson, Skinner	Bandura, Rotter	Bruner, Koffka Gagne, Köhler, Lewin, Tolman, Piaget	Candy, Dewey, Piaget, Rogoff, Vygotsky	Maslow, Rogers
학습 과정에 대한 견해	행동의 변화	사회적 맥락에서 다른 사람을 관찰하고 그들과 상호작용함	내적 정신과정(지각, 통찰, 의미, 정보처리, 기억 포함)	경험으로부터 의미를 구성(창의적)	잠재력을 충분히 발휘하려는 개인의 행동
학습의 중심	외적환경의 자극	개인, 행동, 환경과의 상호작용	내적 인지구조	개인에 의한 현실의 내적 구성(대화과정 강조, 문제해결학습, 참여학습, 협동학습)	정서적 · 인지적 욕구
교육의 목표	바람직한 방향으로 행동의 변화를 유발	새로운 역할과 행동의 관찰 학습	더 잘 학습하기 위한 능력과 기술을 계발	지식의 구성	자아실현과 자율성 성취
교사의 역할	바람직한 반응을 유발하기 위한 환경을 만듦	새로운 역할과 행동을 이끌고 모델이 됨	학습활동의 내용을 구조화	학습자에게 의미를 촉진(안내자, 촉진자)	전인적 발달을 촉진

제4장

지 능 이 론

1. 지능
2. 삼원지능 이론
3. 다중지능 이론
4. 창의성

1. 지능

일반적으로 학업성취에 가장 많은 영향을 줄 것으로 생각되고 있는 인간의 지적능력이 지능(intelligence)이다. 이것은 학업수행능력이 곧 지능수준이라는 견해가 지배적이기 때문이다. 그러나 실제로 학업에 대한 관심, 동기, 태도와 가치관, 학업방법, 자아개념, 가정환경 등 그 외 다른 많은 요인들이 학업성취에 중요한 요인으로 작용하기 때문에 반드시 지능이 학업성취에 결정적인 요인이 되는 것은 아니다. 그러면 지능이란 무엇일까?

19세기에 심리학에서 인간의 정신기능을 말하는 지능(intelligence)에 대한 연구가 시작된 이래로 지능의 개념은 복잡한 정신기능으로 개념 자체가 계속해서 변화 발전해 오면서 다양하게 정의되어 왔다. 따라서 한마디로 결론을 내리기에는 상당히 어려운 문제이다.

대표적인 몇몇 사람의 정의를 보면, 터먼(Terman)과 써스톤(Thurstone) 등은 지능은 고차원적인 추상적 사상을 다루는 능력으로 논리적 관계의 추출 능력이나, 판단, 사고능력과 같은 고등정신 능력을 의미한다고 하였다. 프리만(Freeman), 우드로우(Woodrow), 게이츠(Gates)는 지능을 학습능력 또는 경험에 의하여 획득한 실제적 능력이라고 정의하였다. 웩슬러(Wechsler)는 유목적적으로 행동하고, 합리적으로 사고하고, 환경을 효율적으로 다루는 개인의 종합적 능력이라고 정의했다. 스턴(Stern), 피터(Pinter), 콜빈(Colvin), 피아제(Piaget) 등은 새로운 환경에 대한 적응능력으로, 한 개인의 전체 환경에 대한 적응이며 생활의 새로운 문제 및 사태에 대한 일반적인 정신적 적응능력이라고 지능을 정의하고 있다. 이처럼 지능에 대한 학자들의 다양한 견해들은 총괄적으로 다음과 같이 분류해 볼 수 있다.

첫째, 지능은 학습하는 능력으로 보려는 방법이다. 개인의 지능이란 개인이 교육을 받을 수 있는 혹은 학습할 수 있는 능력의 정도로 정의한다. 여기에서는 특히 추상적인 사고를 하는 능력을 강조하는 것이 보통이다. 이 견해에 의하면 개인의 지능이란 교육을 받을 수 있는 능력의 정도로 지능이 높은 사람은 배울 수 있는 능력이 높으며, 반면에 지능이 낮은 사람은 학습할 능력이 낮다는 것이다.

둘째, 지능의 적응적 성질을 강조하는 정의방법이다. 새로운 환경에 적응하는 능력으로 새로운 문제나 상황에 직면했을 때 효과적으로 대처하는 정신능력으로 보는 견해이다. 따라서 지능이 높은 사람은 환경의 변화에 성공적으로 적응하여 행동과 사고를 재구성하고 효율적으로 문제를 해결할 수 있다.

셋째, 지능은 고등한 추상적 사고능력으로 논리적 사고로 추론하는 정신기능이라고 정의하는 방법이다. 즉 지능이란 추상적인 것을 학습할 뿐만 아니라 그것을 구체적 사실과 관련시킬 수 있는 능력이다.

넷째, 위의 세 가지 정의를 모두 종합하고 포괄적인 정의 방법으로서 웩슬러(D. Wechsler)의 "지능이란 개인이 목적에 맞게 활동하고 합리적으로 사고하며 자신을 둘러싼 환경을 효과적으로 처리하는 종합적인 지적 능력이다."로 정의할 수 있다.

(1) 지능의 구조

지능이 어떠한 요소로 구성되어 있는가? 지능의 성분이 대부분 유전적으로 규정되어 있다고 보는 유전론적 입장(생득적)과 그 반대 입장으로 환경조건에 의해 거의 규정되어 있다고 보는 환경론적 입장(경험적)과 그 중간의 입장을 취하는 입장으로 나누어진다. 또한 지능은 단일요인으로 구성되어 있는가 아니면 여러 요인의 복합체적인가 등의 논쟁은 지능의 정의에 다양함을 나타낸다.

① 이요인설

지능의 이요인설(two-factor theory)은 스피어먼(Spearman, 1972)의

주장으로서, 지적 능력은 모든 지적 활동에 작용하고 있는 일반요인(G-factor)과 일반요인만으로 해결하지 못하는 특수한 지적상황에서 요청되는 특수요인(S-factor)으로 구성되어 있다는 것이다. 후에 스피어먼은 G요인 정도로는 일반적이지 않고, S요인 정도로는 특수하지 않은 G요인과 S요인의 공통적인 요인으로서 언어, 수, 정신속도, 주의, 상상 이 다섯 가지 요인이 존재하고 있음을 발견하였다.

② 다요인설

지능의 다요인설은 써스톤(Thurstone, 1941), 길포드(Guilford, 1988) 등의 주장으로서, 써스톤은 공간(S), 지각(P), 수(N), 언어(V), 단어유창성(W), 기억(M), 귀납적 추리(I) 등과 같은 7개의 특수요인 '기초정신능력(primary mental ability)'을 발견하였다.

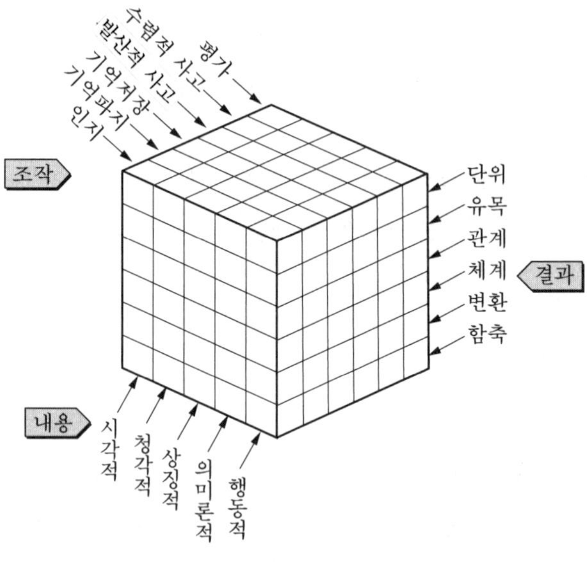

길포드의 지적 능력과 활동의 각 3차원

길포드는 지능이 180개의 요소로 구성되어 있다는 복합설을 주장하였다. 사고력과 기억력으로 지능을 구분하고 사고력을 다시 인지적 사고력, 생산적 사고력 및 평가적 사고력으로 세분화하였다.

인지적 사고력은 지식의 발견, 지식의 재발견 및 인지와 관련된 것이다. 생산적 사고력은 얻어진 지식을 언제, 어떻게 사용하느냐 하는 능력 또는 새로운 지식을 만들어 내는 것과 관계되는 것이고, 평가적 사고력은 인지한 것 혹은 생산된 것이 적합한지, 정확한지, 적당한지를 결정할 필요가 있을 때 동원되는 능력이다. 생산적 사고는 다시 수렴적, 발산적(확산적) 사고력으로 분류된다. 수렴적 사고력은 결정된 답 혹은 관습적인 답, 형식의 제한 내에서 새로운 것을 만들어 내는 사고력을 말하며, 발산적 사고력은 없던 것, 알려지지 않았던 것을 새롭게 생각해 내는 능력을 말한다.

③ 유동지능과 결정지능

카텔(Cattell)과 혼(Horn)은 지식을 단편적으로 보지 않고 지능이 유동성 지능(Fluid Intelligence, Gf)과 결정성 지능(Crystalized Intelligence, Gc)으로 구분됨을 발견했다. 이 두 가지 요인은 기능적으로 동일한 것이나 발달되는 과정 즉 습득하는 방식에는 차이가 있다. 지능의 특성으로 유동성 지능(Gf)은 유전적 요인에 의해 결정되는 비교적 개인이 속한 문화내용이나 체계적 학습활동과는 관계없는 지적능력, 뇌신경의 성숙에 의해 발달, 뇌세포의 손상과 쇠퇴에 의해 감퇴되는 지능이다. 유동성 지능은 정보처리의 속도, 유연성, 새로운 상황에의 적응력과 관련되고 도형관계, 도형분류 등 주로 수리능력, 공간지각력으로서 관계적 사고와 귀납, 일반적 추론능력으로 진단하였다. 결정성 지능(Gc)은 후천적 경험, 학습, 문화적 영향에 의해 습득되는 지능이다. 결정성 지능은 언어 이해력, 기계적 지식, 논리적 의미관계 추론, 판단력, 경험적 평가능력 등 문제해결력이 포함된다.

발달양상으로서 유동성 지능의 경우는 나이가 들어감에 따라 쇠퇴하고 결정성 지능은 나이가 들어갈수록 지속적으로 증가하는 경향을 나타낸다. 따라서 종합적으로 측정되는 일반지능은 연령증가에 따라 차이가 나타나지 않게 된다는 것이다.

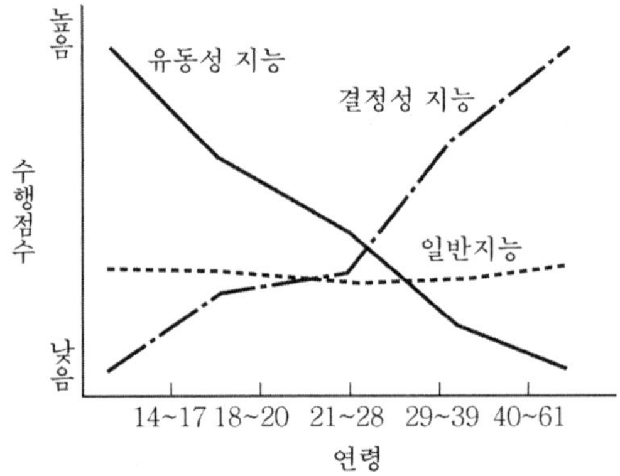

유동성 지능과 결정성 지능의 발달양상

(2) 지능 검사

최초의 표준 지능검사(intelligence test)는 1905년 프랑스 교육부장관의 요청으로 비네(Binet)에 의해서 개발되었다. 이는 지능의 너무 낮아서 교육혜택을 받을 수 없는 지진아를 판별하여 교육에 필요한 도구를 만들기 위해서였다. 그 후 1916년에 미국의 스탠포드대학의 터먼이 비네 검사를 개정해서 미국문화에 알맞게 표준화한 것으로 스탠포드-비네 지능검사(Stanford-Binet Intelligence Scale)를 만들었다. 이 검사는 몇 차례의 개정을 거쳐 현재 가장 잘 알려져 있는 검사로서 오늘날 많은 지능검사 제작의 배경이 되고 있다. 스탠포드-비네 검사는 처음의 비네 검사와 같이 개인지능검사이다. 이 밖에 개인지능검사로 개발되어 널리 사용되고 있는 검사는 웩슬러 성인용 지능검사(Wechsler Adult Intelligence Scale : WAIS)와 웩슬러 아동용 지능검사(Wechsler Intelligence for Children : WISC)가 있다. WAIS는 1939년에, WISC는 1949년에 처음 제작되었다. 스탠포드-비네 검사가 거의 언어적 검사로 되어 있는 반면에 웩슬러 검사는 언어 검사(일반상식, 이해, 산수, 공통성 찾기, 어휘능력, 숫자)와 동작 검사(바꿔쓰기, 빠진 곳 찾기, 토막 찾기, 그림 차례 맞추기, 모양 맞추기)를 결합해서 지적능력을 진단하게 되어 있다.

PMA(Primary Mental Abilities : PMA)는 샤이(Schaie)와 그의 동료들이 지능과 노화에 관한 연구를 할 때 사용한 지능검사로 지능은 단일하고 일반적인 특성을 가지고 있는 것이 아니라 다양한 능력으로 이루어졌다는 가정 하에 개발된 것이다. 웩슬러의 검사와 마찬가지로 PMA도 정규 학교교육과 관련 있는 언어와 추리능력과 같은 학문적 능력을 측정한다.

집단지능검사는 제1차 세계대전 중에 미국심리학회에서 개발한 육군알파검사를 제작실시 하면서부터 시작된 것이다. 이 검사는 언어적 검사이지만 문자해독을 못하는 사람을 위하여 제작된 육군베타검사도 개발되었다. 대개 스탠포드-비네 지능검사와 웩슬러지능검사의 내용을 주로 수용하고 있다. 집단지능검사는 개인검사에 비해 시간과 비용에 있어 능률적이고 경제적이기 때문에 현재 여러 가지 형태의 지능검사가 개발되고 있다.

2. 삼원지능 이론

스턴버그

스턴버그(Robert Sternberg, 1985, 1986)는 지적 행동이 나타나기까지의 사고 과정을 제안하여 인지적 관점을 도입하였을 뿐 아니라, 현실적 환경에 적응하는 능력도 지능에 포함시켜야 함을 강조하였다. 따라서 지능을 실제 환경을 자신의 생활과 능력에 적합하게 순응, 선택, 조성하는 능력으로 보고 지능에 대한 삼원지능(triarchic theory of intelligence)이론을 제안하였다. 이 이론을 삼두이론 혹은 삼위일체지능이론이라고도 한다.

스턴버그는 일상생활에서 지능이 어떻게 기능하는가에 초점을 두고 정신적인 자기관리(mental self-management)능력이 곧 지능이라고 보았다.

삼원이론은 지능의 역할을 설명하는 데에 세 가지 요소가 있으며 서로 상호 관련되어 지적 행동이 일어난다는 것이다. 그 세 가지는 요소적(성분적) 지능, 경험적 지능, 그리고 맥락적(상황적) 지능으로서 그 내용은 다음과 같다.

(1) 요소적 지능(componential intelligence)

지능을 원초적으로 구성하는 요소로서 기존의 심리검사에 의해서 가장 잘 측정되는 요소이다. 지적 행동의 인지적 과정으로 세 가지 정보처리요소인 상위요소, 수행요소, 지식습득요소를 제시하였다.

① 상위요소(meta components)

인간이 문제를 해결하거나 어떤 과제를 완수할 때 정신적, 신체적으로 우리가 행하는 모든 것을 조정하는 고등제어과정이다. 어떤 과제해결에 착수할 때나 과제해결과정에서 피드백을 해석할 때 사용하는 전반적 전략으로서, 문제를 확인하고 목표와 전략을 세우고 실천행동을 감독하고 평가하는 능력이다. 지능이 높은 사람은 부분적이고 저차원의 기획보다는 전반적이고 고차원적 기획에 더 많은 시간을 할애한다.

② 수행요소(performance components)

어떤 과제를 수행할 때 사용하는 정신과정이다. 이는 선택한 계획이나 과제를 수행하는 과정으로 문제해결능력을 말한다. 여기에는 과제를 입력시키고, 관계를 추리하고, 가능한 해결전략을 비교하는 것 등이 포함된다.

③ 지식습득요소(knowledge acquisition components)

문제해결을 위해 계속적으로 상위요소를 사용하고 문제해결을 하는 과정에서 새로운 것을 학습하는 정신과정이다. 적절한 정보와 무관한 정보를 가려내는 것, 새로운 정보를 기존의 정보에 관련시키는 것 등이 포함된다.

스턴버그는 위의 세 가지 요소는 상호작용하는 것으로서 계획, 수행,

수용의 3단계를 뜻하는 것으로 본다.

(2) 경험적 지능(experiential intelligence)

경험을 통하여 생소한 과제를 다룰 줄 알게 되고 정보처리가 자동적으로 된다. 새로운 문제에 당면했을 때, 낡고 부적절한 사고방식을 버리고 새로운 개념체계를 필요로 하며 통찰력이 요구된다.

통찰력은 선택적 부호화, 선택적 결합, 선택적 비교 능력으로 구성된다(Trotter, 1990). 선택적 부호화는 사고나 문제해결 과정에서 중요하고 적절한 정보에 주의를 기울이는 능력이다. 선택적 결합은 최초에 서로 관련 없는 요소들을 연관시켜 다소 다르거나 새로운 것을 창출해 내는 능력이다. 선택적 비교는 이미 있는 것들을 새로운 각도에서 보고 이로부터 새로운 것을 유추해 낼 수 있는 능력을 뜻한다.

스턴버그의 지능이론에서 경험적 능력은 대단히 중요한 위치를 차지한다. 경험적 지능이 높은 사람은 새로운 상황을 효과적으로 다룬다. 새로운 상황을 다루기 위해 과거의 경험을 효율적으로 사용하고 문제해결에 대한 전략을 신속하고 자동적으로 이끌어 낸다. 창의적인 과학자나 예술가, 새로운 이론을 개발해 내는 통찰력 있는 학자, 전문적 경영인 등 많은 분야에서 탁월한 능력을 보이는 사람들은 경험적 능력이 우수한 사람이라 할 수 있다.

(3) 맥락적 지능(contextual intelligence)

맥락적 지능은 상황적 지능이라고도 하며 외부환경에 대응할 수 있는 현실상황에 대한 적응력을 강조한다. 다시 말해 환경에 맞게 자신의 행동을 조절하며 개인의 요구에 맞춰 환경을 다루고 목표를 성공적으로 이끌 수 있는 환경들을 선택하는 것을 의미한다.

지능의 맥락적 요소는 전통적인 지능검사가 측정한 IQ나 학업성적과는 무관한 능력으로 본다. 이 능력은 학교교육을 통해 길러지는 능력이 아니라 일상의 경험에 의해 획득되고 발달하는 능력으로서 최근에 실용적 지능의 개념으로 지능발달 분야에서 크게 각광받고 있다. 스턴버그는 실제적 지능은 일상의 문제해결능력, 실제적인 적응능력 및 사회적 유능성을 포괄하는 것으로 보고 있다. 여기서 적응은 세 가지 의미를 가지고 있다. 첫째, 기존환경에 잘 적응하는 것. 둘째, 자신의 필요에 맞게 현재의 환경을 변화시키는 기존환경의 형성. 셋째, 현재의 환경을 평가하고, 새롭고 보다 나은 환경을 선택하는 새로운 환경의 선택이다.

스턴버그는 지능의 요소적(분석적), 경험적(창조적), 맥락적(실천적) 측면이 잘 연결된 것을 성공지능으로 부르고 있다. 삼원지능이론은 개개인이 인생에서 성공을 거두기 위해서는 경험적 능력과 맥락적 능력을 적극적으로 신장하기 위한 환경을 제공해야함을 시사한다.

스턴버그의 지능의 삼원론

요소적 지능	경험적 지능	맥락적 지능
· 문제확인, 목표설정, 전략수립, 행동수행, 평가능력 · 부적절한 내용에서 필요한 정보를 끌어냄 · 피드백을 효과적으로 다룸 · 새로운 정보의 학습 · 정보를 추상적으로 다루는 정신능력	· 과거 경험을 통해 새로운 환경을 효율적이며 자동적으로 다루는 능력 · 새로운 생각들을 형성하고, 관련되어 있지 않은 요소들을 조합하는 창조적 능력	· 환경에 맞게 자신을 조절 · 개인의 요구에 맞도록 환경 조성, 목표성취를 위해 환경을 선택함 · 환경에 대처하는 개인의 능력 · 현실상황에의 적응 능력

3. 다중지능 이론

하워드 가드너(Howard Gardner)는 1943년 미국 펜실베니아주에서 태어났다. 그는 1965년 하버드대학에서 학사학위를 받았으며, 런던대학의 경제학과에서 1년간 수학한 뒤, 다시 하버드 대학으로 되돌아와서 발달심리학을 전공하여 1971년에 박사학위를 받았다. 하버드 의과대학과 보스턴대학에서 Postdoc과정을 밟았는데, 이 과정이 가드너로 하여금 두뇌손상을 입은 사람들에게서 나타나는 인지적 문제들을 연구하게 되는 중요한 계기가 되었다.

가드너

대부분의 그의 연구 대상은 두 주류이다. 첫째는 일반 아동들과 영재아들이며, 둘째는 두뇌손상을 입은 어른들이었다. 가드너는 이 두 주류의 특성들을 연구하는 과정에서 인간의 잠재적 능력과 그것의 발달에 깊은 관심을 갖게 되었다.

가드너는 1970년까지 심리측정적 입장에서 개념화되었던 지능이론과 지능검사, 지능지수 및 지능의 요인이론 등을 비판하고, 다중지능(multiple intelligences) 이론을 처음으로 제시하였다. 그는 인간의 사고 전체를 이끄는 한 가지 형태의 인지는 없으며, 여러 가지의 지능이 있고 이들은 서로 독립적으로 작용한다고 주장한다.

가드너는 기존의 지능 이론들이 모두 일차원적인 개념 아래 이루어졌기 때문에 인간의 지적 능력을 모두 파악 하는데 한계가 있다고 보고 다원적인 측면에서 지능을 이해해야 한다고 주장한다. 기존의 지능 이론이 언어적, 논리수학적 지능 등 학문적 지능의 중요성에 치중해 인간의 다양한 지적능력 중 일부만을 강조하였는데 반하여, 인간의 삶에 필요한 여러 능력들 공간 지각력, 음악적 능력, 사회적 기술 등에 동등하게 중요성을 부여하고 이러한 실제적인 지적 능력들을 지능의 개념에 포함시키고 있다. 가드너는 자신의 저서인 '마음의 틀(Frames of mind)'에서 인간의 지능은 서로 독립적이며 매우 다양해서 여러 종류의 지능으로 구성되어 있다고 하였다. 가드너는 지능이란 '문화적으로 가치 있는 물건을 창조하거나 문제를 해결하는 문화적 장면에서 작용할 수 있는 정보를 처리하는 생물 심리학적인 잠재력'이라고 정의하였다. 다시 말해 지능을 사회 속에서 직면해 있는 문제를 해결하는 지적 능력으로 보았으며, 풍부한 환경과 자연스러운 상황에서 구문화권이 가치를 두고 있는 산물을 창조하는 능력이라고 주장하였다. 다중지능의 기본 영역은 언어, 논리수학적지능, 공간지능, 음악지능, 신체운동지능, 대인지능, 개인내지능, 그리고 최근에 자연적지능과 실존적지능이 추가되어 아홉 가지로 구성되며, 일반적으로 아홉 가지 영역에서 지능은 동등하다고 가정한다. 개인은 이 모든 영역에서 모두 높을 수 없으며, 누구나 하나 이상의 높은 지적 영역과 낮은 영역을 가지게 되는데, 자신이 갖고 있는 강한 지능으로 약한 지능을 보완하며 효율적으로 학습한다고 주장한다. 가드너는 개인의 강점과 약점을 발견하고, 자신의 지능을 최대한 활용할 수 있는 개별화와 다양성을 유지해야 함을 강조한다.

이에 따라 다중지능 이론의 몇 가지 핵심적인 주장들을 살펴보면 다음과 같다.

첫째, 모든 사람들은 아홉 가지의 지능들을 다 가지고 있으며 이 지능들이 관련되는 방식은 문화마다 사람마다 다르다. 다중지능 이론은 어떤 사람은 어떤 지능이 적절하다고 말해 주는 유형 이론이 아니다. 이런 지능들은 각 사람들에 따라 독특한 방식으로 상호작용한다고 한다.

둘째, 대다수의 사람들은 각 지능들을 적절한 수준까지 발달시킬 수 있다. 특정영역에서의 결함은 극복할 수 없는 선천적인 것이라고 생각하여 체념하는 사람이 있지만 가드너는 실제로 적절한 자극, 강화, 교육이 제공된다면 어느 누구도 아홉 가지 지능 모두를 어느 정도의 수준까지 계발할 수 있다고 주장한다.

셋째, 대개의 지능들은 단독으로 작용하기보다는 복잡한 방식으로 함께 작용한다. 다중지능 구성요소들은 대개 함께 상호작용한다. 예를 들어 아이들이 '발야구'를 할 경우 신체운동지능(차고, 뛰고, 잡고), 공간지능(자신의 위치, 공 위치의 파악), 언어지능과 내성지능(시합의 원활한 운영을 위한) 등이 복합적으로 필요하다.

다중지능의 측정을 통하여 지적 능력에서 강한 영역과 약한 영역이 파악될 수 있는데 자신의 강한 영역에서 성공을 경험하게 될 때 긍정적인 감정을 형성할 수 있으며 이러한 경험이 학업수행능력 뿐 아니라 독특한 잠재 능력을 표현하는 데도 도움이 된다(김현진, 1999). 가드너의 다중지능 이론이 기존의 학교 교육이 학문적 성취만을 강조하고 인간의 잠재적 능력을 고루 발달시키지 못하고 있음을 비판하는 점은 교육적으로 시사하는 바가 크다(이숙정, 2001).

이처럼 인간의 지능이 다양한 요인들로 구성되어 있다는 것은 각 학습자가 잠재적 능력을 가지고 있을 분야가 다양하다는 것을 뜻한다. 그리고 이처럼 각 개인이 지니고 있는 독특한 능력들을 인정하고 길러주는 것을 목표로 삼아야 한다는 것을 암시한다.

가드너가 자신이 정한 준거에 따라 채택한 지능은 다음과 같다.

(1) 공간지능(Spatial Intelligence)

공간지능이란 시각적·공간적 세계를 정확하게 지각하는 능력(예: 사냥군, 정찰병, 지리 안내원 등)과 그런 지각을 통해 형태를 바꾸는 능력(예: 실내장식가, 건축가, 화가, 발명가 등)을 말한다. 이 지능에는 색, 선·공간과 이런 요소들 간에 존재하는 관계에 대한 감수성이 포함된다. 또 추상적인 것을 구체화하는 시각화 능력, 시각적·공간적 아이디어를 기하학적으로 표현하는 능력, 자신을 어떤 공간상에 적절하게 위치시키는 능력 등이 포함된다.

공간지능은 사고의 보조적 수단, 정보획득의 방법, 문제를 형성하는 방법이나 문제해결 수단으로 사용된다. 공간지능은 사람들 누구나가 길을 찾고 장소를 기억한다는 점에서 보편적인 능력이지만 다른 지능과는 독립적으로 존재한다. 그 예로서 실어증에 걸린 사람이 유명한 화가가 된 경우를 들 수 있다.

(2) 논리수학지능(Logical-Mathematical Intelligence)

논리수학지능이란 숫자를 효과적으로 사용하고(예: 수학자, 세무사,

통계학자 등) 추론하는(예: 과학자, 컴퓨터 프로그램머, 논리학자 등) 능력을 말한다. 이 지능에는 논리적 유형화능력과 논리적 관계설정능력, 진술문과 명제의 관계추론능력(원인-결과, 만약~라면~이다), 함수와 기타 이와 관련된 추상적 사고능력, 논리수학적 기억력이나 논리수학적 창의성 그리고 과학능력과 산수능력이 포함된다. 논리수학적 지능이 작용하는 사고과정의 예들로서 범주화, 분리, 추리, 일반화, 계산, 가설검증 등이 있다.

서구사회에서는 역사적으로 논리수학지능을 높이 평가하여 왔다. 논리수학지능이 곧 문제 해결력으로 간주되기도 하였다. 그러나 논리수학지능 역시 다른 지능 등과 마찬가지로 지능의 한 영역일 뿐이다. 논리적 영역에서 사용되는 언어는 일상의 언어와 다르기 때문에 언어지능과 혼돈되어서는 안 된다. 언어의 기초적인 문제들은 수에 대한 용어를 이해하는데 해를 주기도 하고, 공간적 능력의 손상이 산술계산과 기하학의 표시들을 수행하는 데 종이와 연필을 사용하는 능력에 손상을 줄 수 있다. 그러나 논리적 문제를 파악하고 그 한계를 결정하거나 어렵고 난해한 문제를 해결하는 일은 논리수학지능의 고유한 과제이다.

(3) 언어지능(Linguistic Intelligence)

언어지능은 논리수학적 지능과 더불어 전통적으로 심리학자들이 '지능'이라고 지칭하는 영역이다. 모든 사람들의 의사소통의 도구가 언어이며 누구나 언어를 사용할 수 있기 때문에 누구나 갖는 보편적인 것으로 문화를 초월하고 그 발달 과정도 거의 일정하다. 물론 문화권마다 언어지능이 서로 다른 형태를 보일 수는 있다. 그러나 공통적으로 언어적 기억력이나 웅변력, 시적 능력을 갖고 있다.

언어지능이란 말이나(예: 이야기꾼이나 구술작가, 웅변가, 정치가 등) 혹은 글로 표현(예: 시인, 극작가, 편집자, 기자 등)하는 등의 언어를 효과적으로 구사하는 능력을 말한다. 이 지능에는 구문론(언어의 구조), 음성학(언어의 소리), 의미론(언어의 의미)과 언어의 실용적 차원 혹은 실제 활용 등을 통제하는 능력이 포함된다.

(4) 신체운동지능(Bodily-Kinesthetic Intelligence)

신체운동지능이란 자신의 모든 신체를 이용해서 어떤 생각이나 감정을 표현하는 능력(예: 배우, 운동선수, 무용가 등)과 자신의 손을 이용해서 사물을 만들거나 변형시키는 능력(예: 장인, 조각가, 외과의사 등)을 말한다. 이 지능에는 자기 자극에 대한 감수성, 촉각적 능력뿐 아니라 협응, 손재주, 유연성, 속도 등과 같은 특정한 신체적 기술이 포함된다.

신체운동지능은 정도의 차이는 있으나 운동선수나 행위예술가 뿐 아니라 모든 사람들에게 있는 보편적인 능력이다. 또한 행동을 잘 하지 못하는 실행증은 언어적 장애와 구별되며, 논리적 능력은 결손되었으나 고도의 기술적 근육운동을 수행하는 것에는 어려움이 없는 신경심리학적 환자들이 있다.

(5) 음악지능(Musical Intelligence)

음악지능이란 음악적 표현형식을 지각하고(음악 애호가), 변별하고(음악 비평가), 변형하고(작곡가), 표현하는(연주자) 능력을 말한다. 이 지능에는 어떤 음악의 리듬, 음조 혹은 멜로디, 음색 혹은 음절에 대한 민감성이 포함된다. 말은 못하면서도 악기를 연주하는 사람이 있다. 이는 음악지능이 언어지능과 별개의 지능임을 보여주는 한 예가 된다.

음악적 능력은 음악적 창의성, 음악적 청각 능력도 포함된다. 생후 2개월이 되면서 엄마의 자장가의 가락과 음조를 구별할 수 있게 되며 음악지능은 발달하기 시작한다. 취학 연령 이후에는 기술적인 측면 외에 음악적 능력은 발달하지 않는다. 그러나 가락, 리듬, 소리의 맵시와 음악의 감정을 알아낼 수 있고 음의 세계에 매우 민감하여 음을 기억하고 창조할 수 있는 능력이 고도로 발달하게 되면 성공한 작곡가, 연주가가 될 수 있다.

(6) 개인내지능(Intrapersonal Intelligence)

개인내지능이란 자기 자신에 대한 객관적 이해 및 지식과 그에 기초하여 잘 행동할 수 있는 능력을 말한다. 이 지능에는 자기 자신에 대한 정확한 이해(자신의 장점과 단점 등), 자기내면의 기분, 의도, 동기, 기질, 욕구 등에 대한 이해능력 뿐 아니라 자기통제와 자기관리 능력과 자존감을 유지하려는 의지와 능력이 포함된다.

개인내지능은 아주 사적인 것이며 다른 지능들과 혼합되어 나타나는 것이 일반적이므로 개인내지능의 구체적인 모습을 파악하는 것이 매우 어렵다. 즉 음악가가 만든 곡을 통해 그들의 음악지능이 나타나지만, 음악가들 중에서 보다 인간적인 내적 감정에 호소력을 갖는 사람이 있을 것이다. 바로 그런 사람을 개인내지능이 뛰어난 사람이라고 할 수 있다. 그러나 누구나 자신의 감정을 느끼고 자신의 존재를 느낀다는 점에서 개인이해지능은 보편적인 지적능력이다. 가족 중심의 동양사회보다는 개인중심적인 서구에서 개인내지능을 더 강조한다. 문화 간에 다양성이 매우 뚜렷하여 다른 지능에 비해서 그 비교가 더욱 어렵지만, 모든 문화 속에서의 인간경험 중에서 느껴지는 영역을 개인내지능으로 간주할 수 있다.

(7) 대인지능(Interpersonal Intelligence)

대인지능이란 타인의 기분, 의도, 동기, 감정을 지각하고 구분할 수 있는 능력을 말한다. 여기에는 얼굴표정, 목소리, 몸짓 등에 대한 민감성 뿐 아니라 상대방의 기분, 감정, 의도를 읽을 수 있는 단서들을 구분할 수 있는 능력, 그리고 그런 단서들에 대해 효과적으로 잘 대응할 수 있는 능력 등이 포함된다. 오늘날 사회에서 중요시 여기는 집단응집력, 지도력, 조직력, 결속력 등의 사회적 능력은 이 지능에 해당된다.

대인지능은 문화 간에 다양성이 매우 뚜렷하여 비교가 불가능한 측면을 갖는다. 대인지능을 사용해서 해결할 수 있는 고유의 과제는 타인의 행동과 느낌, 동기에 관한 연구를 하거나 자신의 행동결과를 계산하고 타인의 가능한 행동이나 손익을 계산하는 것이다. 전체적으로 대인지능은 공동작용을 창조하고 유지하며, 다른 사람의 관점으로부터 사물을 판단하고 집단과 협력하여, 언어적·비언어적으로 의사소통하는 능력을 일컫는다.

가드너는 대인지능과 개인내지능을 합하여 개인지능이라고 부른다. 대인지능은 타인을 이해하는 능력이고, 개인내지능은 자신을 이해하는 능력이다. 두 지능 모두 개인에 초점을 둔 지능으로서 자기에 대한 감각 혹은 인식 능력은 인간의 사회적 관계를 맺고 참여하는 데 매우 중요한 능력이라고 할 수 있다.

(8) 자연친화지능(Natural Intelligence)

자연친화지능은 자연 현상에 대한 유형을 규정하고 분류하는 능력을 의미한다. 예로서 다양한 꽃들이나 풀, 돌과 같이 식물·동물들을 구분하는 능력과 환경의 특징을 사용하는 능력을 말한다. 모든 사람들은 어느 정도 이 능력들을 가지고 있다. 자연친화지능이 높은 사람은 자연탐구 능력이 잘 나타난다. 기후 형태 변화에 감수성이 깊고, 지형 등에 관심이 많고, 자연 친화적이며, 동물이나 식물 채집을 좋아하고, 이들을 종류대로 잘 분류한다.

(9) 실존지능(Existential Intelligence)

처음에는 영적인 지능으로 불렀던 지능으로 인간의 존재이유, 삶과 죽음의 문제 등 철학적이고 종교적인 사고를 할 수 있는 능력이다. 아동기에는 거의 나타나지 않는 지능이다.

다중지능별 특징

지능	핵심 성분	신경체계 (주요영역)	발달적 요인	각 문화권의 가치부여
언어적	언어의 소리, 의미와 기능에 대한 민감성	좌뇌의 측두엽 (예: 브로카와 베르니케 영역)	초기 아동기에 폭발하며, 노년기까지 견고하게 유지	구전역사(oralhl stories), 이야기하기, 문학 등
논리·수학적	논리적, 수리적 유형에 대한 민감성과 구분능력 : 연쇄적 추리를 다루는 능력	좌뇌의 두정엽, 우뇌	청소년기와 성인기 초기에 절정에 달하며, 40살 이후에는 뛰어난 수학적 통찰력이 퇴조	과학적 발견, 수학 이론, 셈과 분류 체계 등
공간적	시공간적 세계를 정확하게 지각하고, 최초의 지각에 근거해 형태를 바꾸는 능력	우뇌의 후두엽 부분	초기 아동기의 위사학적사고는 9~10세기경에 유클리드식 사고방식으로 대체	미술작품, 항해체계, 건축설계, 발명 등
신체운동·감각적	자기 몸의 움직임을 통제하고, 사물을 능숙하게 다루는 능력	소니, 기저신경절, 운동피질	성분(강도, 유연성 등)과 영역(체조, 야구, 무언극)에 따라 다름	공예, 운동, 드라마, 무용, 조각 등
음악적	음악적 표현양식에 대한 평가	우뇌의 측두엽	가장 조기에 발달하는 지능, 흔히 신동들은 발달적 위기를 경험	작곡, 연주, 녹음 등
대인	타인의 기분, 기질, 동기, 욕망을 구분하고 적절하게 대응하는 능력	전두엽, 측두엽 (특히 우뇌), 변연계	생후 3년 동안 매우 중요한 애착/유대	정치적 문서, 사회제도 등
개인내	자기 자신의 감정에 충실하고, 욕망을 구분하고 적절하게 대응하는 능력	전두엽, 두정엽, 변연계	생후 3년 동안 매우 중요한 자아와 타인간의 경계형성	종교적 신념체계, 심리학 이론, 통과의례

출처 : Armstrong, 1994.

가드너의 다중지능 이론은 열린 교육을 강조하고 있는 지금의 추세에 많은 시사점을 제공하고 있다. 각자마다의 욕구, 흥미, 재능, 당면하고 있는 문제 등에 있어서 각기 다른 특성을 인정하고 잠재력을 계발하고 개인차를 인정하는 학습자 중심의 보다 새로운 방법론의 실마리를 제공해 주고 있다.

일반적으로 어떤 사람은 어릴 적부터 타고난 재능을 잘 가꾸고 키워서 행복한 삶을 영위할 뿐만 아니라 아름다운 사회를 만드는 데에 기여 하지만, 어떤 사람은 본래 자신이 가지고 태어난 재능이 무엇인지도 모른 채 삶을 마감한다.

결국 가드너의 다중지능 이론이 추구하는 교육의 목적은 학습자 개개인의 잠재력을 계발하여 자아실현에 도달하는 것이며 이를 위해서는 학습자 개개인의 지능 프로파일에 맞는 개별화 교육이 이루어져야 한다는 것이다.

4. 창의성

길포드

21세기는 지식기반의 사회로서 다양화·정보화·세계화 시대이다. 그러므로 미래사회에 있어서는 무엇보다도 창의성이 중요한 관건으로 보고 있다. 최근에는 창의성이 교육을 통해 길러질 수 있다는 전제를 받아들이게 됨에 따라 창의적 잠재력의 발현 즉 창의적 잠재력을 일깨우는 창의성 교육이 더 부각되고 있다고 볼 수 있다.

창의성 연구는 미국 심리학회의 회장 취임 연설을 하게 된 길포드(Guilford, 1950)가 창의성을 '기존의 지식을 확장시켜 가는 확산적 사고이며 훈련 가능한 특성'이라고 규정하면서 교육이나 심리학 분야에서 관심의 대상이 되었다. 길포드는 창의성이 유전의 한계 내에서 학습을 통하여 계발될 수 있다고 하였으며, 토랜스(Torrance, 1962)도 적절한 훈련에 의해 창의성을 기를 수 있다고 하였다.

창의성의 사전적 정의는 '새로 의견을 생각해 내는 힘'이라고 되어 있는데 창의성이라는 용어는 상상력, 독창성, 확산적 사고, 창조성, 발명, 직관, 모험적 사고, 탐구, 신기성 등에 이르기까지 다양한 개념으로 사용되고 있다.

많은 연구자들이 창의성을 다양하게 규정해 왔는데, 천부적 재능을 지닌 소수의 사람들에게서 발견되는 특수재능적인 창의성이라는 것에서부터 모든 사람들에게서 볼 수 있는 자아실현적 창의성에 이르기까지 창의성의 개념을 간단하게 규정하기란 쉽지 않다. 그것은 창의성의 복합, 다면적인 특성 중에서 어느 것을 강조하여 정의하느냐에 따라서 달라지기 때문이다. 결국 그것들은 성격특성으로서의 창의성, 지적특성으로서의 창의성 및 문제해결 과정으로서의 창의성으로 대별될 수 있다(Gilchrist, 1972).

(1) 창의성의 개념

① 성격 특성론

창의성을 성격적인 특성의 하나로 파악하려는 입장으로서, 프로이트(Freud), 크리스(Kris) 등의 창의적 성취에 주로 관심을 갖는 정신분석학적 접근 방법과 프롬(Fromm), 매슬로(Maslow), 메이(May), 로저스(Rogers) 등의 자아실현에 중점을 두는 자아심리 학파가 주류를 이룬다.

정신분석학적 접근 방법에서 볼 때 창의적 활동의 원동력은 원초아(id)의 본능적인 힘에서부터 생겨난다고 보았다. 프로이트에 의하면 모든 창의적 상상은 백일몽과 같이 어린 시절의 유희나 경험의 계속이며, 창의성의 근원은 갈등에 있고 무의식의 힘이 여기에 작용한다고 주장하였다. 로저스는 특히 정신건강과 관련시켜 창의성을 설명하는데, 그는 창의성의 과정을 개인의 독특성과 그를 둘러싼 인물, 사건 등의 환경과의 만남으로써 성장하여 건설적이고 새로운 과정이 나타나는 것이라고 하였다. 즉 창의성은 유일한 존재로서 인간과 경험 사이의 상호관계에서 나타나는 것으로 본다(Clark, 1988). 또한 매슬로는 창의성은 인성에서 나오며 일상생활에서 표현되는데, 개인은 창의적 잠재력을 가지고 태어나지만 자아실현의 정도에 따라서 창의성의 발휘정도가 달라진다고 하였다(Kitano & Kirby, 1986).

창의적 인간의 성격 특성에 대해 여러 학자들의 논의를 종합해 보면 개방적이며, 풍부한 의식 · 민감성 · 이해성 · 비판적인 사려성이 있고, 자기 주장이 강하고 도전적이나 유머러스하고 융통성이 있으며, 자신감과 자발성, 독립성, 무질서, 변화, 성취욕구가 보다 강하다.

또한 자기 수용적이며, 자기 자신에 대해 정확히 파악 · 행동하며, 내향적 · 여성적 · 사색적이며, 인내심 · 자제력이 있고, 호기심 · 대담성이 있으며, 지배성 · 공격성이 있고, 타인에 대해 선입견이 적고 객관적 · 관용적인 것으로 정리할 수 있다.

② 지적 특성론

이는 창의성을 지적 특성으로 보려는 입장으로, 여기서 지적 특성이라 함은 창의적인 개인들 사이에 뚜렷하게 공통적으로 발견되는 지적 능력 요소를 뜻한다.

길포드(1967)는 창의성이 포함된 지적구조모형(structure of intellect model)을 제시, 인간의 사고 양식을 수렴적 사고(convergent thinking)와 확산적 사고(divergent thinking)로 구분하고, 그 중에서 확산적 사고가 창의성의 가장 분명한 지침이 된다고 지적하였다. 그는 창의성은 다소 정도 차이만 있을 뿐 모든 사람이 공유하고 있는 것이며 새로운 사고를 생산해 내는 것이라 보고 확산적 사고의 하위 영역으로 6가지를 제시하였는데 그것은 사고의 유창성, 융통성, 독창성, 정교성, 문제의 재정의 능력, 문제에 대한 감수성이다. 또한 토랜스(1972)는 창의적 사고의 주요 관점을 길포드와는 다소 다르게 유창성, 융통성, 독특성, 정교성 네 가지의 점에서 지적측면으로서의 창의적 사고의 요소를 제시하였다.

그런데 길포드나 토랜스의 주장은 모두가 근본적으로는 수렴적 사고보다는 확산적 사고와 연관이 있다. 창의성의 근본이 될 수 있는 확산적 사고는 다양하고 독창적인 아이디어를 생각하여 이를 계발하고 정교화시키는 능력이며, 새로운 아이디어나 가설을 형성하고 이를 검증해서 결과들과 상호조화시키는 과정이다(Feldhusen & Treffinger, 1977).

길포드의 확산적 사고의 하위 영역

하위 영역	내 용
사고의 유창성	주어진 시간 안에서 보다 많은 아이디어를 만들어 내는 능력
융 통 성	보다 융통적인 사고 능력으로 자기 발전 융통성과 적응성 융통성으로 구분된다. 이것은 낡은 사고방식을 버리고 새로운 각도로 생각해 보는 것
독 창 성	창의적인 사고능력으로서 자극에 대하여 희귀하고 비일상적이며 참신한 아이디어를 구상해내는 능력
정 교 성	어떤 계획이나 내용을 수정, 보완, 완성하는 것과 관련된 지적 능력으로 더 나은 검증과 분석을 위해 문제를 세분화하여 전개시키거나 문제에 포함된 의미를 명확히 파악하고 부족한 것을 보완할 수 있도록 계획하는 능력
문제의 재정의 능력	이것은 새로운 목적을 위해서 친숙한 대상을 사용할 때 그들에 대한 기존의 해석을 버리고 어떤 새로운 방법으로 해석하는 능력
문제에 대한 감수성	기존체계 내에서 문제를 찾아내어 평가하는 능력과 관계

위와 같이 여러 요인들을 찾아냄으로써 이를 바탕으로 많은 창의성 연구가 활발히 이루어졌으며 또한 크게 발전되었다.

③ 문제해결 과정론

창의성을 하나의 문제해결능력 과정으로 보는 입장은 어떤 결과에 이르게 되는 창의적 해결 과정에 초점을 맞추면서 방법론적인 측면을 강조하는 입장이다.

문제해결력이란 문제 상황 속에서 나타낼 수 있는 반응들 간의 조직과 선택을 포함한 하나의 사고형식이다. 또한 확산적 사고과정에는 계층적인 구조가 있으므로 확산적 사고과정에서의 문제해결 활동은 효과적인 문제의 발견과 해결에 필수적이다.

하르몬(Harmon)은 창의적 과정이란 어떤 새로운 것이 산출되는 과정이며 그 새로운 창조는 반드시 문제해결에 기여해야만 한다는 것이다(Golann, 1963).

왈라스(Wallas)의 창의성 산출단계설, 로스먼(Rossman)의 발명적 사고단계설, 듀이(Dewey)의 문제해결 단계설 등 많은 연구자들은 문제해결 과정으로서의 창의적 능력의 표현은 일련의 단계를 가진다고 하였다. 예컨대 왈라스는 창의적 사고의 산출단계를 다음의 네 단계로 설명하고 있다. 첫째, 준비기로 제시된 문제를 다각도로 지각하고 이해하여 자료를 수집하는 단계. 둘째, 부화기로 그 문제에 대해 의식적으로나 자발적으로 생각하지 않는 무의식적 정신작용의 진행 단계. 셋째, 조명기로 기대하지 않고 있다가 순간적으로 새로운 아이디어가 떠오르는 단계로서 문제의식이 무의식에서 의식에 가장 가까운 부분으로 옮겨지는 현상. 넷째, 검증기로 완전히 의식적인 상태로서 획득한 아이디어의 타당성을 검증하고 그 결과에 따라 구체화하여 표현함으로써 완전한 아이디어로 정리하는 단계이다.

창의적 사고를 문제해결의 한 종류로서 파악할 때 다음의 조건들 중 하나 또는 그 이상의 것이 만족되는 범위 내에서 창의적 사고는 가치를 지닌다(Torrance, 1981). 첫째, 사고의 결과가 새롭거나 가치를 지니는 것이어야 한다. 둘째, 사고가 이전에 수용된 아이디어의 수정이나 거부를 요구한다는 면에서 비전통적인 것이어야 한다. 셋째, 사고는 상당한 시간 경과와 강한 강도로 생겨나는 높은 동기 및 지속성을 요구해야 한다. 넷째, 처음부터 부과된 문제는 모호하고 확실하지 않아서 그 과제의 일부분이 문제 자체를 형성해야만 한다.

상기한 성격특성으로서의 창의성, 지적능력으로서의 창의성 및 문제해결 과정으로서의 창의성은 인간의 창의성을 비교적 다양하게 설명하고 있지만 창의성을 보는 관점이 대단히 복잡하다는 것도 시사해 준다. 특히 성격특성으로서의 창의성은 개인의 성격구조나 성장과 깊은 관계가 있으며 지적능력으로서의 창의성 및 문제해결과정으로서의 창의성은 인지적 능력을 더 많이 강조한다.

가드너(1991)는 지적능력으로서의 창의성 및 문제해결 과정으로서의 창의성을 종합하였다. 창의성을 새롭고 비일상적이거나, 궁극에는 한 문화 혹은 그 이상의 문화 속에서 받아들여지고 가치 있게 여겨지는 형태나 방법으로, 한 영역에서 효과적으로 문제를 해결하거나 물건을 만들거나 계획할 수 있는 능력으로 정의하였다. 그리고 이러한 능력은 지능에 포함된다고 주장하였다. 토랜스(1983)는 창의성이란 문제나 지식의 결점 혹은 빠진 요소, 부조화 등을 민감하게 인지하여 이들을 규정하고, 기존지식으로부터 새로운 관계를 만들어내어 새로운 가설을 형성하며 검증하고 수정하여 새롭고 독창적인 아이디어와 해결책을 산출해내는 과정이라고 하였으며 일종의 고차적 사고 기능인 문제해결의 인지능력으로 생각하였다.

테일러(Irving A. Taylor)는 창의성에 대하여 다섯 가지로 그 유형을 구별하고 각기 다른 측면에서 창의성을 논의하고 있다.

첫째, 표현된 창의성(expressive creativity)

가장 기본적 유형의 창의성이라 구분하고, 예능이나 잠재능력을 활용한 독자적인 표현으로 나타낸 창의성으로 본다. 이 수준에서는 창의성의 소산에 대한 질의 수준에 관한 한 별로 중요시하지 않는다. 이것은 나중에 나타나는 창의적 재능 기술을 작품의 완성이나 제작에 도입, 이용 하였을 경우에는 생산적 수준에서 성취를 통한 창의적 성과로 표현된 것이다.

둘째, 기술적 창의성(technical creativity)

이것은 어떤 작품에서 나타나는 숙달로 그 특성을 지울 수 있는 창의성이다. 예컨대 스트래드버리(Stradivari)가 바이올린을 제작할 때 나타나는 그러한 재능을 말한다.

셋째, 발명적 창의성(inventive creativity)

이것은 연구력이 발휘될 때 작용된다. 이것은 두 요소 간의 요소라고 생각되었던 요소에서 새롭고 특이한 단계가 있음을 인지하는 융통성을 내포하고 있으며, 새로운 아이디어의 생성에 기여하지는 않지만 이미 알고 있던 요인에서 새로이 발견된 아이디어의 활용에 기여한다. 예컨대 에디슨의 발명이 여기에 해당된다.

넷째, 창발적 창의성(創發的, emergentive creativity)

어떤 예술적 표현 또는 과학적 지식에 깔려 있는 원리 또는 가정을 제시하는 창의성을 의미한다. 예를 들면 프로이트의 저작, 업적이 그것이다.

다섯째, 혁신적 장의성(innovative creativity)

이것은 생동적이며 추상적인 개념을 요건으로 하며, 변화와 혁신을 통하여 개선을 꾀하는 것이다. 타인에 의해 이미 설정된 기본적 원리를 이해, 파악한 능력에 기초한다. 예컨대 융(Jung)이나 아들러(Adler)는 프로이트의 사상에 기초하여 그들의 이론을 정립했던 것이 이 유형에 속한다.

이외에도 많은 연구자들이 창의성을 다양하게 규정하고 있다. 이에 창의성에 대해 좀더 폭넓은 이해를 하기 위해 다학문에 걸친 상호적·통합적 접근이 고려되어야 한다.

창의성에 관한 견해를 종합해 보면, 창의성은 특수한 분야에서 독창적인 능력을 발휘하는 사람들의 능력만을 의미한다기보다는 모든 인간이 가지고 있는 보편적인 특성으로서 해석할 수 있다. 그러므로 정도의 차이는 있지만 정상적인 사람이면 모두가 창의적 능력을 가지고 있다. 즉 창의성은 평범한 것 이상의 놀랄만한 새로운 발명이나 생산적 사고 등을 포함하는 고차원적인 사고 능력만을 의미하는 것이 아니라 일상생활에서 당면하는 여러 가지 사태나 문제를 새롭고 특유한 방식으로 해결해 나가는 활동을 의미하는 것이라 할 수 있다. 또한 창의적 능력은 유전적이고 고정되어 있어서 계발 불가능한 불변적인 능력이라기보다는 풍요로운 환경을 제공하고 자발적이고 자율적인 표현을 보장해 주어 다양한 경험을 제공함으로써 효과적으로 계발시킬 수 있을 것이다. 따라서 창의력은 인간이 지니고 있는 내적 사고 및 감정을 밖으로 표출하는 과정 속에서 길러진다(허순희, 1996).

제5장

학습관련 변인

1. 자아개념
2. 학습준비도
3. 동기
4. 학습의 전이
5. 연습
6. 불안
7. 학업부진

1. 자아개념

학습 상황에 있어서 학습자에게 중요한 개념으로 볼 수 있는 자아개념은 학습에 크게 영향을 미친다고 볼 수 있다.

브룩오버(Brookover) 등은 자아개념과 학업성취와의 관계를 밝히는 연구에서 인간의 지적능력이 학업성취를 결정하는 데 가장 중요한 요인이라는 가정에 이의를 제기하고, 학습에 대한 개인의 태도가 학업성취의 정도를 제한한다고 주장하고 있다.

자아개념이란 개인이 자기에 대해서 품고 있는 의미, 태도, 감정 등의 총체에 관계된 개념으로 '자기 자신을 어떻게 보는가' 하는 것이다. 젠덴(Zanden)은 자아개념을 자기 자신을 지각하는 방식이라고 했다. 이것이 개인의 행동을 결정하거나 적어도 그 행동에 영향을 미치는 중요한 요인으로 작용하게 된다. 그러면 이 자아개념은 어떻게 해서 형성되고 있는가?

자아개념은 부모, 친구 및 교사 등 유의미한 타자와의 상호작용과 사회적 환경과의 경험을 통해서 발달된다. 페스팅거(Festinger)가 주장하고 있는 사회비교이론(social comparison theory)에 의하면 한 개인의 자아개념은 그가 속한 사회집단에 의해서 형성되고 유지된다고 한다. 즉 그가 속하는 사회집단 내의 개인들에 비추어서 자기가 그들보다 어떤 특성에 있어서 우월하거나 열등하다고 지각하게 되며, 이 주관적 지각이 바로 그 개인의 자아개념을 형성한다고 한다. 이 때 비교하는 준거는 절대적인 것이 아니고 상대적임을 알 수 있다. 따라서 어떤 이는 자아개념이 긍정적이어서 자기 자신을 가치있고, 유능하고, 훌륭한 사람으로 지각하는데 반하여, 어떤 이는 자아개념이 부정적이어서, 자기 자신을 무능하다고 믿고, 자기를 비하하고, 열등감에 사로잡혀 있을 뿐만 아니라 타인이 자기를 인정하지 않는다는 지각을 한다.

학생이 교과와 학교와 관련해서 자신을 어떻게 보는지, 또 그것들에 대해서 다른 학생들과의 관련 속에서는 자신의 학습능력을 어떻게 보는지를 학문적 자아개념이라고 한다. 이것은 장기간에 걸친 성공과 실패의 누적현상의 영향으로 볼 수 있다

한편 페터슨(Patterson)에 의하면 "교사가 학습자에 대하여 가지는 지각은 그대로 학습자 자신에 대한 지각이 되어 버린다."고 말하고 있다. 즉 교사가 학습자를 능력있고 가치있고 또한 책임감이 있다고 생각해 줄 때는 학습자도 자신들에 대해 스스로 그러한 긍정적인 자아개념을 갖게 되나, 반대로 교사가 그들을 무능력하고 가치 없고 또한 책임감이 없다고 취급해 버릴 때는 학습자 역시 자기도 모르는 사이에 자신들에 대해 부정적인 자아개념을 갖게 된다는 것이다.

대부분의 연구결과에 의하면 긍정적인 자아개념을 가진 학생은 성적우수집단에서 발견되었다. 학업성취와 자아개념 간의 높은 상관관계를 해석하는 데에는 두 가지의 입장이 있을 수 있다. 첫째, 공부를 잘하는 것이 계기가 되어 자아개념이 긍정적으로 형성된다는 입장이다. 둘째, 긍정적인 자아개념이 계기가 되어 공부를 잘하게 된다는 입장이다. 양자의 이론이 모두 설득력이 있지만, 결국 인간의 행동과 자아개념은 서로 상호작용한다고도 볼 수 있다. 그것은 개인의 사고(인지)가 그 사람의 행동에 영향을 주고, 행동 또한 사고에 영향을 미치기 때문이다.

2. 학습준비도

학습준비도란 특정한 것을 학습하는데 필요한 신체적 · 정신적 모든 조건이 성숙되어 있는 상태를 말한다. 여기에서 조건은 신체나 신경계통의 성숙, 이미 습득하고 있는 지식과 능력, 동기, 흥미, 태도 등을 모두 포괄한 것이다. 즉 어떤 내용을 학습함에 있어 언제가 최대의 효과를 얻을 수 있는 시기인가 하는 적시성과 최적기에 초점을 두는 개념

이다.

헤비거스트(Havighurst)는 발달과업을 준비도에 관련시켜 학습자가 성취할 준비가 되었을 때 교육의 적정시기라 하여 짧은 시간에 최대의 효과를 얻을 수 있는 시기임을 주장하였다.

성숙이 이루어지기 전에 무리하게 학습시키는 것은 효과가 없음은 물론, 개인에게 어떤 정서문제나 장애를 야기할 수 있다. 학습은 학습자의 성숙 정도에 따라 좌우되며, 성숙의 정도가 다르면 같은 훈련을 시켜도 학습 효과가 다르게 나타난다.

또한 학습하기 전에 어느 정도, 어떤 종류의 경험을 했느냐의 선행경험이 학습의 준비도이다. 이것은 선행하는 지식이나 기능을 충분히 익힘에 따라 이루어지는 것이다.

이상과 같이 학습준비도에 있어서 성숙과 경험은 모두 필요한 요소이다. 그러므로 학습은 학습자의 발달수준을 고려하여야 한다.

3. 동기

(1) 동기유발의 개념

학교에서 학습효과를 증진시키기 위해서 계획적으로 활용할 수 있는 학습 동기의 유발방법은 무엇인가? 동기유발에는 자연적인 것과 인위적인 것, 즉 내부로부터의 동기유발과 외부로부터의 동기유발로 나누어 생각할 수 있다. 이 내적 동기, 즉 자연동기란 학습의 장에서 학습자의 요구라든가, 흥미, 태도, 목적 등에서 이루어지는 것으로서 학습자 자신에 의해 인정되어 자율적으로 통제되는 것이다. 진보주의 교육자들은 내재적 동기(intrinsic motive)라 하였고, 브루너(Bruner)는 탐구정신(sense of inpuiry) 혹은 발견정신(sense of discovery)은 모두 학습활동 자체에 내재하는 동기를 말하는 것이라 하였다.

이에 반해서 외적 동기, 즉 인위적 동기는 학습이 이루어지는 외부에서 도입되는 것으로서 일반적으로 점수나 승인·상벌 등에 의하여 이루어지는 동기를 말한다. 그러나 이 두 동기는 대단히 접근되어 있으므로 엄밀하게 구분할 필요가 없고 따라서 엄밀하게 구분하기도 힘들다.

(2) 동기유발의 방법

편의상 동기유발을 내적 동기유발과 외적 동기유발로 구분하는데 여기에서는 톰프슨(Thompson)의 구분방법을 많이 참고하였다.

① 자율행동 및 반사

이것은 주로 생리적인 것으로 호흡, 혈액순환, 내분비선이 분비작용 등에 의한 것이다. 사실 생리적인 문제가 비정상일 때는 희망이나 욕구 그리고 활동이 제한받음은 두말할 것도 없다. 그러나 종래에는 이것에 관해서는 거의 무관심한 상태이었던 것이 교사들의 일반적 경향이었다. 이것은 기본적 욕구에 관련되는 것으로 지극히 중요한 부분을 차지한다.

② 감정

기분이 좋지 못하면 만사가 싫은 법이다. 특히 아동은 기분에 좌우되기 때문에 정서적 안정에 깊은 관심을 두어야 학습의 능률은 높아진다. 기분이 좋으면 무슨 일이든지 손에 잡히고 칭찬을 들으면 계속해서 하고 싶어지는 데 반하여, 결점이 들추어지고 꾸지람만 들으면 불쾌해지므로 자연히 하기 싫어지는 것이다.

③ 적절한 암시

모방은 타인의 행동 또는 사상을 자기의 것으로 재생하고 반복하려는 경향을 말한다. 모방과 학습관은 밀접한 관계가 있는 것으로서 원래 아동은 언어, 동작, 사고 등의 모방에 의하여 발달하는 면이 많다. 그래서 교사는 적절한 행동을 통해서 아동이 따라서 하고자 하는 의욕을 가지게 하는 것이 학습활동에서는 바람직한 일이다.

④ 호기심

신기한 것을 탐구하려고 하는 정서이며, 문제해결이나 학습의 동기가 된다. 유아는 생활공간의 확대와 현저한 언어발달에 따라 질문이 많아지는 시기이다. 질문에 의해 유아는 새로운 지식을 얻게 되며 호기심을 보인다. 각 발달단계에 따라 호기심은 다르다. 학습지도는 아동이 가지고 있는 이 호기심을 기초로 하여 행하지 않으면 안 된다. 또 교육과정은 학습자 자신의 호기심과 지식욕을 발전시키도록 작성되어야 한다.

⑤ 흥미

동기유발은 흥미를 가지게 하는 일이라고 할 만큼 흥미의 역할은 크다. 흥미란 어떤 활동분야에 이끌리게 되는 개인의 일반화된 행동경향이며 또한 어떤 대상에 특별한 관심이나 주의를 하는 감정이다. 흥미를 동기유발의 방법으로써 이용하려면 먼저 흥미검사나 기타 여러 가지 조사법을 이용해서 아동의 흥미의 실태를 파악하고 동시에 흥미의 발달조건 등을 이해하는 것이 필요하다. 흥미를 유발시키는 일반적인 원리를 들어 보면 다음과 같다.

첫째, 이전에 경험한 적이 있는 흥미나 현재 느끼고 있는 흥미를 자극한다.

둘째, 개인의 지적 능력이나 신체적 능력에 알맞도록 학습을 조화시키고 성공하기 쉬운 것을 선택하도록 한다.

셋째, 흥미를 느끼지 못하는 대상일지라도 흥미있는 대상과 결합시킴으로써 흥미를 느끼게 한다. 따라서 학습에 있어서는 가치관의 흥미를 자극하는 것을 피하고, 높은 가치의 흥미에 자극을 주어서 여기에 만족함을 주는 것이라야 한다.

⑥ 수집

일반적으로 아동은 여러 가지를 모으는 것을 좋아한다. 본격적인 강한 수집욕이 생기는 것은 아동기에 들어서면서부터라고 한다. 대개 남자보다 여자가 더 수집하기를 좋아한다. 수집경향의 발달이 정점에 도달하는 것은 남아는 10세, 여아는 11세라고 한다. 이와 같이 아동기에 있어 수집경향이 강한 것은 아동의 흥미의 방향을 말해 주는 중요한 사실이다. 수집행동에 의하여 아동은 많은 사실을 학습한다. 그것은 바로 자연적 학습이다. 과학적 진보의 근원을 추구한다면 이 자연적 수집 본능에 의함이 적지 않다.

⑦ 과시

과시 본능은 학습의 자연적인 동기로써 유효한 것이다. 인간은 항상 자기를 내세우려고 한다. 또한 타인에게 높게 평가받고자 하는 욕망이 있다. 노력하여 학습하려고 하는 것은 이 본질적은 경향이 있기 때문이다. 타인에게 지지 않으려고 하는 경쟁심, 타인보다 우월한 입장에 서려고 하는 욕구, 자아의 우위를 보장하려고 하는 투쟁본능 등은 모두 연관성이 있는 자연적 경향이다. 학습은 그러한 경향으로부터 큰 동기를 받는다.

⑧ 목적의 자각

학습태도를 방향짓는 학습의 목적을 학습자가 명백히 안다는 것은 의도적 학습을 하기 쉽게 하여 학습효과를 올리는 데 효과적이다. 의도적 학습과 우발적 학습에 관한 연구는 의도적 학습이 많은 효과를 낸다고 보고되어 있다. 학습의도를 생기게 하기 위해서 여러 가지 동기유발의 방법을 취하고 있는데, 그 하나로서 학교교육에 있어서는 시험의 예고효과를 이용하는 방법이 많이 쓰여 지고 있다. 예를 들면 시험의 예고를 받은 학습군이 받지 않은 학습군보다 시험성적이 높게 나타났는데 이것으로 보아 목적의 자각, 의도적 학습이 동기유발의 한 방법이 될 수 있다고 보아도 무방할 것이다. 초등학교의 아동은 먼 장래와 관련된 학습목적을 명백히 할 수는 없기 때문에 비교적 가까운 목적, 달성하기 쉬운 목표에 관심을 두게 하여야 하므로 교사는 발달단계에 맞게 지도하여야 한다.

⑨ 학습결과의 지식

학습결과에 대하여 알게 되고 자기의 학습이 진보한 것을 알게 된다는 것은 가장 좋은 동기유발의 방법이다. 그것은 학습에 있어서 지식기능에 대한 습득의 결과나 진보의 과정을 알게 되는 것이 다음 학습에 대한 의욕을 일으키는데 도움이 되기 때문이다. 그리고 학습결과가 진보한 경우 그에 만족할 뿐더러 학습에 대한 요구수준도 높아지는 것이다. 학교교육에 있어서 시험을 보고 이를 채점하고 채점한 답안지를 돌려주며 자기에게 검토를 시킨 후 교사가 간단한 평가와 교정을 가하는 과정은 학습동기유발을 일으키는 좋은 방법이므로 이를 즐겁게 택하는 것이다. 다만 자기의 학습결과를 알기 때문에 자기의 실력을 과소평가하고 열등감을 가지게 되는 경우도 있음을 알고 이 점에 주의하여야 한다.

이를 실증하기 위해 학습심리학자는 여러모로 실험을 하였다. 답안의 반려법을 써서 연구한 것이라든지, 북(Book)과 노벨(Norvell)이 대학생을 상대로 실험한 것 등은 교사가 아동들의 학습성과를 그때 그때 알리고 격려함으로써 학습을 의도적으로 강화하는 데 효과를 얻은 연구를 들 수 있다. 이들 연구는 전자공학에서 말하는 feed-back effect (순환효과)가 학습과정에서 작용하고 있다는 것을 알려 준다.

⑩ 성공감

성공감은 학습의욕을 더욱 높여 준다. 그러나 실패하면 학습의욕이 감퇴되는 것이 일반적이다. 따라서 학습의 문제를 아동능력에 적합하게 하는 것이 동기유발의 한 방법이 되는 것이다. 즉 학습에서 되도록 성공감을 경험시킬 수 있는 지도를 모색하는 것이 동기유발에 크게 도움이 되고, 설령 학업성적이 좋지 못한 아동도 학습에 대한 성공감을 체득시킬 수 있는 기회를 부여하여 자신을 갖도록 지도해야 한다. 이와 같은 방법을 적용함에 있어서 먼저 해결해야 될 문제는 개인의 포부수준(level of aspiration)을 이해하여야 한다.

포부수준이란 행동의 주관적 목표의 높이이며 학습자가 이 정도까지 될 수 있다고 생각하는 예상, 자신 또는 기대 등의 높이이다. 이 포부수준과 실제 학업 성적이 부합할 경우에 성공감이 생기는 것이다. 주된 요인으로 학습자의 지능, 학습자의 성격 그리고 과거의 성공과 실패의 체험유무이다. 기타 장면의 역동성에 의해서도 달라지나 개인차에 적합한 목표를 설정하여 아동에게 성공감을 체험시키는 것이 학습의 동기유발을 위하여 바람직한 것이다.

⑪ 상과 벌

상은 일반적으로 성공감을 주게 되고 사회적 승인의 요구를 충족시키기 때문에 학습을 촉진시키고 동기유발에 도움이 된다. 벌은 부인, 질책, 행동의 금지와 같은 형식으로 주어진다. 즉 아동의 불쾌함과 공포감을 자극해서 불필요한 학습을 방지하고 필요한 학습을 의무적으로 하도록 만들 때에 많이 이용하는 강제적 수단이다.

교사의 칭찬과 질책이 아동의 학습에 어떻게 영향을 주느냐에 대해서는 많은 연구가 되어 왔다. 헐록(Hurlock)은 교사의 칭찬과 질책이 아동(4학년과 6학년)의 학습에 미치는 영향을 실험하기 위해 동질적인 4개 집단을 만들어 덧셈 학습을 5일간 하게 한 뒤에 한 집단은 성적 여하를 불문하고 칭찬만 해 주고(칭찬군), 한 집단은 질책만 하고(질책군), 한 집단은 칭찬이나 질책도 해 주지 않고(무시군), 나머지 집단은 통제군으로 별실에서 학습을 시켰다. 그 결과 칭찬군은 점차 성적이 오르고 질책군은 최초 1회는 향상되었다가 그 후부터 저하하였으며 통제군과 무시군은 별로 진보를 나타내지 않았다고 한다.

힐가드(Hilgard)와 러셀(Russel)은 상벌을 동기유발로 이용할 때 주의할 점을 지적하였다. 상을 너무 강조하는 일은 아동을 독창성과 자발적인 노력보다는 권위와 복종을 장려하게 되고 또 상 그 자체만을 목표로 해서 학습하게 만들며, 벌의 사용은 상을 사용하는 것보다 위험함을 강조하면서 다음 네 가지 이유를 들었다.

· 벌을 주는 교사와 받는 아동 간에 인간관계를 악화시킬 위험이 있다.
· 벌의 효과는 학습에 일시적이다. 손다이크(Thorndike)는 효과의 법칙을 수정하여 벌과 상은 상이하며 결합의 강도는 거의 직접적 효과를 얻지 못한다고 주장한다.
· 벌은 어떤 조건하에서 벌 받을 행동을 제거하는 일보다 그것을 고정시키는 경향이 있다는 것이다. 상벌은 그것이 남용되고 만성이 되어 버린다면 동기유발에 아무런 효과도 나지 않을 뿐만 아니라 인격의 형성에 적지 않은 피해를 주게 된다.

⑫ 협동과 경쟁

인류역사에서 사람이 살아가는 데 두 가지 원리가 있다. 하나는 협동이요, 또 하나는 경쟁이다. 이 두 가지 원리가 아동에게 동기유발을 시켜 준다는 것이다. 말럼(Mallerm)은 아동 개인의 성적을 향상시키기 위한 경쟁의 경우와 아동이 소속한 집단의 성적을 향상시키기 위한 경우를 비교해 본 결과 전자가 후자보다 더 진보된 것으로 나타났다. 이 결과에서 우리들은 동기유발이 개인의 이익에 관계되는 면이 단체의 이익에 관계되는 면보다 일층 유효하다는 것을 알 수 있다. 협동과 경쟁에 대한 실험에서는 개인차에 있어서 1/3의 아동은 경쟁보다 협동을 했을 때 성적이 향상되었다고 한다.

지능지수(IQ)가 100인 개인은 개인적으로 아무리 노력을 해도 100이상을 기대할 수 없으나, 3명이나 5명이 협동적인 활동을 할 때는 120이라는 능력의 발휘를 가져올 수 있다. 어떻든 경쟁이 학습의 동기유발에 유효하다는 것은 틀림없으나, 이것을 남용하면 문제가 된다. 경쟁이란 결국 상대적 우월을 기대하는 것이기 때문에 항상 불안하고 긴장되며 적대관계에 놓이게 되므로 민주적 생활을 위하여 바람직하지 못하다.

특히 학습장면에서 경쟁을 강요할 때 열등집단에서는 학습을 포기하게 되고 열등의식을 느끼며 결과에만 관심을 가지게 되므로 부정한 방법도 불사하여 수단방법도 가리지 않게 되어 학습의 역효과를 초래한다.

또한 경쟁 하에서는 학습의 양적인 면에서는 우수한 성과를 보이나 질적인 면에서는 열등하다. 경쟁과 협동에 의한 동기유발에서 주의해야 할 것은 사회의 가치기준에 따라서 아동에게 미치는 효과가 상이한 것과 경쟁에 있어서는 그때의 상황(예컨대 운동경기나 미술시간)에 따라서 효과가 다른 것이라는 것에 유의해야 한다.

⑬ 금지와 장려

우리의 교육은 하라!(Do it now!)라는 적극적인 교육보다 하지 말라!(Don't do it!)라는 소극적인 교육방법을 더 좋아한다. 너무 소극적인 방법을 이용할 때는 아동에게 자발성 또는 창의성을 기대할 수 없다. 바람직하지 못한 방향을 아동이 원할 때 단호하게 금지하는 것보다 바람직한 방향과 내용을 제시해서, 즉 잘못된 방향으로 가려는 우의성보다 적극적이고 강한 수의성이 되도록 하는 것이 좋다. 금지방식은 금물이라는 것이다.

⑭ 참여적 활동

교육은 어느 면에서 보면 참여를 통해서 학습시키는 일이기도 하다. 더구나 민주적이고 협동적인 활동은 보다 적극적으로 학습활동을 전개하게 되는 데에 도움이 된다.

⑮ 질문 주고받기

교사의 질문은 수업상황에서 의사소통방식을 이끌고 확장시키며, 동시에 통제하는 강력한 도구라 할 수 있다. 질문은 수업을 역동적으로 이끄는 데 있어 중요한 기술 중 하나로 교사와 학생은 교육내용과 관련하여 상호 질문을 함으로써 수업을 생동감 있게 만들 수 있다. 효과적인 질문은 학생들로 하여금 적극적으로 응답하게 한다. 학습에 흥미를 갖도록 하는 동기를 제공하고, 학습과정에 적극적으로 참여하도록 이끈다(Borich 2002).

⑯ 질문능력 향상을 위한 기법

교사는 수업을 효과적으로 증진시키기 위해 다양한 질문기법을 사용한다. 적절한 질문기법은 학생들 스스로 질문에 대한 해답을 찾을 수 있도록 돕고 수업에 학생들의 참여를 촉진시킨다. 질문능력을 향상시키기 위한 기법을 살펴보면 다음과 같다(Cole & chan 1981).

- 잠시 생각할 시간(잠깐 멈춤)을 주어야 한다. 교사는 학생이 질문에 대한 답을 구상할 수 있도록 시간을 제공하여야 한다.
- 격려한다. 학생이 완전한 답을 하기 위해서는 교사의 자극이나 격려가 요구되며 이 경우 학생들은 답을 제공할 가능성이 높아진다.
- 반복한다. 학생들이 교사의 질문을 정확히 듣지 못했다면 교사는 학생들이 주의를 기울이도록 반복해서 질문을 한다.
- 고쳐서 질문한다. 학생들이 질문의 의미를 제대로 파악하지 못했다면 학생들이 쉽게 이해할 수 있는 형태로 질문을 쉽게 설명해 준다.
- 추가적인 정보를 제공한다. 학생들은 정보의 주요 내용을 모르기 때문에 종종 질문에 대한 정확한 답을 할 수 없다. 교사는 이런 점을 정확히 진단하고 추가적인 정보를 제공해 줌으로써 답을 하도록 유도한다.
- 추가적 질문을 한다. 학생들은 보통 너무 제한적인 답을 한다. 이럴 경우 교사는 학생들이 자신의 생각을 명확하게 표현할 수 있도록 도움을 주며 다른 관점에서 질문을 살펴볼 수 있도록 학생을 자극한다.
- 답을 예측하도록 격려한다. 학생들은 답을 확실히 알지 못할 경우 질문에 반응하기를 꺼린다. 따라서 교사는 학생들이 자신감을 갖고 긍정적인 태도를 가질 수 있도록 답에 대한 예측이 가능한 질문을 하고 정보를 제공한다.
- 특정 학생이 질문에 답을 하지 못할 경우 다른 학생에게 질문한다.

· 만약 질문이 너무 어려워 대부분의 학생이 답을 하지 못할 경우 교사는 질문의 인지적 요구 수준을 낮추어 학생의 수준에 적합한 질문이 되도록 조정할 필요가 있다.
· 교사는 평가적 논평이나 해설을 하면서 학생들의 대답을 일련의 질문에 연결하거나 질의-응답 과정 중간 중간에 정보를 요약해 줌으로써 교육내용을 전체적으로 구조화할 수 있다.

⑰ 대답 유도하기

적절할 때에 질문할 수 있는 기술을 터득하는 것도 중요하지만 질문을 한 후에 학생들이 대답을 하도록 유도하는 기술 역시 중요하다. 학생들의 무반응은 학습된 것이다. 따라서 무반응을 쉽게 용납하기보다 반응을 보일 수 있는 기회를 주어 양방향적 학습이 이루어지도록 도와야 한다.

전략 1. 반응이 나올 때까지 기다린다.

질문 후 대답이 나올 때까지 기다리는 방법이 있다. 이 방법은 쉬운 것이 아니다. 침묵이 흐르는 동안의 눈싸움에서 대개는 교사기 지기 때문이다. 그러나 기다림의 고비를 넘기면 교사의 마음을 읽어 주는 학생이 나오게 마련이다.

전략 2. 대답할 수 있도록 다시 질문한다.

같은 내용의 질문이지만 조금 다른 각도에서 생각해 볼 수 있는 질문을 제시할 수 있다. 종합적인 대답을 요구하는 포괄적인 질문이었다면 부분적인 대답이 가능한 질문으로 바꾸어 볼 수도 있다. 뿐만 아니라 학생들의 학습 준비도에 따라서 이해하지 못하는 경우도 있으므로 학생의 수준에 맞추어 다시 질문할 수 있다.

전략 3. 함께 토의한 후 대답하도록 유도한다.

전혀 반응이 없는 경우엔 옆에 앉아 있는 학생들과 함께 토론할 수 있는 시간을 준 후 논의한 내용을 발표하게 할 수 있다. 토론과정을 통해 질문에 대한 해답을 찾아낼 수 있고 질문자체제 대해 무심했던 마음을 추스릴 수 있는 기회가 된다. 뿐만 아니라 함께 토의한 내용이므로 개인의 부담이 아닌 공동의 책임이 되기 때문에 대답하는 것도 자연스러워진다.

전략 4. 틀린 답을 제시해 본다.

물음에 대해 일부러 틀린 답을 제시해 줌으로써 정답에 이르는 생각의 범위를 좁혀 줄 수 있다. 특히 학생들이 자주 실수하는 단골 오답을 기억해 두었다가 제시해 주면 한층 더 진지하게 경청할 수 있도록 도울 수 있다.

⑱ 질문 받기

질문이라는 훌륭한 양방향 통신수단이 교사에 의해서만 이루어질 때가 있다. 학생들이 질문을 하지 않는 이유는 권위에 도전하기를 겁내기 때문이며, 질문하는 과정에서 자신의 허점이 드러나는 것에 대한 두려움 때문이다. 이러한 그의 오해와 근거 없는 불안을 최소화할 수 있는 지혜와 여유가 있을 때에만 학생들은 질문할 수 있다.

전략 1. 일단 환영해 준다.

엉뚱한 질문으로 곤란하게 하는 단골 악동이 손을 들어도 기회를 주어야 한다. 단순히 웃기려고 하는 질문인 경우에도 농담으로 무시하기보다는 적절한 정도로 진지하게 대해 주는 것이 좋다. 또한 어떤 질문이든 너무 예민하게 반응하거나 방어적인 태도를 취하지 말고 환영해 주는 여유가 필요하다.

전략 2. 질문의 의도를 파악한다.

자기 과신을 위해 질문이 아닌 설명을 하거나 내용과 동떨어진 장황한 질문을 하는 경우 등 다양한 상황이 벌어질 수 있다. 따라서 질문의 내용에 앞서 질문자의 감정을 읽어 주려는 노력이 필요하다. 질문의 내용이 불분명한 경우에는 질문을 되묻는 방법으로 확인하는 것이 좋다.

전략 3. 질문에 대해서 긍정적으로 반응해 준다.

질문의 내용이 주제에서 벗어났거나 답하기 어려운 질문인 경우에도 먼저 긍정적으로 반응해 주어야 한다. 어떤 경우에든 질문을 무시하거나 모르면서 아는 척한다는 인상을 주지 말아야 한다. 또한 단답형으로 대답하는 성의 없는 태도도 금물이다.

전략 4. 여유 있게 대답해 준다.

질문이 끝나자마자 기다렸다는 듯이 즉시 대답하는 것은 오히려 질문의 효과를 떨어뜨릴 수 있다. 질문하는 동안 학생 스스로가 해답을 발견할 수도 있다. 또한 여유를 가지고 대답하는 자세가 질문할 수 있는 분위기를 북돋을 수 있다.

전략 5. 질문에 혼자 답해야 된다고 생각하지 않는다.

학생이 질문하고 교사가 답하는 것이 일반적이지만 때로는 그룹의 역동성을 이용하여 학생의 질문에 다른 학생이 답할 수 있도록 기회를 줄 수 있다(권성호, 2002 참고).

4. 학습의 전이

(1) 전이의 개념

학습의 전이(transfer of learning)란, 학습 이전에 이미 형성된 습관이 어떤 습관을 획득하거나 재학습하는데 영향을 미칠 때 나타나는 과정을 말한다. 즉 선행 과제의 수행이 후속 과제의 수행에 끼치는 전체적 효과를 말한다.

이것은 우리의 일상생활에서 과거에 얻어진 학습경험이 새롭게 배우려는 과제 학습에 크게 영향력을 행사하여 더욱 학습을 용이하게 하는 경우로써 하나를 배우면 열을 알 수 있는 능력이라고 할 수 있다.

그러나 이와 반대로 학습을 방해 또는 금지시키는 경우도 있다는 사실을 이해하여야 한다.

(2) 전이의 종류

① 적극적 전이

하나의 학습 또는 경험이 다른 학습을 이행하는 데 있어서 학습을 촉진시켜 주며 쉽게 영향을 미치는 경우를 적극적 전이(positive transfer)라고 한다.

학자에 따라 긍정적 또는 정적 전이라고도 부른다. 예를 들면 영어를 잘 알고 이해하는 사람이 프랑스어나 독일어를 새로 공부할 경우, 영어를 처음부터 모르고 배우는 사람보다는 영어를 잘 아는 사람이 더욱 유리하고 학습하는 데 도움이 된다고 한다. 또한 수학을 잘 아는 학생이 물리나 화학분야를 배우는 데 쉽게 이해하고 적응하는 힘이 더욱 강하다. 쉽게 말하면 같은 계열의 학문분야를 학습하는 데 있어서는 학습의 이해속도가 빠르고 촉진시키는 힘이 작용한다는 것을 의미한다.

② 소극적 전이

하나의 학습활동이 다음의 학습활동을 하거나 획득하는데 방해하거나 금지 또는 지체되게 하는 경우를 소극적 전이(negative transfer)라고 한다. 학자에 따라 부적 전이 또는 부정적 전이라고 한다.

예를 들면 영어를 알 듯 말 듯한 사람이 프랑스어를 공부할 때는 영어를 전혀 모르는 경우보다도 힘이 더 들며 시간도 더 걸리는 것과 같다.

(3) 기억과 망각

① 기억과 망각의 의미

일반적으로 학습활동에서 능력이 뛰어난 사람을 보통 기억력이 뛰어나다고 한다. 학습과정에서 기억(memory)은 대단히 중요시되고 있다.

기억은 과거의 경험과 효과가 저장되어 일정기간 파지되는 것으로, 학습경험의 사실 및 내용을 머리에 간직했다가 다음의 활동에서 변용하지 않고 그대로 재생할 때까지의 심리적 과정을 말한다(김제한,

1992).

기억과정은 기명(encoding), 파지(retention), 재생(recall), 재인(recognition)의 네 가지 단계를 거쳐서 현재의 학습경험 사실이 전의 학습 경험사실과 같다는 것을 확인하는 데 이르기까지 일련의 심리적 과정을 말한다.

기명은 행동이나 경험의 수행에서 신경계에 그 흔적(neutraltrace)을 형성하는 것이다. 일단 기명된 신경계의 흔적은 일정기간 동안 지속되는데 이를 파지라 하며 파지되지 못하고 변용, 소실되는 현상을 망각(forgetting)이라고 한다. 따라서 파지와 망각은 동일한 과정에 속하는 상이한 면을 말한다. 재생과 재인은 학습된 행동이나 경험이 일정기간 후에 다시 행동으로 또는 경험적 내용으로 나타나는 과정을 포함한다. 재생은 보존된 인상이 다시 의식으로 떠오르는 것이며, 재인은 과거에 경험했던 것과 비슷한 상태에 부딪쳤을 때 떠오르는 것이다. 따라서 기억하고 있는 것이 전부 재생되지는 않는다.

② 기억력을 높이는 조건

학생들의 기억력을 높이기 위해서는 어떤 방법을 써야 하는가를 탐색해 보면 다음과 같다.

· **직전경험** : 직전 경험한 내용은 소급금지가 없어서 효과적으로 기억할 수 있다. 여기서 소급금지란, 후속학습의 파지가 선행학습의 파지를 방해하는 것이다. 이와 같은 것의 억제 정도는 전후학습의 유사성, 강도, 시간간격 등에 따라서 달라진다.

· **반복연습** : 반복연습은 기억력을 높일 수 있으며, 망각을 방지한다.

· **흥미** : 학습이나 경험에 많은 관심을 가지게 하여 다른 방해적 요인의 영향을 받지 않으므로 효과적이다.

· **이해관계** : 학습의 중요도를 인식하여 이해관계가 있으면 흥미가 적어도 주의를 기울이고 의욕이 향상되어 기억이 잘 된다.

· **합리성** : 기억내용을 자신의 지식체계와 연결을 시키도록 합리적으로 하면 효과적이다.

· **책임감** : 학습자 자신에게 책임이 있으면 주의 집중이 잘 되어 기억력이 높아진다.

종합적으로 기억에 영향을 주는 조건으로 다음과 같이 학습자요인, 학습소재요인, 학습방법의 요인에 따라 기억이 촉진될 것이므로 이러한 요인들을 강화시켜 학습력 신장에 활용할 것을 건의하고자 한다.

5. 연습

(1) 연습의 개념

우리가 일정한 동작을 반복하면 주어진 문제사태에 적응할 수 있도록 변용되고 숙달된다. 이와 같이 동작을 적극적인 방향으로 변화시키려는 반복 또는 숙달을 지향하는 것을 연습이라고 한다. 즉 일정한 새로운 경험이나 행동의 획득을 목표로 하여 그 목표에 도달하기 위해 행동이나 학습을 끊임없이 반복하는 운동과정과 그 효과를 포함한 전체과정을 연습이라고 한다. 따라서 지적기능과 운동기능을 계발하고 이에 따른 동작의 변용을 위해서는 연습과 반복이 반드시 필요하게 된다.

연습에 따라 학습과 작업성적의 진보 · 발전은 일반적으로 학습자의 능력, 동기, 체질과 작업의 성질, 곤란도, 교양, 장소 및 상황 등에 좌우된다. 따라서 학습의 효과는 반드시 연습이 뒤따라야 그 결과가 향상됨을 잊어서는 안 된다.

① 연습곡선

연습에 의해서 학습이나 경험, 작업상황이 어떻게 변화되고 달라지는가를 알기 위해서 학습결과를 종축으로 하고 학습 횟수를 횡축으로 하여 연습에 의한 질적・양적인 변화, 즉 학습이나 작업의 진보양상을 도표로 표시한 것을 연습곡선 또는 학습곡선이라고 부른다.

② 직선형 연습곡선

가속도곡선이라고 부르며 시행 상호 간의 진보비율이 동일한 경우를 말한다.

③ 소극적 가속도곡선

이는 학습 초기에는 급속한 진보를 보이나 연습의 계속과정에서 진보가 느리게 나타나는 것으로 운동학습에서 많이 볼 수 있다. 예를 들면 영어학습에서 잘 찾아볼 수 있다.

④ 적극적 가속도곡선

학습 초기에는 진보가 느리지만 학습을 계속함에 따라서 급속한 진보를 보이는 것이다. 이것은 작업의 곤란도에 비하여 학습능력은 비교적 적되 노력의 의지가 왕성한 경우이다. 예를 들면 독일어 학습, 수학 학습에서 잘 찾아볼 수 있다.

⑤ 적극적・소극적 가속도곡선

적극적 가속도곡선과 소극적 가속도곡선을 합한 이른바 S형 곡선으로 연습 초기에는 적극적 가속도로 진보하나 그 계속과정에서 소극적 가속도로 진보하는 경우이다. 이 유형의 곡선은 학습자료가 비교적 어려울 때 또는 학습자가 어릴 경우에 나타난다. 그런데 어떤 심리학자들은 이 S-형 곡선은 학습의 기본곡선이라고 부른다.

⑥ 학습의 고원현상

학습이 진행 중 학습곡선이 적극적 가속도곡선에서 소극적 가속도곡선으로 바뀌어 지는 중간에 계속적인 연습에도 불구하고 학습능률이 더 이상 오르지 않고 제자리걸음을 하는 시간을 잠시 가지게 한다. 이러한 상태를 학습의 고원현상이라고 한다.

고원현상이 발생하는 이유는 다음과 같다.

· 학습과제에 대한 실망과 흥미의 상실
· 학습과제에 곤란도 증가
· 나쁜 습관의 고집 또는 형성
· 주의의 이동
· 과제의 일부분에 신경을 집중한 경우
· 적합한 학습방법 채택의 실패

학습자는 이 단계에서 정체하여 연습을 포기할 수도 있다. 이 사실은 학습지도에서 학습자의 형편에 따라 과제곤란도, 시간길이, 분량 등이 조정되어야 함을 나타낸다.

(2) 연습 방법

① 집중학습과 분산학습

a. 집중학습

집중학습은 연습과정에 있어서 도중에 휴식이 없이 연속적으로 반복 연습하는 것을 의미한다. 집중학습이 필요한 경우는 학습과제가 유의성이 있고 통찰학습이 가능한 경우이며 과거의 학습효과가 적극적인 전이가 용이한 경우이다. 또한 이미 학습된 기능이 어느 정도 망각이 일어난다 해도 높은 수준의 효과를 이루고 있을 경우이다. 연습기간이 장기간 연장되어도 생산적인 결과를 필요로 한 경우이다.

집중학습이 유리한 경우는 학습준비라든가 준비운동을 하기 위하여 일정한 기간을 필요로 하는 경우, 분산적 학습을 하면 너무 오랜 휴식시간을 두게 되어 망각현상이 생긴다든지, 휴식 후의 시행이 전혀 새로운 시행으로 되는 경우이며, 반응이 변화하는 것을 필요로 하는 문제해결학습의 경우이다.

b. 분산학습

분산학습은 연습도중에 휴식을 넣어서 연습해 나가는 것을 말한다. 분산학습이 필요한 경우는 학습과제가 유의성이 없고 학습내용이 곤란하고 복잡하며, 학습의 초보단계일 경우이며 또한 동기유발이 낮고 많은 노력과 시간이 투입되어야 할 경우이다.

② 전습법과 분습법

a. 전습법

전습법은 학습내용이나 기술을 한꺼번에 학습하는 방법이다. 전습법이 필요한 경우는 다음과 같다.

- 학습과제가 비교적 유의성이 있고 통찰학습이 가능한 경우
- 과거의 학습효과가 적극적인 전이가 용이한 경우
- 이미 학습된 기능이 어느 정도 망각이 일어난다고 하더라도 높은 수준의 효과를 이루고 있을 경우
- 잘 알려진 지식과 기능을 숙달하기 위한 고도의 요구가 있을 경우
- 연습기간이 장기간 연장되어도 생산적인 결과를 필요로 하는 경우

b. 분습법

분습법은 학습내용이나 기술을 몇 개의 단위로 나누어 학습하는 방법이다. 분습법은 순수분습법, 점진적 분습법, 반복적 분습법으로 나누어 볼 수 있다.

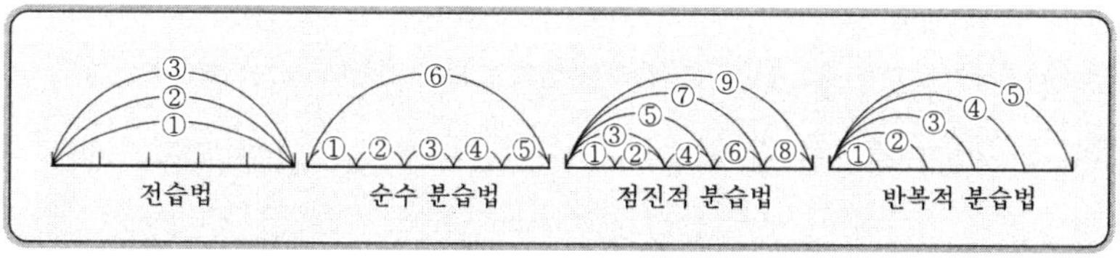

전습법과 분습법의 학습순서

③ 암송법

암송이란, 학습이나 연습 가운데서 가장 단순한 기억방법에 속하는 것이다. 학습 자료를 암기한 후에 보지 않고 외우는 것으로서 가장 초보적이며 비능률적인 학습방법이다. 암송이 필요한 경우는 보충적인 연습의 필요시 보다 좋은 분습 학습이 허용될 때, 자료의 유의성이 있을 때, 진보·개선에 대한 확신을 주어 유인으로서 기여하게 될 때 등을

들 수 있다.

6. 불안

불안(anxiety)에 대한 개념을 보면, 첫째, 불안은 인간이 탄생하면서부터 자아와 삶을 영위해야 하는 환경내의 관계에 의해서 가지게 되는 것으로 인간에서 떨쳐버릴 수 없는 숙명적 견해이다. 프로이트는 이것을 출생외상(birth trauma)이라고 하였는데 그는 인간은 모태 내에서 이 세상으로 나올 때 이미 출생외상이라고 하는 커다란 역경을 체험하게 되고 이 때부터 인간은 불안을 인지하게 된다고 하였다. 둘째, 불안은 생활과정 속에서 학습에 의해 습득된다는 것이다. 이것은 타인의 위험이 학습되고 어떠한 위험한 자극에 대해서 조건화의 과정을 통하여 위험을 경험하게 되는 데서 불안이 생긴다는 것으로 학습에 기초를 두고 있다. 불안의 개념을 분석한 마우라(Mourer)는 생체가 위험신호를 지각하고 그 위험을 예상함으로써 생기는 조건화된 불안이라고 했다. 셋째, 불안은 인간관계에 의해서 생기는 오해나 갈등, 사고의 대응, 고립이나 적대감정도 불안을 초래한다는 것이다. 넷째, 불안은 엄격한 인격화와 열등의식에 의해 생긴다고 할 수 있다. 프로이트의 이론에 의하면 초자아가 강렬한 성격의 소유자는 도덕적 가치기준이 높기 때문에 현실에서 도덕적 불안을 쉽게 체험하게 된다는 것이다. 또 한편으로 능력의 한계에서 나타나는 열등감에서 불안이 생긴다는 것이다. 다섯째, 불안이란 정서적 긴장(stress)이 적정한 배출구를 찾지 못하고, 이것이 축적되어 습관적인 긴장상태로 남게 될 때 발생하는 것이다(주영숙 외, 1976).

결국, 불안이란 개인적으로 감당하기 힘든 내·외적 자극에 의해 생기는 공포, 걱정, 생리적 긴장과 같은 심리적 동요 상태로서 일종의 긴장상태라 할 수 있다. 막연하게 느껴지는 불안은 구체적인 대상이 없다는 점에서 공포와는 구분이 되며, 불안이 계속되면서 적절히 해소되지 않으면 불안 자체가 위험 요소가 되어 각종 신체적, 정신적 문제를 가져올 수도 있다.

이러한 불안은 일반적으로 개인적인 성격으로 굳어진 평소에 불안감이 높은 사람과 어떤 특수한 상황(예: 시험, 면접)에 봉착하면 불안감이 높게 나타나는 사람이 있다. 전자를 특성불안(일반불안)이라 하고 후자를 상태불안(특수불안)이라 한다.

연구결과에 의하면 불안은 학습과 밀접한 관계가 있는 것으로 보고되어 있다. 대개 단순한 내용의 학습을 할 경우에는 불안수준이 높은 학생이 긴장감이 없는 학생보다 더 공부를 잘하는 것으로 나타났다. 그러나 복잡한 내용의 학습을 할 경우에는 불안이 학습에 지장을 주는 것으로 알려져 있다. '시험불안'이란 '시험'을 보는 상황을 하나의 위협적 상황이라고 지각하여 지나치게 불안감을 느끼는 상태를 말한다.

이와 같이 적정 수준의 불안은 학습활동을 촉진시켜 주지만 불안이 아주 높거나 낮아지면 학습에 대한 열의를 잃게 되고, 매우 높은 경우에 다다르면 흥분상태에서 서두르게 되어 사고 작용이 흐트러져 학습의 능률과 효과가 떨어진다고 볼 수 있다.

7. 학업부진

학업부진은 자아개념 손상, 신체질병, 정신문제, 부모와의 관계악화, 좌절에 의한 비행과 탈선과 같은 여러 가지 문제의 원인으로 작용한다(김계현, 1997).

신체적 · 신경학적으로는 학습의 문제가 없으리라고 보이지만 결과적으로는 학습문제가 나타나는 경우를 학업부진이라 한다. 예컨대 순수하게 심리적인 학습동기의 결여, 학습기회의 부족, 부적절한 교육 등과 관련된 학습문제를 지칭하는 것이다.

학업부진의 요인을 김계현(1997)은 선수학습이 결핍되었거나, 학습동기의 결여, 가정환경의 문제, 또래집단의 영향, 비효과적인 공부방법, 교사, 정신건강 문제 등으로 보았다. 간단하게 요약해 보면 다음과 같다.

① 선수학습의 결핍

거의 대부분이 집단교육인 학교교육의 교육과정은 쉬운 내용에서 어려운 내용으로 발전하도록 구성되어 있다. 따라서 한 시점에서 중요한 내용을 제대로 학습하지 못하면 그 이후의 내용을 학습할 수 없는 문제가 종종 생긴다. 수업이 고도로 개별화되어 있다면 이런 문제를 극복하기가 수월하지만 그렇지 못한 현실에서는 선수학습의 결핍은 종종 회복하기 어려운 학업문제를 일으킨다. 한번 생긴 학습의 결핍은 현재의 학업 부진을 야기하고 현재의 학업부진은 다시 미래의 학습 결핍으로 작용한다. 이런 현상이 반복될 때 누적된 학습 결손을 야기하게 된다.

② 학습동기의 결여

학습동기는 공부할 과제에 대한 흥미, 의욕, 관심 등을 포괄하는 일반적인 개념으로 이 같은 정의적인 학습 시발(始發) 행동이 결여될 경우 학습 그 자체에 관심을 가지지 못하고 소홀히 하므로 학업부진이 야기된다.

③ 가정환경의 문제

지적 발달과 관련된 가정환경 요인으로는 유아기의 감각적 자극 경험, 영양상태, 양육방법(예: 강화 및 처벌의 방법), 인지적 학습에 대한 성취기대나 압력의 정도 등이 중요하게 다루어져 왔다. 그리고 가정에서 사용하는 언어의 특징도 아동의 지적 발달에 영향을 준다고 알려져 있다. 가정환경이 학업에 부정적인 영향으로 작용할 때 학업부진이 발생할 수 있다.

④ 또래집단의 영향

어떤 친구를 사귀는가가 학업과 관련이 깊다는 것은 많은 부모와 교사들이 가지고 있는 가설이다. 연구방법의 곤란으로 인해 과학적 연구가 별로 수행되지 않았지만 이 가설은 신중하게 검증될 필요가 있어 보인다. 공부하지 않고 놀기를 좋아하거나 비행친구들과 어울리면 공부에 투입하는 시간이 감소하여 학업성적이 하락하는 결과가 생기는 것 같다. 그리고 노는 아이들 간에는 공부하는 행동보다는 비행이 더 영웅시되고 선택되어진다. 불량한 친구관계가 한두 사람과의 관계를 넘어서서 서클, 즉 집단에 가입하는 경우 상태는 더욱 나빠지고 지도에 의한 개선이 더욱 어려워지는 것으로 보인다. 또한 학교의 전통이나 전체 분위기가 학업성취를 과소평가하는 경우에도 문제가 될 것이다.

⑤ 비효과적인 공부방법

공부방법은 시간관리방법, 주의집중, 독서방법, 시험준비 및 시험 보는 요령, 예습·복습방법, 노트필기 방법 등과 관련이 있다. 지적수준이 아니라 공부방법이 비효과적이어서 학업부진이 생길 수 있다.

⑥ 교사

교사가 학생을 어떤 시선으로 바라보는가가 학생의 성적은 물론 지능발달에까지 영향을 줄 수 있다는 연구결과가 있다(이성진, 1995). 그리고 학생이 교사에게 느끼는 호오(好惡) 감정이 그 교사가 가르치는 교과목에 대한 흥미와 학습행동에 영향을 미친다고 믿는 예는 수 없이 많다.

⑦ 상습적 지각

간혹 한두 번 지각하는 것은 문제가 되지 않지만, 습관적으로 지각하는 것은 문제가 된다. 지각을 하는 이유가 무엇이건 간에, 지각을 하면 교사로부터 제재를 받게 되며 다른 학생들로부터 부정적인 시선을 받게 되기 때문이다. 상습적으로 지각을 하게 되는 원인들에는 아래와 같은 것들이 있을 수 있다(서울시 교육연구원, 1992). 정확한 상습적 지각의 원인 규명이 선행되어야 효율적인 지도를 할 수 있을 것이다.

- 불규칙한 생활습관, 불규칙적인 취침시간 및 기상시간
- 책임감 부족, 시간관념, 학생의 의무와 책임에 대한 의식 부족

- 생활 스케줄의 문제 : 늦게 자고 늦게 일어남
- 강박증
- 학교에 대한 부정적 태도
- 산만함 : 등교 도중 여러 가지 일에 정신이 팔림

⑧ 집단따돌림 : 왕따

학급이나 학교에서 집단적으로 미움을 받는 학생이 우리 사회의 큰 문제로 대두되고 있다. 심리적 또는 신체적인 가해로 인해 고통받는 청소년이 상당수 있는 것으로 파악되고 있으나, 이에 대한 적절한 대응이 이루어지지 못하고 있다. 집단따돌림은 중·고등학생 뿐 아니라 초등학생까지 문제시되고 있다.

우리나라 청소년들의 따돌리기 방법은 주로 등·하교 길에 자기네끼리만 가기, 전혀 말을 걸지 않고 상대하지 않기, 쉬는 시간에 같이 놀아주지 않기, 점심시간에 밥을 같이 먹지 않기, 부탁할 때마다 거절하기, 별명을 부르거나 조롱하기, 물어 봐도 대답하지 않고 쳐다보지 않기 등과 같이 적극적 괴롭힘보다는 상대하지 않거나 고립시키는 방법을 주로 사용하는 것으로 나타났다.

제6장

정 신 건 강

1. 정신건강 개념
2. 정신건강 요인
3. 성격 이론
4. 도덕성 이론
5. 대인관계와 의사소통
6. 스트레스
7. 친구 만들기
8. 이성 관계

1. 정신건강 개념

건강은 육체와 정신의 불가분의 관계로 총체적으로 볼 수 있다. 신체적 건강과 정신적 건강은 별개가 아니라 전인(全人)으로서 적극적으로 인간의 유능성과 효율성을 키워나가며 생산적이고 기능적인, 궁극적으로는 의미 있고 행복한 삶을 살 수 있는 상태이다.

현대사회는 급격한 사회변화와 이에 따르는 사회구조 및 가족구조의 변화, 개인의 가치관 변화 그리고 대인관계에서의 대립과 갈등, 심한 경쟁 등으로 인해 심한 불안과 혼란, 상당한 스트레스 속에서 삶을 살아간다고 해도 과언이 아니다. 이러한 상황에서 근래에는 정신적 불안정이나 적응곤란 문제로 야기되고 있다. 따라서 정신이 건강하지 못하면 행복한 삶을 기대하기 어렵기에, 정신 건강을 유지하여 사회 속에서 최적의 적응을 하며 자신의 삶을 성공적으로 이끌어 나가야 될 것이다.

학생들 입장에서 보면, 시험이나 경쟁상황 등 주로 학업성취와 관련된 요인, 학생들 간의 갈등, 교사와의 관계, 가정에서의 문제 등과 같은 다양한 요인들로 인해 심한 스트레스를 경험하게 된다. 그 결과 우울, 불안, 좌절, 고통 그리고 가정, 학교생활 등 사회부적응으로 방황하거나 비행을 저지름으로써 도덕성 상실, 청소년비행문제 등 사회문제가 야기되고 있는 실정이다.

이와 같이 정신건강(mental health)의 문제는 학교생활이나 전반적인 일상생활에까지 영향을 주게 된다. 현재 우리나라는 청소년들의 자살이 해마다 급증하고 있다. 자살의 이유는 가정문제가 가장 많았고, 성적불량, 이성문제, 염세비관 등이 있다. 이처럼 해마다 급증하는 청소년의 자살문제는 학교교육에서 정신건강의 문제를 보다 심각하게 받아들이고 체계적인 프로그램을 운영할 필요가 있음을 보여준다.

정신문제가 정신 질환에 대한 미신적 이해에서 벗어나 과학적 태도로 이해하려는 노력은 1793년 프랑스 비세트르(Bicetre)병원에 의사로 부임한 피넬(Philippe Pinel, 1745~1826)이 환자들을 치료하기 위해 주위의 반대를 무릅쓰고 정신병자들의 묶여 있던 쇠사슬을 풀어주고, 자유롭게 산책하게 하였으며, 편안하고 위생적인 주거공간을 마련해 주면서 개방치료를 시도하면서 시작되었다. 이후 20세기에 접어들면서 정신문제는 눈부시게 발전하여 근래에는 정상적인 사람의 정신상태를 설명하는 데에까지 일반적으로 사용되고 있다.

정신건강의 목적은 무엇보다도 정신적인 질병이나 건강하지 못한 상태를 예방하고 더 나아가 건강 상태를 증진시키려는 데 있다고 할 수 있다.

미국의 정신위생위원회(National Committee for Mental Hygiene)에서는 정신건강을 '정신적 질병에 걸려 있지 않은 상태뿐 아니라 만족스러운 인간관계를 형성하고 이를 유지해 나갈 수 있는 능력'으로 정의한다. 이는 모든 종류의 개인적・사회적 적응을 포함하여, 어떠한 환경에도 대처해 나갈 수 있는 건전하고, 균형 있는 통합된 성격의 발달을 의미한다.

1974년 세계보건기구(WHO)에서는 '건강이란 다만 질병이나 불구의 상태가 아닌 것만을 의미하는 것이 아니라 신체적・심리적・사회적으로 만족한 안녕의 상태가 유지되는 것'이라고 규정하고 건강의 범위를 확대하여 고려하고 있음을 알 수 있다.

이러한 측면에서 건강의 개념은 일상적으로 단지 질병이 없고 신체에 이상이 없는 것이라는 과거 협의의 개념으로부터 확대되어 신체적・정신적・정서적・사회적 측면뿐만 아니라 더 나아가서 가치적・윤리적인 측면까지도 포함하여 개인의 전인적 능력을 주위 환경에 잘 적응시키면서 최대로 발휘할 수 있는 상태라는 광의의 개념으로 발전하고 있다.

정신이 건강한 사람은 생활환경을 바르게 인지하고 잘 적응하기 위해 노력한다. 갈등이나 좌절, 스트레스와 같이 적응을 요하는 문제 상황에서 합리적인 방법으로 잘 대처하지만 반면, 그렇지 못한 사람은 성공적인 적응을 하지 못하고, 비합리적인 방법을 사용하거나 문제 또는 정신질환을 일으키기도 한다.

흔히 정신건강의 개념과 정신위생을 동의어로 많이 사용되는 경향이 있다. 그러나 정신위생(mental hygiene)은 활동적 측면을 강조한 말로서 정신건강을 증진시키거나 정신질환을 사전에 예방하기 위해서 필요한 조건을 구비하거나 혹은 어떤 활동을 수행하는 위생학의 한 분과를 의미한다(서울대 교육연구소, 1994). 즉 인간이 원하는 목표가 나름대로 달성된 이상적인 상태가 정신건강이라면, 정신건강을 유지하기 위해 스스로의 노력과 일상생활에서의 최적의 적응과 원만한 인간관계를 유지해 나가기 위한 정신건강의 적극적이고 실천적인 자세가 정신위생이다.

심리학자 야호다(Jahoda)는 정신적 건강의 특징을 포괄적으로 다루고 있다.

첫째, 자아정체감 : 자신을 좀더 객관적으로 바라볼 수 있는 태도로 자신의 장점과 단점을 있는 그대로 수용함으로써 자신이 다른 사람과 다르다는 인식을 포함한다. 즉 자기를 의식화하여 행동하고, 때로는 자아개념을 수정하기도 하며, 자아정체감을 갖고 있다.

둘째, 자아실현 : 인간은 충분히 기능할 수 있는, 그래서 무엇이든 될 수 있는 잠재능력을 가지고 태어난다. 따라서 자기의 잠재적 가능성을 실현하는 것을 말한다.

셋째, 통합력 : 인격의 통합성으로 정신적으로 균형 잡혀 있고, 삶에 대한 통합적인 노력을 하며 스트레스 상황에서도 항상 안정된 행동을 한다.

넷째, 자율성 : 개인이 환경으로부터 독립하여 자기결정력을 갖고 있는가의 여부와 관련된 것으로 이러한 자율성이 있음으로 해서 적극적이고 능동적인 환경에의 반응이 가능하다.

다섯째, 현실 지각능력 : 현실에 대한 적합한 지각으로서 자기를 둘러싼 외부 환경에 대하여 어느 정도 정확하고 객관적으로 지각하고 이해하느냐의 문제와 관련된다. 현실에 대한 적합한 지각이 부족하다면 그 상황에 맞는 적합하고 적응된 행동을 할 수 없을 것이다.

여섯째, 환경 적응능력 : 대인관계가 적절하고, 환경에의 적응능력 및 조정능력도 있으며, 사랑할 수 있는 능력도 있고, 문제 해결에서도 효율성을 보인다.

그리고 월만(Wolman) 등은 정신건강의 개념을 정의하는데 고려해야 할 요소를 다음과 같이 설명하고 있다.

첫째, 성취 동기화요소 : 개인을 정신적·육체적으로 건강하게 발달시켜 주어진 과제를 수행하도록 동기화된 상태를 말한다.

둘째, 정서적 균형요소 : 외부의 자극에 대해 정서적 반응을 할 수 있는 상태를 갖추어야 한다는 것이다. 정서적으로 균형 잡힌 개인은 자신의 감정을 통제할 수 있는 반면 정서적으로 불균형한 개인은 무시할 만한 자극에도 과격한 행동을 보이며 감정을 다스리지 못한다.

셋째, 인지적 기능요소 : 외부세계에서 일어나고 있는 내용이나 자신의 신경상태를 바르게 인지하고 있음을 의미한다. 정신이 건강하지 못한 개인은 외부의 위험을 과대평가하고 현실을 구별하지 못한다.

넷째, 사회적 적응요소 : 타인에 대해 이성적 행동을 할 수 있고 때로는 자기방어적이기도 하며 상호적 관계와 박애적인 신념을 가질 수 있는 능력을 말한다.

다섯째, 자아 존중감요소 : 자신의 가치에 대한 인정을 의미하며, 자존감이 높은 개인은 남에게 의존하려는 성향이 낮고 자신의 능력·노력·성과를 중요하게 생각한다.

이상의 조건을 종합해 보면, 정신이 건강한 사람은 자신의 잠재적 능력을 보다 효율적으로 최대한 발휘하며 직면한 어려움을 극복할 수 있는 힘을 가지고 있다. 자기를 있는 그대로 수용하고 현실을 직시할 수 있는 사람으로 자신의 생리학적, 생태체계망적, 생활환경적인 면에서 그 한계를 이해하고 자신을 과대평가나 과소평가하지 않는다. 긍정적인 사고관을 가지고 감정과 이성이 조화와 균형을 이루고 정서적으로 안정 되어 있다. 그리고 자기 주변의 생활환경을 바르게 인지하고 잘 적응하며, 능동적이고 생산적으로 스스로를 개선·발전시켜 나갈 수 있는 조화롭고 통합된 인간을 뜻한다.

정신이 건강한 사람들은 현재를 중심으로 효율적이고 충실하게 살아갈 수 있는 시간 유능성을 가진다. 과거나 미래를 현재중심으로 통합하고 현재에 충실하며 자신의 신념에 따라 자율적인 삶을 살아가는 사람이다. 또한 타인과 원만한 관계를 맺으며 자신의 부족함 때문에 타인의 시선을 지나치게 의식하거나 타율적으로 타인의 말에 따라 움직이지 않는다. 그러나 정신이 건강하지 못한 사람들은 현재보다는 과거에 집착함으로써 후회, 미련, 원한을 가지고 살거나 아직 오지 않은 미래에 대한 지나친 기대나 환상만으로 살아가는 경향이 있다.

결국, 정신건강은 건전한 개인생활의 유지와 원만한 대인관계 그리고 성숙한 사회생활로 자아실현의 기초가 되는 개념이다. 그러나 정신건강은 불건강 혹은 정상과 이상에 대한 개념으로 대비해서 명확하게 구분할 수 있는 특성이 아니다. 그것은 어떤 입장에서 고려되느냐에 따라 다르기 때문에 보다 본질적이고, 가치적이면서 기능적 수준의 측면이 동시에 고려되어야 한다.

2. 정신건강의 요인

정신건강의 요소로 자기통제, 자아존중, 성장추구, 스트레스에 대한 대처 즉 인간 내면적인 것으로서 정서적인 작용뿐만 아니라 원만한 대인관계, 환경에 대한 적응 및 지배가 포함된다. 이와 같은 맥락에서 일부에서는 정신건강을 '적응' 또는 '건전한 성격'이라는 말을 사용하기도 한다. 개인의 정신건강에 영향을 주는 요인들은 매우 다양하며 서로 복잡하게 얽혀서 상호작용하므로 어떤 요인이 개인의 정신건강에 어떻게 작용하는지에 관한 인과관계를 명확히 설명하기 어려우나 대체로 정신건강은 다음과 같은 요인들과 밀접한 관련이 있다.

(1) 신체와 정신관계에 의한 정신건강

최근의 생리심리학이나 신경심리학에서는 신체와 정신이 양분될 수 없다는 입장을 보이고 있다. 이러한 입장은 신체적 · 정신적 요인이 서로 관련되어 있다는 의미로, 신체적 결함이 심리적 · 정서적으로 반영되는가 하면 정서적 긴장 또한 신체적 기능에 그대로 나타나는 경우가 흔히 있다.

첫째, 신체적 건강상태가 정신에 영향을 미친다는 점이다. 이는 정신의 문제가 신체의 문제에 근거함을 의미하는 것으로 지각 · 사고 · 감정 등을 포함한 정신은 대뇌와 간뇌, 그리고 말초신경 등의 신경계통에 의해 기능한다. 특히 정신의 발달이나 기능은 뇌와 밀접한 연관이 있고, 뇌 자체의 질병이나 외상뿐 아니라 뇌의 기능에 영향을 주는 모든 신체적 조건도 정신현상에 영향을 주어 정신적으로 건강하지 못한 상태가 될 수 있다. 따라서 인간의 신체적 상태나 조건은 정신건강에 깊이 관여되어 있다.

둘째, 정신상태가 신체건강에 영향을 미친다는 점이다. 심리적 · 정서적 요인이 원인이 되어 신체적 질환을 야기하는 정신신체장애, 심인성 질환이 나타난다. 우리가 경험하는 심한 공포, 분노, 혹은 과도한 스트레스 등으로 흥분이나 우울 등의 정서는 모두가 자율신경계에 영향을 미치고 그에 따라 내분비선의 분비를 억제한다. 따라서 소화액의 분비를 방해하며 혈액의 분포, 혈류의 속도, 또는 호흡 따위에 변화를 가져올 뿐만 아니라 명확한 사고와 감각의 운동 기관 간의 활동을 저지하게 된다. 예컨대 심한 걱정이나 근심이 있을 때 식욕이 떨어지거니와 소화도 안 되고, 잠도 잘못 자는 것과 심한 정서가 야기된 후에는 심신이 지치거나 나른하게 되는 경우를 경험하게 된다. 또한 신경이 예민해졌을 때나 긴장이 심할 경우 사고가 잘 되지 않고 기억도 잘 되지 않는다. 이러한 불쾌한 심리·정서가 여러 가지 반응으로 나타나는 것은 정신력을 집중시키는 마음 준비로 적응의 일환으로 볼 수 있다. 그러나 장기적, 누적적으로 경험하게 된다면 질병의 직접적인 원인이 된다.

(2) 인간발달과 정신건강

인간발달과 정신건강은 발달의 각 단계에 따라 밀접한 관계를 맺고 있다. 프로이트의 정신분석학적인 입장에서는 발달단계 중 유아기의 중요성을 강조하였고, 에릭슨의 사회심리학에서는 자아정체감에 의한 청소년기의 위기경험을 중요시하고 있다. 또한 헤비거스트는 인간발달에는 각 단계에 반드시 습득해야 할 과업이 있으며 이를 훌륭하게 성취하면 다음 단계에 적응력이 생기고 정신적으로 건강할 수 있으나, 그렇지 않으면 부적응 상태에 처하게 된다고 보면서 각 발달단계에서의 발달과업을 중요시 하였다.

학자들의 이론에 따라 각 발달단계마다 강조점은 다르나 정신건강에 영향을 주는 요인들이 발단단계별로 겪게 되는 다양한 경험에 의해 형성된다는 점이 고려된다.

(3) 가정환경과 정신건강

정신건강의 요인 중 가정환경의 문제는 가족구성원 상호 간의 관계로서 부모의 부부관계, 부모-자녀관계, 형제관계와 가정의 분위기, 가정의 사회경제적 지위에 따른 가족문화 등이 개인의 정신건강에 깊이 관여되어 있다.

부모의 사망, 별거, 이혼, 재혼 등과 같은 가족구조의 변동이 정신건강에 영향을 주며, 생활환경의 변화, 부모의 잦은 말다툼과 폭행, 가족

간의 불신, 배타적 태도 등과 같은 상호작용 또한 자녀들의 정신건강에 부정적인 영향을 준다.

영·유아기의 가정환경과 초기 환경에서의 경험이 인간의 지능을 결정하는 중요한 원인이 되고(Hunt, 1961), 이러한 인지적 발달은 다시 정의적인 특성과 상호작용하게 된다(Bloom, 1967). 예를 들면 아동의 성격형성에 미치는 가족의 영향과 부모의 양육태도는 매우 밀접한 관계가 있다. 부모의 거부적 태도, 자녀에 대한 과대평가, 지나친 기대, 과보호, 방임적 태도, 과격한 부모의 성격 등과 같은 부모의 태도와 행동은 자녀의 바람직하지 못한 심리적 행동특성의 원인이 되어 아동의 적응곤란, 신경증, 공격성, 정서불안 등의 특성을 나타낸다. 즉 부모의 무관심과 애정의 결핍은 공격적이고, 활기가 없으며, 항상 우울해 있고, 대인관계에 문제가 발생한다. 부모의 거부배척적 태도의 분위기에서 성장하게 되면 비행청소년이 되고, 성격 파탄자가 되어 끔직한 사건들을 유발하는 등 사회문제를 일으키기 쉽다. 과잉보호 속에서 성장한 어린이들은 자기조절과 통제가 결여되어 모든 것을 자기중심적으로 생각하고, 인내심이 부족하고, 사람들의 주목을 항상 얻으려고 행동한다. 또한 적절한 좌절의 경험을 갖지 못하고 성장하여 약간의 문제에 당면해도 곧잘 좌절과 실망을 느낀다. 과잉통제 속에서 성장하면 권위에 무조건 복종하거나 겉으로는 순종하면서 내면으로는 권위에 분노하거나 저항하며 적개심을 가지게 된다. 과잉보호나 과잉통제의 경우 그들의 기대와 희망이 무산되었을 때에는 심한 우울증이나 과도한 증오로 그것을 보상하는 경우도 있다.

이와 같이 가정과 정신건강의 관련성은 특히 친자 간의 관계에서 부모의 태도의 질이다. 따라서 부모와의 관계가 원만하지 못한 가정환경에서 성장한 사람은 인격발달의 측면에서 충동을 조절하지 못하여 자아나 초자아의 형성에 실패하고, 동일시 대상의 왜곡과 상실로 인해 성장과정에서 정신병이나 신경증을 겪게 될 확률이 높아진다. 그리고 가정을 통해 인간 상호관계, 특히 초기 가정 환경내에서의 부모나 형제

간의 관계가 사회생활에 영향을 주며, 가정생활의 실패는 더 나아가 사회적응에까지 직접적인 영향을 미치게 되어 실패할 가능성이 커진다(임규혁, 2005).

(4) 학교환경과 정신건강

학교생활 역시 정신건강의 중요한 요인으로 학업성취, 학교문화에 대한 적응, 교사와의 관계 그리고 교우관계 등에 밀접하게 연관되어 있다.

스트링거(Stringer)와 글리드웰(Glidewell)은 학교 학습에 있어서 학업성취와 정신건강 사이에 유의한 상관이 있고, 정신건강 증세의 약 2/3 정도가 학업성적 때문임을 보고하고 있다. 초등학생의 경우, 학업성적이 4-5년 정도 우수하게 지속되면 학습자는 학습상황과 자신에 대해 적합하다는 느낌을 갖게 되고, 그럼으로써 정신적 질병에 강한 면역성을 갖게 된다. 그러나 계속적인 실패의 경험은 자신에 대한 부적합의 느낌을 누적시켜 정신건강에 부정적인 영향을 주게 된다(Carroll, 1969). 결국 학업성적이 좋을수록 학교생활에 더 잘 적응한다. 학교생활 전반에 걸쳐 자신감과 우월감을 갖고 생활하게 되며 학교 내에서도 허용적인 태도를 보이기 때문에 학교생활에 더 잘 적응하는 것이라고 생각한다(최지은 외, 2003).

그리고 교사가 학생들에게 작용하는 교사의 교육적인 태도에 의한 성격적인 반응형태가 학생들에게 매우 민감하게 받아들여지고 있다. 한편 학교의 물리적 환경 또한 학생들의 정신건강에 중요한 영향을 미치고 있다. 물리적 환경의 구성요소는 광선, 온도, 기류, 건물, 도로, 소음 등이며 이러한 환경요소들은 대부분 인간과 관계를 맺고 상호작용하여 인간의 행동변화에 작용한다(임규혁, 2005).

(5) 교우관계와 정신건강

일반적으로 학생들은 동료 친구들과의 관계를 매우 중요하게 생각한다. 교우관계의 성패여부는 지적인 면과 성격적인 면의 양 측면으로부터 영향을 받으며(Mussen, 1973), 정신건강에도 문제가 초래될 수 있다.

부모와 떨어지면서 또래, 친구와 함께 하는 시간이 점차 많아진다. 또한 성장하면서 친구 관계는 절친함에 있어서 부모들보다 친구들에게 더 의존적이다. 때로는 진취적이고 탐구적 혹은 탐색적인 특성으로 나타나기도 하지만 반면에 공격적이며 폭력직이어서 반사회적 특성으로 발전함을 볼 수 있다. 이는 집단의 특성에 영향을 받은 결과로 지적될 수 있는 것으로 친구 혹은 동년배집단이 성격형성이나 행동특성에 유형, 무형으로 작용하는 것을 의미하는 것이다.

최근에 '집단 따돌림'으로 학급의 일부 혹은 전체 학생으로부터 고립되어 학교에 가기를 싫어하고 정신과 치료를 받아야 할 정도의 신경쇠약에 걸리거나 심지어 자살에 이르는 경우도 있다. 따라서 학교생활에서 학생들 간의 사회적 관계의 성공여부는 학업성취 요인 이상 중요한 의미를 갖는다.

학생 간의 사회적 관계를 연구할 수 있는 대표적인 방법이 사회측정방법이다. 이 방법은 집단 내 또는 학급 내에서 학생들 사이에 존재하는 수용과 거부의 유형을 측정하여, 학생 간의 사회적 관계를 분석하는 것이다. 이러한 방법을 사용한 연구들은 가장 문제가 되는 아동을 학교에서 사회적 관계를 실패한 고립아동이라고 밝히고 있다. 고립아동은 학년이 높아질수록 더 많이 나타나고 있다. 이러한 현상의 원인은 학년이 높아질수록 학업에서의 경쟁의식, 긴장의식과 자아존중감 등의 심리적 현상으로 인해 교우 간에 배타적인 면을 보이기 때문이라고 생각할 수 있다.

3. 성격 이론

꽃들이 저마다 모양과 색깔, 향기를 달리하듯 우리 인간도 모두 개개인의 고유한 성격과 행동양식으로 삶을 살아간다. 자기만의 고유한 사고와 감정, 행동이 그 삶의 생활습관으로 정착될 때 우리는 그것을 개성이라 하고 성격이나 인성의 대표적인 특질로 간주한다.

성격이란 personality에 해당하는 것으로 이 말의 어원은 라틴어의 persona에서 유래되었다. per(……을 통하여), sonare(말하다, 나타내다)라는 말의 합성어로서 가면(마스크)을 의미한다. 로마시대의 배우들이 그들의 배역에 따라 가면을 사용하며 개인의 특성을 나타내었던 것처럼 개인의 고유한 특징을 나타낸다는 말로 이해될 수 있다. personality는 심리학 분야에서는 성격, 정신의학 분야에서는 인격, 교육학에서는 인성이라 번역하기도 한다.

성격에 대한 여러 학자들의 견해 차이는 있으나 공통점으로 몇 가지로 요약될 수 있다.

첫째, 사람마다 각각 생리적·환경적 요소가 다르기 때문에 성격에 있어서도 차이가 있다.

둘째, 성격은 일관성과 지속성이 있어 성격적 특성에 따라 고유하고 일관된 반응 양식을 나타낸다.

셋째, 성격적 특징은 대인 관계에서 나타나는 개인의 인상이다.

넷째, 성격은 환경에 적응하는 반응 양식을 결정해 주는 생리적·정신적 측면이 있다.

다섯째, 성격은 성장함에 따라서 형성되며, 환경이나 학습 등의 조건에 따라 변화될 수 있다.

따라서 성격은 개인이 환경과 상호작용하면서 나타내는 독특하고 일관성 있는 사고, 정서, 행동의 표현양식 또는 고유한 적응방식이다. 이러한 성격은 선천적으로 타고난 가질과 후천적으로 주어진 환경의 영향에 의해서, 그리고 개인의 가치관과 의지적 결단에 의해서 특징적으로 결정된다고 할 수 있다.

성격 이론은 크게 유형론, 특성론 및 발달이론으로 구분되고 있다.

유형론은 개인의 성격이나 기질을 몇 가지의 유형으로 나누고 그 유형에 따른 특성을 설명하려는 이론으로 크게 신체적 유형론과 심리적 유형론으로 나눌 수 있다. 신체적 유형론에는 아리스토텔레스(Aristoteles)의 성격분류학을 비롯하여 히포크라테스(Hippokrates)의 기질설 내지 체액설, 크레치머(Kretchmer)와 셸돈(Sheldon)의 체격유형론이 있고 동양에는 이제마의 사상의학(四象醫學) 등이 있다. 이들은 개인의 신체적, 생리적 특성과 심리적인 특성 간에는 선천적으로 밀접한 관련이 있어 개인의 성격은 신체적 유형에 따라 구별된다고 보는 견해이다. 한편 인간의 심리적인 유형에 관심을 가진 사람은 융(Jung)과 아이젱크(S. Eysenck)이다. 융은 개인이 외부세상과 사물에 대하여 주로 어떠한 방식으로 대응하며 어떻게 자신의 심리적 에너지를 소모하는가와 정신기능의 특질에 따라 개인적 특성을 유형화할 수 있다고 보았다. 아이젱크는 경험적 연구를 통하여 인간 성격에서 내향성-외향성의 차원 이외에도 정서적 안정성-불안정성(신경증적 성향)의 성격적 차원이 있다고 하였다. 이제마는 인간의 체형과 질병 및 심리적 특성 간에는 밀접한 관련이 있다고 주장하여 독특한 치료이론을 개발하였다.

특성이론은 대부분의 사람들에게서 흔히 발견될 수 있는 많은 성격적 특성을 범주화하여 기술하는 이론이다. 즉 개개인이 가지고 있는 다양한 속성들을 발견하고 그 속성을 구비한 비율에 따라 개인차를 이해하려는 입장을 취한다. 특성이란 다양한 장면에서 개인이 나타내는 지속적인 반응경향성이다. 예를 들면 '소심하다', '사교적이다', '공격적이다', '차분하다', '친절하다' 등으로 묘사된다. 이것은 누구나 공통적으로 가지고 있으며 다만 정도의 차이만 존재하는 성격적 특질을 말한다. 특성이론적 입장에서 성격을 이해라고 설명하는 대표적 학자로 올포트(G. Allport)와 카텔(J. Cattel) 등이 있다. 이들은 요인분석법에 의하여 개인의 성격적 특성 내지 경향성을 발견하고 기술함으로써 각 개인의 성격적 차이를 보다 분명하게 진술하고자 하였다.

발달이론은 개인의 발달이나 생활사를 강조하는 데 근거를 둔다. 즉 개인의 다양한 경험에 의하여 성격이 형성됨을 강조하였다. 대표적인 학자로 프로이트, 에릭슨 등을 들 수 있다.

(1) 프로이트의 심리성적 이론

프로이트

인간의 성격은 어린시절의 양육경험에 의하여 결정적으로 형성된다고 하는 것이 발달이론이다. 이러한 입장에서 프로이트는 성격이론을 처음으로 체계화한 학자이다.

프로이트(Sigmund Freud, 1856~1939)는 오스트리아의 신경과 의사로 그의 정신분석학은 정신의학과 심리학의 발달에 지대한 공헌을 하였다. 그는 병원에서 근무하면서 많은 환자를 접촉하였다. 이것이 계기가 되어 그는 정신 신경질환을 심리학적 관점에서 이해해야 한다는 것을 깨달았다. 프로이트는 히스테리증상의 환자가 과거에 겪은 외상적인 사건과 결부된다는 것을 발견하여 정신분석의 근본 법칙인 자유연상법을 개발하였다. 자유연상법은 편안하고 이완된 상태에서 생각나는 대로 자유롭게 말하게 함으로써 자기통찰을 하게 한다. 따라서 무의식 속에 깊이 숨어 있는 억압되어 있는 생각이나 감정을 의식으로 떠올려 치료하는 심리치료 기법이다. 그는 성적(性的) 갈등이 히스테리의 원인이라는 것을 증명하기 위해서 환자들과 자신의 무의식을 집중적으로 분석하였다. 그 결과에서 얻은 지식을 근거로 정신분석 이론의 기초를 이루는 개념들을 발전시켰다. 1900년에 발간된 '꿈의 해석'에서 자신의 꿈, 기억, 어린시절을 분석하였고 심리 세계는 무의식이 지배하고 있다고 주장하였다.

프로이트는 우리 인간이 믿고 있는 것처럼 인간은 이성적이고 논리적이며 지적인 존재가 아니고, 비이성적이고 때로는 자신도 알지 못하는 숨겨진 무의식적 동기에 의해 영향을 받는 존재라고 밝혔다. 그에 의하면 인간은 기본적인 생물학적 본능을 만족시키려는 욕망과 이것을 제약하는 도덕과 이상 사이에서 갈등하는 존재로 보았다. 그리고 인간의 성격은 출생해서 5~6세 이전 경험한 심리성적(psycho-sexual) 사건들에 의해서 결정되고 그 이후의 성장은 대부분이 기본적 구조가 정교화되는 과정이라고 생각하였다. 그러므로 인간은 무의식 속에 잠재해 있는 욕구들에 의하여 영향 받는 비합리적이고 운명론적인 존재라고 보았다.

① 의식과 전의식과 무의식

프로이트가 가장 위대한 공헌이라면 무의식의 개념과 의식의 수준에 관한 것이다.

프로이트는 성격을 빙산에 비유하여 물 위에 떠 있는 작은 부분이 의식이고, 물 속에 잠겨 있는 훨씬 더 큰 부분이 무의식이며, 파도에 의해 물 표면으로 나타나기도 하고, 잠기기도 하는 부분이 전의식이라고 보았다.

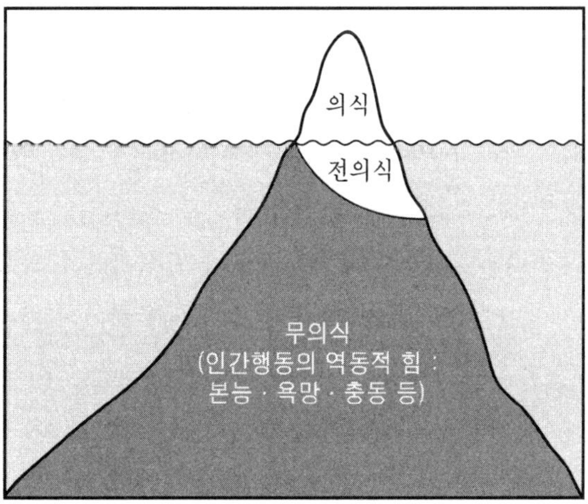

프로이트의 정신구조

여기서 의식은 자신이 주의를 기울이는 순간에 곧 알아차릴 수 있는 정신작용의 부분이고, 전의식은 주의를 집중하고 노력하면 의식이 될 수 있는 의식과 무의식을 연결하는 부분이며 무의식은 자신이 전혀 의식하지 못하는 부분이다. 그는 빙산의 대부분이 물속에 잠겨 있듯이 정신의 많은 부분은 의식의 표면 아래에 무의식으로서 존재하며, 인간 행동을 좌우하는 중요한 역동적 힘의 근원이라고 믿는다. 또한 사회적 관습상 용납되지 않는 본능, 욕망, 충동, 억압된 관념 및 감정이 무의식 속에 저장되어 있다고 보았다. 의식의 세계에 표출되기에 너무 위험한 욕망은 주로 변형된 모습으로 꿈과 실수 등을 통하여 나타난다고 하였다.

② 성격의 구조

프로이트에 정신분석학에 의하면 성격은 원초아(id), 자아(ego), 그리고 초자아(superego)로 구성되어 있다고 한다.

원초아는 성격의 가장 원초적인 부분으로서 생득적인 감각적 욕구를 충족시키기 위하여 쾌락의 원리에 따라 쾌(快)를 최대로 하고 고통을 최소로 한다. 원초아는 본능적 자아로서 전적으로 무의식 세계에 존재하며 세 가지 자아 중에서 가장 막대한 힘을 가지고, 현실세계와는 접촉이 전혀 없다. 이 본능은 주로 성적, 공격적, 비논리적, 맹목적으로 작용한다. 그러나 우리는 자신의 충동만을 따라서 살 수는 없다. 따라서 이와 같이 즉흥적인 충동을 억제케 하고 현실을 고려하도록 하는 것이 바로 자아이다. 의식과 무의식으로 구성된 자아는 1~3세경에 발달하기 시작하며, 현실원리에 따른다. 본능적 욕구를 충족하려는 원초아의 활동을 자아가 적당한 대상이 나타날 때까지 지연시키며 현실을 평가하고 판단하는 것이다. 즉 자아는 행동을 통제하고 환경의 성질을 파악하여 어떤 본능을 만족시킬지를 결정하고 판단하므로 이차 사고과정(secondary process thinking)이라고 한다. 초자아는 3~4세경이 되면서 발달되기 시작하고 사회에서 도덕적으로 옳다고 보는 기준에 맞게 행동하는 것이므로 사회적 원리를 따른다. 우리가 흔히 양심이라고 부르는 것과 자아-이상(ego-ideal)으로 구성된다. 자신의 잘못한 행동에 대해 죄책감을 느끼는 것이 양심이고, 자신의 잘한 행동에 대해 자부심을 느끼는 것이 자아이상이다. 이것은 주로 부모와 사회적 기준을 내면화하여 발달한다.

건전한 성격발달을 위해서는 원초아, 자아, 초자아가 하나의 협동체로서 균형을 이루어 전체로서 기능하여야 한다. 자아는 원초아의 본능적요구와 초자아의 도덕적 요구를 현실의 원리에 따라 중재역할로서 중요하다.

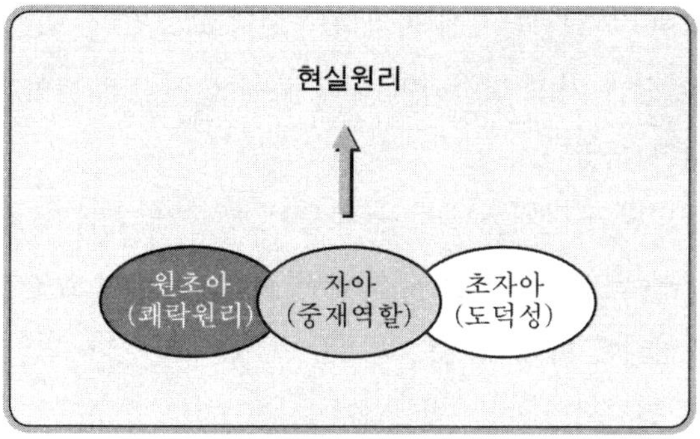

프로이트의 성격구조

③ 정신적 에너지, 리비도

프로이트는 삶의 본능과 성적 본능의 에너지를 리비도(libido)라고 하고 리비도는 원초아 속에 포함되어 있으며 정신적 에너지로서 작용하는 기능을 한다.

성격의 세 구조는 한정된 에너지원인 리비도를 서로 자기편에서 주도적으로 사용하려고 경쟁한다. 일반적으로 원초아와 초자아는 서로 상반된 목적을 추구하기 때문에 본능적 원초아와 이를 억제하려는 초자아간에 긴장이 발생한다. 원초아가 에너지를 너무 많이 확보하게 되면 반사회적이고 충동적으로 되며, 초자아가 에너지를 너무 많이 확보하게 되면 신경증적 불안이나 우울증과 같은 정신질환을 가져올 수 있다고 보았다. 따라서 자아가 개입하여 에너지를 적절하게 사용하도록 조정자의 역할을 수행하는 것이 정신건강의 첩경이다. 건강한 자아는 이차적 과정을 원활히 수행하여 원초아의 본능적 욕구를 지연시키거나 초자아의 지나친 도덕적 규제를 완화시키면서 상충 상태에 빠지지 않도록 효율적이고 융통성 있게 충족시킨다. 반면 약한 자아는 적절하게 통합하지 못하고 성격상의 문제를 유발시키게 된다. 그러므로 건강한 자아를 발달시키는 것이 무엇보다도 중요하다.

④ 발달 단계

프로이트에 의하면 성격발달은 인생 초기에 성적에너지인 리비도가 얼마나 만족될 수 있었는가에 따라 좌우된다고 보았다. 또한 개인의 성격은 12세 이전에 거의 발달되며 특히 5~6세 이전의 경험이 결정적인 역할을 한다고 하였다.

그는 인간발달의 단계를 구강기, 항문기, 남근기, 잠복기, 생식기의 다섯 단계로 구분하고 프로이트에 의하면, 각 단계마다 아동이 추구하는 쾌락을 만족시켜야 다음 단계로 넘어갈 수 있다고 한다. 만일 쾌락의 추구가 빈번히 좌절되면 다음 발달단계로 넘어가지 못하고 그 시기에 고착하게 된다고 한다. 고착현상은 일반적으로 심각한 좌절로 인해 욕구불만이 생길 때에 일어나지만, 과다한 만족 또한 고착의 원인이 된다.

a. 구강기(oral stage) : 출생~1세

이 단계에서는 입과 구강부위가 쾌락의 주된 원천이 된다. 빨고, 마시고, 먹는 것뿐만 아니라 입에 닿는 것은 무엇이든지 빠는 것과 같은 구강활동을 통해서 쾌락을 추구한다. 이 시기에 구강적 쾌정서를 충분히 채워졌을 때 성격이 건전하게 형성된다고 하였다. 이 시기는 자아가 발달되지 않은 상태이고, 원초아는 현실에 대한 관심이나 다가올 수 있는 위험을 거의 인식하지 못한 채 쾌락만을 추구한다. 구강기에 겪는 경험의 대부분은 언어로 표현되지 못하므로 무의식 속에 영구히 남아있기 쉽다. 이 시기의 욕구 충족이 지나치면 성인이 되어 지나치게 낙관적이며 먹고 마시기를 좋아하고 사교적이다. 구강기의 욕구 충족이 결핍된 사람은 공격적이거나 비관적 성격이 되고 논쟁적, 빈정대기, 손톱 물어뜯기 등의 부정적인 행동을 하기 쉽다.

b. 항문기(anal stage) : 1~3세

항문기에는 일차적 성감대가 구강에서 항문주위로 옮겨간다. 이 시기는 배설물을 보유하거나 배출하는 항문적 활동을 통해 긴장과 불편함이 감소되는 쾌락을 얻는다. 이 때 배변훈련이 시작되는데, 적절한 때와 장소가 허용될 때까지 배설기능을 지연시키는 법을 배워야만 한다. 항문기적 쾌정서를 충분히 누리게 할 때 건전한 성격이 형성된다. 배변훈련을 너무 조급하게 서두르거나, 지나치게 엄격하게 받게 되면 고착현상이 일어난다. 즉 배설을 참아서 근육수축 쾌감에 고착하게 되면 강박적 항문기 성격으로 나타나 청결이나 질서에 대한 강박적 욕구를 보이거나 고집이 세고 인색한 사람이 된다. 반면 배설을 하고 나서 근육이완 쾌감에 고착하게 되면 폭발적 항문기 성격으로 나타나 지저분하고 파괴적, 적개심이 강하고 낭비벽이 심한 사람이 된다.

프로이트 이론에서 항문기는 아동이 처음으로 기대에 순응하는 요구에 직면하는 단계로서, 점점 타인의 소망과 규범을 고려하게 된다.

c. 남근기(phallic stage) : 3~5세

이 시기에는 정신에너지가 항문으로부터 성기부위로 옮겨짐으로써 자신의 성기와 신체기관에 대한 호기심이 발달한다. 따라서 적절한 성교육이 이루어져야 한다. 이 단계에서 남아는 오이디푸스 콤플렉스를 그리고 여아는 엘렉트라 콤플렉스를 경험한다. 이는 성(性)이 다른 부모에 대한 성적인 추구와 동성의 부모에 대한 적대적 배척감정이다. 즉 남아의 경우 이성의 부모인 어머니를 사랑하고 동성의 부모인 아버지에 대해 적대감과 경쟁심을 느끼게 된다. 그러한 과정에서 그는 아버지가 성기를 제거시킬까봐 두려워하게 되는데 이것을 '거세불안'이라고 한다. 두려움의 초점이 성기에 집중되는 것은 성기가 성적 쾌락감정의 원천이 되기 때문이다. 반면 여아의 경우 이성의 부모인 아버지를 사랑하고 어머니에 대해 적대감을 느끼게 된다. 이 시기에 남근이 자기에게 없다는 것을 발견하게 되고, 그것은 엄마 때문이라고 생각한다. 남근에 대한 부러운 감정으로 '남근선망'을 갖게 된다. 그러므로 이 때 거세불안 및 남근선망에 대응할 수 있는 적절한 양육적 배려가 필요하다. 이와 같은 감정은 대부분 무의식 속으로 억압되는데, 동성의 부모에 대한 적대감 대신 동일시를 통하여 경쟁심을 극복하게 됨으로써 이러한 갈등은 어느 정도 수정, 해결된다. 이러한 과정을 통하여 남자는 남자답게, 여자는 여자답게 행동하는 성역할 규범을 배우고 사회규범이나 도덕적 가치를 내면화하여 초자아를 형성한다고 보았다.

따라서 남근기는 성격 형성에 특히 중요한 시기로 간주되고 있다. 이 과정에서 초자아의 발달이 이루어지며 이는 성격의 중요 세력으로 남게 된다.

d. 잠복기(latency stage) : 6~12세

리비도가 무의식 속에 잠재되어 있어 어느 정도 안정된 시기이다. 새로운 의미 있는 갈등이나 충동은 억압 상태로 들어가 소위 '고요한 시기'라고 하는 약간의 장기적인 잠재기를 갖는다. 비성적인 대상에 대한 관심과 활동이 집중되는 시기로 외계에 대한 강한 지적인 호기심과 스포츠에 관심을 보이며 또래와의 관계가 강화된다. 즉 신체에 대한 관심이 일시적으로 줄어들고, 환경에 적응하는데 필요한 능력을 기르는 데 열중하게 된다.

e. 생식기(genital stage) : 12세 이후

이차성징의 발현되는 시기로 사춘기와 청년기에 해당된다. 무의식 속에서 억압되었던 성적 에너지가 다시 의식으로 나타나는 리비도가 성적 대상이 자기 신체를 대상으로 하는 자기애적으로 추구하는 것이 아니라 이성으로 향하게 된다. 이성에 대하여 성적으로 흥미를 느끼고, 성숙한 방법으로 사랑을 하게 되는 시기라 할 수 있다. 이 때 건전한 이성교제가 이루어지지 못하면 성도착적 행위가 발생할 수 있다.

잠복기에 확립되었던 원초아, 자아, 초자아 간의 균형이 갈등과 혼란을 겪으면서 갑자기 균형을 잃게 된다. 자아와 초자아는 생식기 동안 중요한 시험에 직면하며, 한쪽 내지 양쪽 모두의 부적절한 발달로 인해 청소년의 자살, 비행, 심각한 정신이상을 야기시킬 수 있다. 이 때 자아는 한편으로는 억압과 같은 방어기제를 통해 원초아의 욕구를 부정함으로써, 다른 한편으로는 지성화, 합리화, 금욕주의, 퇴행 등의 방어기제를 통해 초자아를 진정시킴으로써 이러한 갈등에 대처한다(정옥분, 2004).

(2) 에릭슨의 심리사회적 이론

에릭슨

에릭슨(Erik Erikson, 1902~1994)은 덴마크 혈통으로 독일 프랑크프르트에서 태어났다. 부모는 에릭슨이 출생 전에 이혼하였다. 그는 어린 나이에 자아정체감 위기를 맞아 학교 교육에 적응하지 못하여 그림 공부를 하며 유럽을 방랑하기도 했었다. 그는 신프로이트 학파의 학자들 중 한 사람으로, 프로이트의 이론에 감명을 받아 그의 딸 안나 프로이드의 격려로 비엔나 정신분석연구소에서 정신 분석에 관하여 수학하였다. 에릭슨은 몬테소리교사 자격증과 정신분석훈련을 받은 것이 공식적 교육경력의 전부였다. 그럼에도 불구하고 예일대학과 하버드 대학에서 재직하였고 아메리칸 인디언들의 생활을 연구하였다. 이 때 바로 아동발달에 대한 사회와 문화의 영향에 관심을 가지기 시작하였다. 에릭슨은 프로이트의 이론을 토대로 정신분석이론을 발전시켰다. 그는 프로이트의 심리성적 이론의 기본 틀을 수용하기는 하였으나 성욕이나 공격욕구 등 인간의 본능적이고 무의식적 욕구의 표출을 강조한 프로이트는 달리, 부모를 비롯한 대인관계의 경험이 성격형성에 더 결정적인 영향을 미친다고 하였다. 또한 그는 '나는 과연 누구인가?'하는 질문에, 그것은 자기가 어느 시대에 어디를 가서 어떤 일을 하던 간에 자신은 변함없는 자아로서 역사와 상호작용하고 있는 모습이라는 것을 발견하였다. 따라서 정체성 자아로서 이들 욕구를 충족시키거나 억압하는 사회적 요인과 상호작용하는 사회적 맥락을 강조한 심리사회이론을 전개하였다.

그의 입장에 따르면, 인간은 일생에 걸쳐서 자기만의 고유한 정체성을 확립해 나가는 창조적 존재로서 모든 성장은 내재된 기초 안에 의해 발달이 이루어진다고 믿었다. 이것은 개인의 성격도 자아가 서로 관련된 일련의 단계들을 통하여 점진적으로 형성된다는 가정을 하게 된다. 따라서 에릭슨은 인간발달의 주요개념을 자아정체감의 발달로 보고 프로이트의 심리성적 발달의 다섯 단계를 확장하여 전 생애 접근을 시도한 최초의 인물이다. 그는 확고한 자아정체감을 확립하기 위해서는 일생을 통해 여덟 가지 위기를 성공적으로 해결해야 한다고 강조하였다.

① 발달 단계

에릭슨은 아동이 어떻게 자아정체감을 발달시키고 사회화되는지에 관심을 가졌다. 사람이 성장하면서 직면하게 되는 위기를 수용하고 해결한다는 것은 개인이 가지고 있는 사회심리적 특징에서 긍정적·부정적인 면이 서로 적절한 비율로 나타나고 있음을 의미하는 것으로 직면한 위기를 긍정적인 관점으로 해결하게 되면 인격을 형성하는데 충분히 기능을 하게 된다고 보았다.

다음은 각 단계에서 성취해야 할 발달과업과 극복해야 할 위기에 관한 것이다.

a. 1단계 : 신뢰감 대 불신감(Trust vs. Mistrust) : 출생~1세

이 시기의 주된 발달 위기는 영아가 세상을 신뢰할 수 있느냐 없느냐에 관한 것으로, 양육자 주로 어머니와의 상호작용을 통하여 사회적

관계를 형성함으로써 신뢰의 초점이 된다. 신뢰감은 다른 사람에 대한 믿음과 자신에 대한 믿음을 포함한다. 이 시기에 영아를 돌보아 주는 사람이 영아의 신체적 요구와 심리적 욕구를 일관성 있고 적절하게 충족시켜주고, 따뜻하고 반응적인 양육을 충족시켜 주면 영아는 신뢰감을 형성하게 되고, 만약 아기의 욕구가 잘 충족되지 않으면 영아는 불신감을 갖게 되며 장래 타인과의 지속적인 만족한 인간관계를 유지하지 못하게 된다. 그러나 에릭슨은 완전한 신뢰감만이 바람직한 것은 아니라고 했다. 왜냐하면 사람이 살다 보면 때로는 불신도 필요하기 때문이다. 건강한 발달을 위해 중요한 것은 신뢰와 불신 사이의 적당한 비율인데, 물론 불신감보다는 신뢰감이 더 큰 비중을 차지해야 한다.

b. 2단계 : 자율성 대 수치감과 회의감(Autonomy vs. Shame and Doubt) : 1~3세

이 단계의 쟁점은 자율적이고 창의적인 사람이 되느냐, 아니면 의존적이고 자기회의로 가득찬 사람이 되느냐 하는 것이다. 이 시기에 유아는 여전히 다른 사람들에게 의존하고 있지만 자유로운 선택의 자율성도 경험하기 시작한다. 자율성을 향한 투쟁은 사회적 갈등으로 완강한 거부나 떼쓰기 등으로 나타날 수 있다.

이 단계에서는 아동이 자신의 행동을 통제할 수 있는 정도를 스스로 발견하는 과업이 요구된다. 만약 아동에게 새로운 것들을 탐색한 기회가 주어지고 독립심이 조장되면 건전한 자율감이 발달할 것이다. 반면 아동에게 자신의 한계를 시험해 볼 기회가 주어지지 않고 아동이 지나친 사랑을 받고 과잉보호받게 되면, 세상사에 효과적으로 대처할 자신의 능력에 회의를 느끼고 수치심을 갖게 될 것이다. 이 시기에 형성된 자율성으로부터 자존감정, 자기통제, 자기확신, 의지력이 발달된다. 자율의 단계에서 청소년기의 자아정체성 형성을 위한 중요한 전제가 된다.

c. 3단계 : 주도성 대 죄책감(Initiative vs. Guilt) : 3~6세

이 단계에서 경험하는 심리사회적 갈등은 주도성 대 죄책감의 발달이다. 이 시기는 활동, 호기심, 인지적 탐색이 여러 가지 정보를 가져다주는 즐거운 경험이라는 것과 두려움이나 죄책감으로 인해 주저하는 것 사이에 갈등이 발생한다. 3~6세 사이의 아동은 유아가 가정의 안정된 분위기 속에서 적절한 애정관계를 유지하며 자라면 보통 생기와 활력, 호기심이 넘치고 활동수준이 주도적이 된다. 주도성을 발달시키는 과정에서 목표를 설정하고 목적에 따라 활동하는 경향이 늘어난다. 이 단계는 언어발달이 급격히 이루어지는 시기이기도 하다. 이 단계 초기에 아이들은 끊임없이 질

문을 하는데 이러한 질문들은 학습의 기본적 수단이 된다.

가정에서 책임감이 발달하며 또래집단에서 경쟁의식이 발달한다. 이 시기에 새롭게 발달되고 있는 주도성을 부모가 억제하고 반대하거나 또래의 경쟁에서 좌절감을 계속 경험하게 되면 죄책감이 형성될 가능성이 높다. 다시 말해 아이들이 세운 목표를 실현하려는 목적의식과 용기는 주도성에서 비롯되며, 주도성이 가혹한 질책과 좌절감에 직면하게 된다면 그 결과는 죄책감이나 환경에 어떻게 대처하면 좋은가에 대하여 의존적이 되어버린다.

d. 4단계 : 근면성 대 열등감(Industry vs. Inferiority) : 6~11세

에릭슨은 이 단계를 역동적이고 활동적인 시기로 보았다. 그는 이 시기가 아동의 근면성에 결정적이라고 믿는다. 근면성은 아동이 속한 사회에서 성공적으로 기능하고 경쟁하는 데 필요한 기술을 습득하는 능력이다. 이 단계에서 아동은 자기의 능력을 발달시켜 평가에 관한 개인적 기준을 획득하게 되면 자기가 사회에 대해서 얼마나 공헌할 수 있는가 하는 평가도 할 수 있게 된다. 만일 아동이 성공에 대한 느낌이나 일을 잘 처리해서 인정을 받고자 하는 과업에 실패한다면 근면성이 결여되고 무력감을 느끼게 된다. 그런 아동들은 즐거움을 느끼지 못하고 잘한 일에 대한 자부심을 발달시키지 못할 수도 있다. 또한 그들은 열등감에 시달릴지도 모르고 결코 대단한 사람이 못될 것이라는 믿음에 빠질 수도 있다. 근면성에 근거하여 아동은 어떤 분야에서 유능감을 계발한다.

e. 5단계 : 정체감 대 정체감 혼미(Identity vs. Identity confusion) : 12~18세

인생에 있어서 청소년기는 가장 중요한 시기라고 할 수 있다. 청소년기의 가장 중요한 발달과업은 자아정체감의 확립이다. 정체감은 일생을 통해서 이룩해야 할 중요한 문제이지만, 특히 청소년기가 결정적인 시기라고 할 수 있다. 이 시기는 아동기에서 성인기로 옮겨가는 과도기이

며, 급격한 신체적 변화와 성적 성숙이 이루어지고, 진로 문제, 이성문제 등 수많은 선택과 결정을 해야 하는 때이다. 자아정체성을 수립한 청소년은 자기진로와 중요한 인간관계에서 순수한 열정으로 헌신하려는 마음, 곧 충성심을 발달시킨다. 자아정체성을 찾지 못하면 역할 혼미를 경험하게 된다. 그런 사람은 다른 사람의 견해에 병적으로 열중하거나, 불안을 떨치기 위해 약물이나 알코올남용에 빠질 수 있다. 정체감 혼미상태가 영구적이 되면 만성적 비행이나 병리적 성격장애를 가져올 수 있다.

f. 6단계 : 친밀감 대 고립감(Intimacy vs. Isolation) : 성인기

이 시기에는 타인과의 관계에서 친밀감을 이룩하는 일이 중요한 발달 과업이다. 이 시기에 자기 자신, 자신의 내적 자원 그리고 우정, 결혼, 직장생활에서 원만한 인간관계가 이루어질 경우 친밀감이 발달하지만 그렇지 못할 경우에는 고독감과 자기몰두에 빠지게 된다. 에릭슨은 친밀감을 자신의 정체감과 다른 사람의 정체감을 융합시키는 능력이라고 표현한다. 친밀한 관계는 타인을 이해하고 깊이 공감을 나누는 수용력에서 발달한다.

g. 7단계 : 생산성 대 침체성(Generativity vs. Stagnation) : 중년기

이 단계는 생산성 대 침체성이라는 위기를 경험한다. 생산성이란 성숙한 성인이 다음 세대를 구축하고 이끄는 데 관심을 기울이는 것을 말한다. 생산성은 몇 가지 다른 방법으로 표출될 수 있다(Kotre, 1984). 생물학적 생산성은 자녀를 낳아 기르는 것이고, 직업적 생산성은 다음 세대에게 기술을 전수하는 것이며, 문화적 생산성은 문화의 어떤 측면을 창조, 혁신, 그리고 보존하는 것이다. 이 경우에 생산성의 대상은 문화 그 자체이다.

생산적인 중년들은 다음 세대와의 연결을 통해 사회

의 존속과 유지를 위해 헌신한다. 이 욕구가 충족되지 않으면 매사에 불평불만을 일삼거나 삶에 대한 의욕을 상실할 우려가 있다.

h. 8단계 : 통합감 대 절망감(Integrity vs. Despair) : 노년기

출처: 행복한 사람, 타샤 튜더

에릭슨은 발달단계별로 겪게 되는 정체성의 위기를 무난히 이겨내고 그 시기에 획득해야 하는 중요한 심리적 자질 또는 덕목을 체득한 사람은 노년기에 성숙하고 지혜로운 인품의 소유자가 될 수 있다고 보았다.

노년기에 와서 인간은 지금까지 살아온 삶에 대한 인생을 조감하고 정리하는 마음으로 인격의 통합성을 이루어 나간다. 이 단계에서 자아 통합감과 절망감의 위기를 극복하는 것이다. 성인기, 중년기의 세월을 거치는 동안 자신의 삶을 의미 있고 만족스러운 것으로 인식하고 인생의 경륜과 지혜로 빛나는 인격의 소유자가 될 수 있다. 지금까지 살아온 인생을 별다른 후회 없이 그대로 받아들이며, 인생의 피할 수 없는 종말로 죽음을 받아들이게 되면 통합감이라는 정점에 이르게 될 것이다. 그러나 자신의 삶이 무의미한 것이었다고 후회하면 이제는 시간이 다 흘러가 버려서 다른 삶을 다시 살아볼 수 있는 기회가 없다는 느낌에 직면하게 되어 절망감에 빠지게 된다.

이 위기를 성공적으로 해결하기 위해서는 통합감이 절망감보다 바람직하지만 어떤 절망감은 불가피한 것이기도 하다. 에릭슨에 의하면 자기 자신의 인생에서 불행이나 잃어버린 기회에 대해서 뿐만 아니라 인간존재의 나약함과 무상함에 대한 비탄감은 피할 수 없는 것이라고 한다.

프로이트와 에릭슨의 성격발달 이론의 특성 비교

구 분	프로이트	에릭슨
성격 발달	상당히 폐쇄체계에 근거(부정적 측면)	상당히 개방체계에 근거(긍정적 측면)
	강력한 성적, 공격적 충동에 의해 추진	약간의 성적 충동과 사회적 충동에 의해 추진
	원초아가 지배적	자아가 지배적
	불안과 무의식적 욕구에 의해 위협받음	사회적 상호작용에 근거
	충동과 사회적 모순 때문에 갈등	역사적, 인종적 집단에 대한 결속력으로 강화
	충동은 통제권 밖에 있음	자아통제력과 사회적 지지에 의해 형성, 사회에 기여할 수 있는 건강한 사회인을 준비시킴
	초기 아동에 형성되어 초기 성인에 절정에 이름	전 생애를 걸쳐서 형성
		다음 세대에 사회적 질서의 원리를 전달하고자 함

(3) 융의 분석심리 이론

융

융(Carl Gusta Jung, 1875~1961)은 스위스의 정신분석가로서 한때 프로이트와 같이 연구하였으나 학문적인 견해차이로 결별하였다. 프로이트가 리비도를 성적인 것으로 정의 내린 것에 대하여 그는 리비도를 영적인 특질을 가진 창조적 생명력이라 하였다. 그는 목사의 아들로 태어나 인간의 마음 속에 분명히 존재하는 어떤 힘 또는 영혼에 대해 관심이 많았다.

융은 개인의 삶은 자아가 자기를 발견하고 실현하는 과정이며, 또한 인간은 궁극적으로 죽음까지도 삶의 일부로서 수용하는 수준의 자기초월적 존재가 될 수 있다고 보았다.

자기(self)는 상반되는 성격적 요소로 구성되어 있는데, 이들 요소간에는 상호작용을 통하여 자기 안에서 합일(合一)하여 균형을 이루려는 경향이 있다. 예를 들면 의식-무의식, 내향성-외향성의 태도유형과 사고-감정, 감각-직관의 네 가지 정신기능과 자아(ego)와 그림자(shadow), 아니마(anima)와 아니무스(animus) 등이다. 원만한 인격으로 살고자 노력하는 것은 자기의 보상기능과 초월기능에 의한 것이다.

융은 성격이 자아, 개인적 무의식, 집단적 무의식의 세 가지 기본적 요소로 구성되어 있다고 보았다.

① **자아** : 의식적인 마음이며 사고, 감정, 감각, 직관 등 네 가지 심리 기능의 적용을 통해 성장해 간다. 인간은 이 네 가지 기능을 모두 같은 정도로 사용하기보다는 어떤 기능을 특별히 많이 사용하는 경향이 있다. 어느 기능을 우선적으로 사용하느냐에 따라서 기본적인 성격이 달라진다.

② **개인적 무의식** : 의식적 경험이었으나 억압·방치되어 의식에 머무를 수 없는 경험으로써 무의식에 저장된 것이다.

③ **집단적 무의식** : 집합적 무의식은 융이 독창적으로 발견한 개념으로 그것은 조상 대대로 물려받은 경험들로 구성되어 있다. 그것은 인간이 태어날 때 이미 가지고 나오는 무의식의 층으로서 결코 의식되지 않는 내용들이 들어 있다. 이 집합적 무의식 안에는 장구한 인류의 역사를 통하여 거의 모든 종족이 공통적으로 축적한 경험들이 수많은 상징, 곧 원형(archetypes)으로서 형상화되어 있다. 원형은 '근원적 유형'이라고도 한다. 그것은 삶의 본능과 관련된 가장 원시적이고 보편적인 인간의 본성이다.

이러한 원형들 중에서 성격형성에 중요한 역할을 하는 것으로 다음과 같다.

- **그림자**(shadow) : 자아(ego)의 열등한 요소이다. 그것은 동물적이고 야비한 속성으로서 무의식 속에 억압되어 있는 비난 받을 만한 생각이나 감정을 수반하는 성격구조이다.
- **페르소나**(persona) : 사적(私的) 성격에 대비하여 공적(公的) 이미

지로 부각된 성격적 측면을 말한다. 즉, 개인이 사회의 요구에 따라 채택한 가면으로서 일종의 사회가 인간에게 부과하는 역할의 공적 인격이다. 페르소나가 지나치면 결국 자기 본성과 점점 멀어져 열등감과 죄책감 등 비생산적이 된다.

- **아니마**(anima) : 남자의 정신성 속에 있는 여성적 특성 또는 여성적 원형이다.
- **아니무스**(animus) : 여자의 정신성 속에 있는 남성적 특성 또는 남성적 원형이다.

융은 결국 무의식을 적절히 통제하는 의식의 작용이 개입될 때, 비로소 건전한 성격이 형성된다고 주장함으로써 의식과 무의식의 적절한 통합을 강조하였다.

(4) 아들러의 사회심리 이론

아들러(Alfred Alder, 1870~1937)는 오스트리아의 비엔나에서 출생하여 프로이트와 함께 정신분석학을 연구하였다. 그러나 프로이트 이론에 반론을 제기하면서 개인주의 심리학회를 창설하였다. 그의 이론을 개인주의 심리학이론이라고도 불리운다. 아들러는 인간을 사회학적 존재로 보면서 이 본성에 따라 인간은 친밀한 사회적 관계를 추구하는 것으로 보았다. 이러한 사회적 관심은 개인적 약점을 사회에 보다 훌륭하게 기여함으로써 보상받으려는 경향성으로 설명하고 있다. 그의 논리가 너무 단순하고 상식적이라는 지적을 받기는 하지만 실존주의적, 현상학적, 인간주의적인 그의 이론은 후대의 로저스(Rogers), 메슬로(Maslow), 그리고 엘리스(Ellis), 글래서(Glasser) 등에게 지대한 영향력을 끼쳤다.

아들러

아들러는 인간은 사회적 창조물로서 주로 사회적 자극에 의하여 동기가 유발된다고 하였다. 인간의 자기신장, 성장, 능력을 위한 모든 노력의 근원은 열등감이며, 결국 열등감에 대한 보상적 노력이 건강한 성격이라고 보았다. 다시 말해 인간생활의 궁극적인 목적은 우월에 대한 추구이며, 이는 전 생애를 통해 개인의 환경에 대한 적응 능력을 좌우한다고 생각하였다.

그에 의하면 인간은 정신과 육체로 나누어질 수 없는, 하나의 통합된 유기체로 보았다. 의식과 무의식도 각 개인이 삶의 목표를 달성하기 위해서 주관적 경험에 따라 전체적으로 사용되는 것이다. 인간은 유전과 환경이라는 원료를 사용해서 자기만의 고유한 자아를 총체적으로 만들어 가는 존재이다(홍경자, 2004).

아들러의 성격이론을 뒷받침하고 있는 기본개념들로는 열등감과 보상, 우월에의 욕구, 사회적 관심, 생활양식 및 창조적 자기를 들 수 있다. 인간행동을 결정하는 데 있어서 성(性)에 지나치게 중점을 둔 프로이트와는 달리 아들러는 열등감이 중요한 역할을 한다고 보았다. 그는 신체적 · 심리적 · 사회적 열등감을 느끼는 사람은 자신의 약점을 보상하기 위하여 노력하며, 이것이 우월성을 추구하려는 원동력이 된다고 하였다. 우월에의 욕구는 상대적 의미의 우월이 아니라 자신의 한계를 뛰어넘고 잠재력의 충분히 실현하는 자아실현의 개념으로도 해석될 수 있다. 또한 인간은 자아실현에 필요한 행동의 의미를 충분히 인식한 후 자신의 행동을 계획하고, 이끌어 나갈 수 있는 만큼 자기를 의식하고 있다고 보았다. 사회적 관심은 완전한 사회를 만드는데 공헌하고자 사회 공동의 이익을 위한 활동을 통하여 자신의 개인적 약점을 보상한다고 한다. 그리고 인간은 각자의 생활양식을 가지고 있기 때문에 이를 통해 다른 사람과 구별되는 고유한 성격을 형성하게 된다. 생활양식은 4~5세경에 형성되며 이 때 형성된 생활양식이 일생의 성격의 기본적인 양식이 된다. 창조적 자아의 개념은 인간은 자신의 열등감을 극복하고, 자신의 잠재가능성을 실현할 수 있는 능력을 지닌 존재라는 것이다.

이러한 기본 개념들을 토대로 개인의 성격은 부모가 자녀를 어떤 방식으로 양육하는가와 형제 간의 출생순위와 가족의 사회 · 경제적 조건 등 아동기의 경험과 기억이 개인의 독특한 성격을 결정짓는 생활양식의 형성에 영향을 미친다. 특히 부모의 전제적 양육방식과 과잉보호적 양육태도 및 아동의 허약한 신체적 조건은 열등감을 갖게 하는 원인을 제공한다. 어린시절의 경험이 잘못 이루어졌을 때 성인이 되어서도 부정적인 접근으로 자신의 심리적 욕구를 달성하려고 하는 현상이 나타나거나, 병적인 생활양식을 갖게 한다고 주장하였다.

(5) 로저스의 인간중심 이론

로저스

임상심리학자 칼 로저스(Carl Rogers, 1902~1987)는 자상하고 애정적이지만 매우 엄격한 기독교 가정의 부모 밑에서 자랐다. 고등학교 시절까지 친구 없이 독서와 사색에 몰두하였고, 대학시절 교회활동에 적극적으로 참여하면서 다양한 민족 간의 교류를 경험한 것이 인생의 전환점이 되었다. 그는 윌리암슨(Williamson)의 '지시적 상담' 방법이 치료효과가 저조함을 발견하고 불만을 품었다. 따라서 '비지시적 상담' 또는 '내담자중심의 상담', 1970년대 이후에는 '인간중심의 상담'이론이라 불리는 심리치료에 전념하였다. 인간중심 이론은 개인의 주체적인 결단과 가치관을 중요시 여기며, 특히 지금-현재(here and now)의 삶을 살아가는 유기체적 존재로서의 인간 실존을 강조한다.

로저스는 인간의 본성을 긍정적으로 생각하여 건전한 성격을 가진 사람들은 자기를 수용할 줄 알 뿐만 아니라 자기지도 혹은 자기실현이 가능한 사람들이라고 지적 했다.

로저스는 개인을 감각, 사고, 행동을 통합적으로 지각하고 조직하는 전체로서의 유기체이며 계속 변화하는 경험적 세계 안에서 자신에 대한 자아개념을 형성해 나가는, 즉 '되어 가는 과정'으로 보았다. 인간은 근본적으로 생물학적 욕구를 충족시키고 심리적으로는 사랑받고 수용받고 싶은 경향성을 가지고 있다. 그런데 성장과정에서 자신이 진정으로 원하는 것을 희생하고서라도 양육자(부모), 그리고 사회가 중요시하는 가치를 채택하여 거기에 부응하려고 한다. 이 때 개인은 자아개념과 유기체의 체험 간에 '불일치'를 경험하고 이것이 부적응, 신경증, 정신장애를 초래하는 조건이 된다고 보았다. 로저스는 여기에 근거하여 심리치료 과정에서 자기 수용적 태도와 자기 지도의 방향으로의 전개에 강조점을 두고 체계화시켰다. 현실이란 객관적 자극이 아니라 개인이 지각한 주관적이고 사적인 경험의 세계이다. 이러한 주관적 경험의 세계를 로저스는 '현상의 장'이라 하였다. 한 사람을 참으로 이해하려면 그 개인이 경험한 주관적 세계를 공감적으로 추론할 수 있어야 한다. 다시 말해서 카운슬러는 내담자의 마음을 내담자가 현재 느끼는 방식대로 이해하려는 자세가 필요하다. 내담자에게 무조건적으로 수용하고 배려해 주는 분위기가 제공된다면 자기 스스로의 힘에 의해서 자기실현의 방향으로 충분히 기능하는 삶을 살아가는 능력을 회복할 수 있다고 보는 것이다. 인간중심적 이론에서는 인간의 자율적 성장의 힘을 믿는다.

건전한 성격을 가진 사람들은 항상 자기를 사실 그대로 나타내며 감정이나 신념을 숨기려고 하지 않으며, 또한 그의 생각대로 느낀대로 행동하는 사람들이며 그러한 결과에 대하여 책임을 질 줄 안다는 것이다. 그들은 현실적 자아에 의하여 행동하기 때문에 위장이나 허위적인 행동을 하지 않으며 항상 있는 그대로를 경험한다는 것으로 자기의 결정에 따라서 자기를 발전시켜 나아간다. 이렇게 자기를 수용하고 받아들일 때에는 사물도 객관적으로 볼 수 있는 것이며, 타인에 대한 수용이 가능해지고 이러한 과정에서 자기지도, 자기신뢰가 확실해진다는 것이다.

(6) 매슬로의 인본주의 이론

매슬로(Maslow, 1908~1970)은 뉴욕의 브루클린에서 러시아에서 이민 온 유태인 부모의 칠남매 중 장남으로 태어났다. 유태인으로 외로움과 불행을 경험하며 소년 시절을 보냈다. 위스콘신대학에서 헬로우(Hallow)교수의 원숭이의 성관계와 지배성 특질에 관한 연구로 심리학 박사학위를 취득하였다. 그 후 동물의 성과 애정에 대한 초기의 관심에

매슬로

서 인간을 대상으로 한 연구로 전환하여 평생을 인간주의적 심리학에 대해 연구하였다.

매슬로 이론은 인간의 본성을 선하고, 긍정적이며, 창조성을 가진 존재이며 또한 개인은 통합된 전체로서 간주되어야 한다고 하였다. 그는 인간의 능력을 향상시키고 발전시키는 조건은 개인이 가지고 있는 기본적인 욕구와 관련이 있는 것으로 보았다. 인간의 욕구는 계층적인 것이어서 하위의 욕구가 충족되면 보다 높은 단계의 욕구로 이행되어 간다고 주장했다. 그에 의하면 태어날 때부터 생존적 경향과 실현적 경향(성장성 경향)의 두 경향성을 갖고 있다고 보았다. 생존적 경향은 기본적 욕구(결핍욕구) 또는 박탈 동기로 인간의 생존을 단순히 생리적 차원에서 유지시키려는 경향이다. 생리적 욕구, 안전욕구, 소속과 애정에 대한 욕구와 자존 욕구 등이 포함된다. 기본적 욕구를 충족시키지 못하면 신경증이 생길 수 있다. 실현적 경향은 자신의 잠재 능력, 기능, 재능을 발휘하려는 성장 욕구로서 이 욕구가 만족될 때 심리적으로 건강을 유지하고 성숙할 수 있다.

이러한 성장 동기는 3가지로 분류할 수 있다고 보았다. 그것은 첫째 자아실현의 욕구 둘째, 인지적 욕구로 알려고 하는 욕망 셋째, 심미적 욕구로서 미에 대한 욕구는 인간을 보다 건전하게 하는 데 도움이 된다고 보았다.

결국 건강한 사람은 기본적인 욕구가 충분히 만족되어 자아실현의 경향으로 동기가 유발되는 사람이라고 보았다.

매슬로는 이러한 자아실현을 이룬 사람을 건전한 사람으로 보고 자아실현을 이룬 유명한 인사들의 공통적 특성을 발견하여 정신건강의 준거로 제시하였다. 그 기준은 다음과 같다.

· 현실에 대한 보다 정확한 지각력을 갖는다.
· 자기와 타인을 비롯하여 사물을 있는 그대로 받아들인다.
· 사고나 정서 및 행동면에서 보다 자발적이며 솔직하고 꾸밈이 없

다.

· 자기 중심적이기보다 문제 중심적이다.
· 고도로 자율성을 보이며 초연하다.
· 문화와 환경으로부터 독립적이다.
· 사물에 대한 인식과 이해를 새롭게 한다.
· 자연이나 인생의 본질에 대하여 깊은 관심을 갖고 절정 경험(peax experience)을 가진다.
· 공동 사회적 의식을 가진다. 즉 형제애 · 인간애 등을 가진다.
· 친구나 사랑하는 사람들과 아주 밀접한 관계를 맺고 있다.
· 인간에 대한 존경심을 가지고 있다.
· 도덕심과 윤리성이 강하다.
· 적개심이 없고 유머감이 있다.
· 독창적이고 창조적이다.

학자들의 성격 이론 비교

학 자	이 론	인간 행동	특 성
S. Freud. (1856~1939) 오스트리아의 의사	정신분석학	성적에너지 (리비도)	· 정신: 무의식, 전의식, 의식 (무의식: 인간행동의 역동적 힘의 근원) · 성격: 원초아, 자아, 초자아 (건강한 자아발달이 중요)
E. Erikson. (1902~1994) 덴마크의 심리학자	심리사회학	자아와 사회와의 관계	· 발달은 전 생애를 통한 일련의 단계(8단계: 매 단계마다 서로 대립되는 개념) · 정체성자아 강조 (부모·대인관계의 경험, 사회적 맥락 강조)
Carl Gustav Jung. (1875~1961) 스위스의 심리학자, 정신의학자	분석심리학	개인적 욕구 및 종족의 역사와 욕구	· 의식과 무의식의 적절한 통합 강조 · 성격: 자아·개인적 무의식·집단적 무의식 · 상반되는 요소 간에 상호작용을 통하여 균형(의식-무의식, 내향성-외향성, 사고-감정, 감각-직관, 그림자-페르소나, 아니마-아니무스)
A. Alder. (1870~1937) 오스트리아의 정신의학자, 심리학자	개인주의 심리학	사회적 관심과 우월성	· 자기인식 · 열등감과 보상 · 우월에의 욕구 · 사회적 관심 · 생활양식 · 창조적 자아
Carl. Rogers. (1902~1987) 미국의 임상심리학자	인간중심 이론	본성이 선하며 자기실현의 경향성	· 인간중심의 상담 · 인간실존을 강조(지금-현재) · 자율적 성장의 힘 · 현상의 장
Maslow. (1908~1970) 유대인 심리학자	인본주의 이론	본성이 선하며 자기실현의 경향성	· 자아실현적 존재 · 창조적인 존재 · 욕구 위계 5단계 * 생존적 경향(생리적 욕구, 안전 욕구, 소속과 애정에 대한 욕구, 자존욕구) * 실현적 경향(자아실현의 욕구: 자아실현욕구, 인지적욕구, 심미적 욕구)
Harry Stack Sullivan. (1866~1936) 미국의 교육가	대인 이론	대인 관계	· 사회적으로 상호작용하는 존재 · 정확한 지각과 타인에 대한 통합적인 관계(자신 및 타인에 대한 신념) · 인간관계의 변화 형태에 기초하여 성격발달(6단계)

4. 도덕성 이론

현대사회는 과학적 기술의 진보와 더불어 인간의 선택 가능성이 확대되어짐에 따라 도덕적 가치의식의 문제가 인류의 생존을 좌우하고 있다고 해도 과언이 아니다. 그것은 가치관의 다양성이라기보다는 오히려 도덕의 혼란과 가치에 대한 합의가 결여된 비도덕적·비사회적인 문제가 심각하게 도출되고 있기 때문이라 할 수 있다(박아청, 2005).

현대사회에서는 '세계는 하나'라는 말이 실감 난다. 우리 교육의 근본 목적은 인류공영(人類共榮)이라 할 수 있다. 나와 지역사회 그리고 국가 더 나아가 세계가 모두 건강하고, 평화롭고, 그리고 행복하게 삶을 영위하는 것이다. 따라서 현대사회와 더불어 미래사회는 더욱 더 도덕적 가치의식이 요구되어지고 있다.

도덕이라는 말은 사회생활의 규범이며, 인간행위의 준칙으로 습관, 태도, 집단의 기준에 일치하는 행동형태이다. 도덕성이란 자신이 속한 사회적·문화적으로 결정된 행위의 규범을 내면화한 상태를 말한다(공석영, 2000).

도덕성 발달은 주로 세 가지 다른 측면에서 언급되고 있다. 첫째, 어떤 행동의 옳고 그름에 대한 평가인 도덕적 판단 둘째, 사고나 행동에 대한 정서적 반응(양심 등)인 도덕적 감정 셋째, 어떤 행동이 옳은지 알고 있다고 해서 반드시 그렇게 행동하는 것은 아니므로 실제로 어떻게 행동하느냐 하는 도덕적 행동이 그것이다(정옥분, 2004).

도덕성에 대한 연구는 어떠한 내면화 과정을 통해 도덕성을 형성하게 되는지에 관심을 두고 이러한 과정을 설명하는 여러 가지 다양한 관점의 이론들이 있다.

(1) 도덕성 발달 이론

도덕교육은 사람이 사회생활의 규준, 규칙을 받아들여 그것에 의해 사회화하는 과정이다. 아동에게 도덕성이 체득되는 과정을 정신분석학적 이론과 학습 이론적 관점 및 인지발달이론의 세 가지 입장에서 간단히 고찰하면 다음과 같다.

정신분석학적 이론에서는 부모에 대한 동일시의 결과로 아동의 도덕성이 발달된다고 본다. 아동의 성적·공격적 충동은 부모의 훈육에 의해 통제되며 부모의 가치 및 도덕적 기준을 내면화함으로써 아동의 양심, 초자아가 발달하게 된다고 설명한다. 프로이트에 의하면 유아는 원욕(id)의 지배를 받는 시기에 있으므로 도덕개념이 존재하지 않으며 비도덕적으로 행동한다. 남근기(3~6세)에 접어들어 초자아가 발달하기 시작하면서부터 도덕성이 내면화된다. 그것은 아동이 부모와 동일시하는 과정 중에 이루어진다. 한편 에릭슨이나 후기 프로이트 학파에서는 유·아동에게서 초자아뿐만 아니라 자아의 기능이 발달하는 것과 병행하여 아동의 도덕성이 발달한다고 주장한다.

학습 이론적 관점에서의 도덕적 행동에 대한 설명은 외부로부터의 보상과 처벌에 대한 반응이라 할 수 있다. 특정한 행동이 어떤 보상을 받게 되면 그 행동이 반복 수행될 가능성이 높으며, 특정 행동에 대해 처벌받거나 무시되면 그와 같은 행동이 재발될 가능성이 낮아지게 된다. 반두라와 같은 사회학습 이론가들은 아동의 도덕성은 특정한 모델의 행동을 관찰함으로써 도덕적 행동이 학습될 수 있다고 본다. 즉 아동은 다른 삶을 도와주는 도움행동이나 친사회적 행동을 하는 모델의 행동을 관찰함으로써 이타적이고 친사회적인 행동을 학습하게 될 수 있다는 것이다. 뿐만 아니라 반사회적 행동을 수행한 모델이 겪게 되는 부정적 결과에 대한 관찰을 통해 비행을 억제하는 것을 학습하게 된다는 것이다.

인지발달 이론가들은 아동의 도덕성 발달과정을 중시하여 이들이 규칙을 어떻게 지각하는지에 관심을 가졌다. 도덕적 판단이 지능 발달과 병행하여 원리적 수준으로 진행되어 점차 분화되고 동시에 통합되는 현상으로 설명하는데 이는 내면화가 발달단계에 따라 질적으로 변화됨을 시사하는 것이다. 인지발달 이론가로 피아제와 콜버그가 있다. 피아제는 아동의 도덕성 발달이 타율적 단계에서 자율적 단계로 발달한다고 보았다. 이것은 전도덕적(前道德的) 단계, 타율적 도덕성단계, 자율적 도덕성단계의 세 단계로 이루어진다고 하였다. 유아는 전도덕적 단계에 있으므로 규칙이나 법률의 중요성을 인식하지 못하고 자기 마음대로 행동하는 경향이 있으나 4~5세에 이르면 규칙의 중요성을 깨닫는다. 6~10세의 아동은 타율적 도덕성의 단계에 속한다. 이들은 부모나 사회가 설정한 규칙은 무슨 일이 있든지 간에 항상 지켜야 한다고 생각한다. 즉 규칙은 절대적이고 변화될 수 없는 것이어서 무조건 복종해야만 한다고 생각한다. 만일 규칙의 위반이 있었을 때 어떤 의도나 다른 상황이 아니라 손상(피해)의 양이나 정도에 따라 처벌이 이루어져야 한다고 본다. 10~11세의 아동은 자율적 도덕성의 단계에 접어든다. 이 시기의 아동은 사회적 규준과 법률이 상호 협의에 의하여 정해진 것이라는 점을 이해한다. 규칙은 고정적이거나 절대적이지 않고 다수의 사람이 동의하면 변경 가능한 것이라고 이해한다. 그리고 법을 어겼을 경우에 그런 행위자의 의도를 고려하여 도덕적 판단을 내리게 된다는 것이다.

(2) 콜버그의 도덕성 발달

콜버그

미국의 심리학자인 콜버그(Lawrence Kohlberg, 1972~1987)는 피아제의 도덕성 발달단계에 대해 연구하여 청소년기 및 성인기까지 보다 확장하여 도덕적 사고의 발달이론을 정립해 나갔다. 가상적인 도덕적 갈등상황을 제시하고 그 상황에 대하여 옳고 그름에 대한 도덕적 판단을 어떻게 내리는지에 따라 개인의 도덕적 발달수준을 구분하였다. 그는 이 갈등상황에 대한 피험자의 응답 자체에 관심을 두지 않고 오히려 그 응답 뒤에 숨어 있는 논리에 관심을 가졌다. 즉 두 응답자의 대답이 서로 다르더라도 그 판단의 논리가 비슷한 경우에는 두 사람의 도덕성 판단수준을 같은 단계에 있는 것으로 보았다. 콜버그가 고안한 도덕적 갈등상황 중에서 가장 유명한 것이 '하인츠와 약사'이다.

> 유럽에서 어느 여인이 암에 걸려 죽음에 임박하였다. 마침 최근에 그 마을의 어떤 약사가 라듐 종류의 항암제를 만들어냈다. 의사는 그 약만이 부인을 회생시킬 수 있다고 하였다. 약사는 200달러의 라듐 제로 약을 만들어 2,000달러에 팔았다. 그녀의 남편인 하인즈는 모든 친지를 찾아가 돈을 빌렸다. 빌린 1,000달러를 가지고 약사에게 찾아갔다. 그리고 자기가 가지고 있는 것이 1,000달러 뿐이므로 그 돈으로 약을 사게 해 달라고 부탁하였다. 약사는 거절하였다. 절망에 빠진 하인즈는 어느 날 밤 약방 문을 부수고 침입하였다. 아내를 살리기 위하여 그 약을 훔친 것이다. 하인즈는 그렇게 해도 괜찮은가?

콜버그의 도덕성 발달단계는 세 가지 수준과 여섯 개의 발달단계가 있다고 제시하였다. 도덕적 판단에 따른 도덕성 발달 수준의 분석 결과 피험자의 연령이 높아질수록 도덕적 딜레마를 판단하는 기준이 질적으로 변화되는 것으로 나타났다.

첫째, 인습 이전(pre-conventional)의 수준에서 도덕적으로 행동한다. 유아는 무엇이 옳고 그른지를 분별하지 못한 채 다만 외부적 제재에 따라 도덕적으로 행동한다. 1단계는 벌과 복종에 의한 도덕성으로 유아는 벌과 복종에 따라 행동한다. 2단계는 욕구충족 수단으로서의 도덕성이다. 유아는 도덕이나 규칙의 준수가 자기와 타인에게 쾌락을 주기 위한 수단이라고 간주라고 그에 따라 행동한다.

둘째, 인습 수준(conventional)에서 도덕적으로 행동한다. 어린이들은 도덕성이란 착한 아이가 되어 행동하는 것과 사회질서를 유지하는 것이라고 생각하고 그에 따른다. 3단계는 대인관계의 조화를 위한 도덕성으로 아동은 부모나 사람들에게서 칭찬을 받고 싶은 마음에서 남을 도와주며 도덕적으로 행동한다. 4단계는 법과 질서 준수로서의 도덕성이다. 아동은 사회질서와 기존에 세워진 권위는 언제나 존중해야 한다고 생각하고 그에 따른다.

셋째, 인습 이후(post-conventional)의 수준에서 도덕적으로 행동한다. 이 수준에서는 가장 성숙한 도덕성이 발달한다. 인류의 복지라는 보편성에 입각하여 객관적인 원리와 개인적인 권리를 수호하기 위해서 도덕적으로 행동한다. 5단계는 사회계약 정신으로서의 도덕성이다. 법이란 다수를 위한 최대선(最大善)이므로 사회적인 계약은 지켜야 한다고 생각하고 따른다. 6단계는 보편적 도덕원리에 대한 확신으로서의 도덕성으로 모든 인간의 존엄성과 정의에 입각하여 민주적인 원칙을 우선적으로 수용하고 개인의 양심에 따라 행동한다. 제5, 6단계에 도달한 인간은 외부적인 법적 제재가 없더라도 스스로 법을 지키는 최고 수준의 인격적인 행동을 하는 것이다.

콜버그의 도덕이론이 오랫동안 인정받아 왔지만, 1970년대 후반부터 몇 가지 측면이 비판의 대상이 되고 있다. 그것은 도덕성 발달 수준을 결정하는 데 있어서 진단자의 주관적 판단에 크게 의존한다는 점, 도덕적 판단능력과 행동의 실천은 별 개의 것이라는 점, 6단계에 도달한 사람들을 거의 찾아볼 수 없다는 점, 인지 발달에 토대를 둔다면 점진적이어야 하나 퇴행이 자주 발견된다는 점, 여성에 대한 편견을 가진다는 점, 문화적 보편성이 결여되었다는 점이다.

(3) 도덕교육의 방안

도덕성은 우리의 전통문화에서 강조 되어 온 덕목을 가르치는 것도 아주 중요하지만 그런 덕목 교육과 더불어 도덕적 추론능력 및 판단능력을 신장시켜야 한다. 즉 논리적으로 사고하고 이성적으로 감정을 통제할 때에 도덕적 행동이 도출되고, 그것이 습관화될 때 윤리적이고 지성적인 인간이 될 수 있다. 그러므로 인지적, 정서적으로 나를 포함한 타인의 관점에서도 볼 수 있는 능력으로서 사회적인 인지와 도덕적인 추론능력이 성숙해야 한다.

이를 위하여 첫째, 콜버그가 고안한 도덕적 딜레마와 같은 상황을 여러 가지로 설정할 수 있다. 그리고 그에 대하여 함께 토론할 수 있는 기회를 제공하는 것이다. 둘째, 준법정신이 실천되는 환경에서 생활하도록 해야 한다. 이것은 생활환경 그 자체가 준법을 지키도록 하는 환경이 되어야 한다는 것이다.

5. 대인관계와 의사소통

(1) 대인관계

대인관계는 인간이 행복하고 성공적인 삶을 결정짓는 요인으로서 매우 중요하다. 인간은 사회적인 존재로서 사람과 사람 사이의 관계는 인간 생활에서 필연적인 것이다. 우리가 살아가면서 부부관계, 부모-자녀관계, 형제관계, 사제관계, 친구관계, 이웃관계, 고객관계, 직장내에서의 관계 등으로 나와 타인과의 복잡하고 다양한 관계를 맺고 있다. 이런 사회적 관계망에서 대인관계 형성 능력은 매우 중요한 기술이다. 건전한 대인관계는 상대의 자율성과 인격존중을 바탕으로 협동적이고, 상호의존적 관계, 생산적이고, 도덕적 관계로서 삶을 풍요롭고 의미있게 하고, 반대로 그 관계가 원만치 못하여 불건전한 관계는 계속 스트레스를 야기하여 불안, 우울, 좌절, 소외, 갈등, 대인기피, 무력감 등을 경험한다. 고독과 사회적 격리는 정서적으로 뿐만 아니라 신체적 질병을 초래할 수 있으며, 극단적인 경우에는 정신적 질환을 얻어 삶을 불행하게 만드는 수도 있다.

대인관계 이론의 대표적인 학자는 호니(Horney), 프롬(Fromm), 설리번(Sullivan)이다. 호니는 신경증 행동의 원인과 지속상태에 관해 대인관계의 상호작용을 중요시 하였다. 프롬은 사회적 힘과 그것이 개인에게 주는 영향에 대해 강조하였다. 인간이 가진 여러 가지 욕구는 사회적인 것으로서 통정된 존재의식이나 일체감으로 그것을 순차적으로 충족해 나아가는 사람이라는 것이다. 따라서 정신적으로 건강한 사람들은 이들의 욕구가 갈등의 관계가 아니라 생산 지향적으로 계속 성장해 나아가 다른 사람들과 적당한 관계를 맺어 가면서 아울러 본능적 욕구를 충족해 나간다고 보았다. 설리번은 정신의학에서의 대인이론을 제시하면서 개인을 사회적으로 상호작용하는 유기체로 보았다. 사람은 출생과 더불어 타인과 관계를 맺는 상황의 일부가 되며, 일생동안 사회적 장의 구성원으로서 살아간다고 주장하였다. 그는 특히 개인 생활에 의미를 부여하고 타인에 대한 지각과 태도에 강조점을 두고, 만약 어떤 사람이 다른 사람을 정확하고 현실적으로 파악할 수 있다면 그의 정서 반응은 적당하고 효과적인 것이라고 보았다. 이것은 정확한 지각과 자기 자신 및 타인에 대한 신념을 가질 때에 이루어지는 것으로, 성격이 건강한 사람은 원만한 대인관계를 형성하지만, 성격이 건강하지 못한 사람은 타인과의 상호관계에서 부조화 현상을 일으키게 된다고 하였다.

건전한 인간관계를 형성하고자 노력하는 사람들은 내 쪽에서 먼저 마음을 열고 상대방에게 다가간다. 자기를 위장하거나 미화하려 하지 않고, 상대의 인격을 존중하면서 자신의 진실, 감정 등을 솔직하게 표현한다. 또한 정확한 타아개념을 형성한다. 그러기 위해서는 보다 합리적인 판단과 세밀한 관찰을 거쳐야만 오류와 오해를 낳게 되는 문제를 방지할 수 있다.

(2) 의사소통

우리는 사회 속에서 어떤 형태로든 우리의 마음을 전달하며 대인관계를 유지한다. 이러한 의사를 나누며 감정, 사상을 이해하는 과정을 통틀어 의사전달 또는 의사소통이라고 한다. 여기에는 말을 통하여 자기의 뜻을 표현하는 언어적 의사소통과 얼굴표정, 눈이나 몸동작, 옷차림, 상대방과의 공간적 거리 등을 통하여 자기의 마음을 표현하는 비언어적 의사소통이 있다.

언어적 의사소통 과정에서는 상대에게 관심을 가지고 이야기에 적극적으로 경청하고, 의사소통의 걸림돌을 사용하지 않으며, 혼합메시지를 사용하지 않아야 한다.

의사소통에 대한 연구결과에 의하면 진실로 마음이 통하는 의사소통의 약 90%는 언어(말)와는 거의 무관하게 이루어진다는 사실이 밝혀졌다. 다른 사람에 대한 공감적 이해는 상대에게 집중하여 경청하려는 자세와 더불어 언어로 표현되지 않은 생각과 감정까지도 파악하려는 노력을 통하여 얻어진 것으로 이것은 공감적 이해가 필요하다.

대인관계에서 자기를 표현하는 양식은 대체로 비자기 표현형, 공격성 형, 자기 표현형 세 가지 유형으로 구분할 수 있다. 이 중에서 자기표현형이 가장 효과적인 방법이다.

모든 인간관계에는 갈등이 존재한다. 갈등이란 서로 다른 의견과 생활방식의 차이가 존재한다는 뜻이며, 필연적인 삶의 조건이다. 이런 상황에서 자기이해가 필요하다. 자기이해란 자신과 타인과 세상을 온통으로 조감할 수 있는 능력이다. 즉 개인 신상에 어떤 문제가 생겨서 고민할 때 자기 입장에서만 지각하고 해석하는 것이 아니라 자기를 둘러싸고 있는 다른 사람들의 견해와 입장도 파악하는 것이다. 그런데 우리는 갈등이 생기면 그것을 부정적으로 받아들이고 고통스러워하는 경향이 있다. 그 결과로 적개심과 과도한 반응을 표현하며, 효과적으로 푸는 방법을 잘 알지 못하여 힘들어 한다. 갈등은 서로 간에 가치관 차이점이 존재하므로 그것을 조화롭게 풀어 가야 한다. 이상적인 반응양식은 양자간의 욕구충족을 모색하여 서로 타협하고 양보하는 방식이다. 이러한 포용적 방식은 모두를 승승(win-win)의 관계로 나 혼자만 이기려는 것이 아니고 더불어 함께 하는 지혜를 가지는 것이다.

자기표현의 세 가지 유형

구 분	비자기 표현형 (소극성)	공격적인 형	자기 표현형
행동특성	· 타인의 입장만 배려함 (타인이 자기의 욕구와 인권을 침해하도록 허용함) · 자기의 욕구와 권리를 솔직하게 표현하지 못함 (자기 부정적)	· 자기의 입장만 배려함 (타인의 욕구와 인권을 무시하고 희생시킴) · 자기의 욕구를 성취하기 위하여 과격한 표현을 함 (자기 본위적)	· 자기의 입장을 배려하되 타인의 권리와 인격을 존중함 · 자기의 욕구를 성취하되 타인의 권리를 침해하지 않음 (자기 향상적)
감 정	· 자신에 대한 실망과 자책 · 상대방에 대한 원망과 증오	· 처음엔 승리감, 우월감, 다음에 죄의식	· 자기 존중감
결 과	· 자기의 욕구를 성취하지 못함 · 대인관계가 소원해짐	· 자신의 욕구를 성취함 · 상대방에게 분노, 복수심을 심어 주고 관계가 파괴됨	· 자신의 욕구를 성취함 · 상호 존경

출처 : 홍경자(2004).

대인관계에서 나타나는 갈등은 크게 성격상의 마찰, 역할상의 갈등, 사상(생각) 차이로 나타난다. 이 중에서 생각의 갈등이 모든 갈등의 근간이 된다(Komives 등, 1998).

갈등을 다루는 요령으로 첫째, 문제해결적 의사결정의 과정(문제지향성, 문제정의, 대안산출, 의사결정, 해결과정의 실행 및 평가)을 응용한다. 둘째, 자기표현을 한다. 갈등상황에서 상대방에게 이야기할 때에는 격앙된 감정으로 말하지 않도록 주의해야 한다. 담담하게, 객관적이고 사실적으로 표현하는 것이 필요하다. 그 방법 중에는 '나-전달법'의 기술이 있다. 셋째, 상호 포용적인 방식으로 문제를 풀어 나간다(홍경자, 2004).

'나-전달법(I-message)'은 두 사람 간에 갈등이 있을 때 상대방의 감정을 상하게 하지 않게 상대방의 행동이 자신에게 미치는 구체적인 영향과 그에 따른 자신의 느낌과 요구사항을 담담하고 간결한 말투로 자기의 의사를 표현하는 것이다. 반대로 상대방을 평가하고 과오를 지적하는 방식의 대화법을 '너-전달법(you-message)'이라 한다. '너-메세지'은 상대방을 비판하는 느낌을 주거나 또한 관계를 깨뜨릴 수 있기 때문에 비효율적이다.

'나-전달법'은 아래와 같은 네 단계로 이루어진다.

1단계. 상황을 객관적으로 묘사한다 : "민우야, 네가 아침에 늦게 일어나서 학교 등교에 지각하게 되면,"

2단계. 나의 감정을 표현한다 : "나는 몹시 걱정이 되고 불안하다."

3단계. 그 이유를 설명한다 : "왜냐하면 나는 네가 성실하고 책임감 있는 학생이기를 바라기 때문이야."

4단계. 좀더 구체적으로 요청하는 바를 말한다 : "그러니 앞으로는 학교 등교 시간에 늦지 않도록 아침에 일찍 일어났으면 한다."

만약에 '나-전달법'을 화가 난 어조로 사용하게 되면 그것은 혼합 메시지가 된다. 혼합 메시지는 역효과를 가져온다.

결국, 건전한 대인관계는 일상생활에서 자신의 감정을 잘 통제하고 조절하여 생활을 효율적으로 관리할 수 있는 자기관리의 능력이 필요하며, 타인의 인격적 가치와 인권을 존중하고 유지될 때 가능한 것이다. 그럼으로써 인간적인 상호성장과 더불어 잘 살 수 있는 사회가 될 것이다.

6. 스트레스

20세기에 들어와서 스트레스는 정신신체의학에 관심이 높아지면서 질병이나 정신질환의 원인으로 간주하기 시작했다. 정신건강의 요인 중 스트레스는 이미 일상적인 개념이 되었다.

셰퍼(Shaffer)는 적응이란 개체의 욕구와 사회 환경의 상황과의 조화라고 했으며, 힌샤우(Hinshaw)는 적응 상태란 언제나 개인적 · 심리적 요인과 사회적 · 환경적 요인의 두 요인을 가지고 있다고 하였다. 이와 같이 적응이란 유기체의 욕구와 욕구의 만족에 영향을 주는 내적 · 외적 환경과의 균형을 유지하는 과정을 의미한다. 그러나 인간의 욕구는 다양하며 환경의 조건은 복잡하기 때문에, 모든 욕구가 만족되기는 어려운 일이다. 이렇게 환경에 잘 조화하지 못하는 상태를 부적응이라 한다. 이런 경우 스트레스 요인이 된다.

인간은 전 생애를 통해 스트레스가 없을 수 없으며, 어떤 형식으로든 수많은 스트레스를 경험하게 된다. 스트레스를 극복함으로써 자아를 발전시킬 수도 있고, 반면에 스트레스를 해결하지 못하여 심한 좌절 등 정서적으로 흥분, 압박감을 느끼며, 정신적으로나 신체적으로 어려움을 겪게 된다.

(1) 스트레스 개념

캐플란(Caplan)은 생활스트레스란 개인의 현재 능력으로 감당할 수 없는 상황과 관련된다고 하였고, 맨들러(Mandler)와 윗슨(Watson)은 개인의 행동 계획이 방해받는 것을 스트레스 상황이라고 정의하였다. 즉, 스트레스란 개인이 환경이나 사건으로부터 신체적 혹은 심리적으로 상당한 정도의 부담을 받아서 생기는 긴장상태를 의미한다.

버나드(Bernard)는 스트레스의 효과적인 면을 고려하여 두개의 개념을 제시하였는데 역기능적 스트레스(distress)와 기능적 스트레스(eustress)이 그것이다. 역기능적 스트레스란 정력을 고갈시켜 해로운 효과를 유발하는 것으로서 가령 불쾌감과 수치감 같은 부정적 스트레스를 말하는 것이고, 기능적 스트레스는 생에 활력을 주고 개인을 고무시키며 성장을 촉진하는 긍정적 효과를 가져오는 스트레스를 말한다. 그러나 어떤 특정의 요구가 모든 사람에게 역기능적 스트레스 혹은 기능적 스트레스가 되는 것은 아니다. 그것은 다양한 환경에 대하여 개인의 반응은 질적으로 다르게 나타나고, 동일한 환경일지라도 행동반응에 있어서는 개인마다 차이가 있기 때문이다. 따라서 스트레스의 원인과 그에 따른 개인의 정신건강 상태는 다양한 양상을 보인다. 이 스트레스에 얼마나 적절하게 대처하느냐에 따라 적응의 정도가 결정된다. 적정 수준의 스트레스는 인간의 성장을 위한 원동력이 되기도 하며, 스트레스가 전혀 없는 상태는 활동력이나 의욕을 저하시킬 수 있다. 그러나 스트레스의 원인에 장기간 노출되면 여러 가지 정신적 · 신체적으로 발전되기 쉽다.

스트레스를 일으키는 원인은 수없이 많다. 일반적으로 고립, 욕구좌절, 갈등, 심리적 압박, 불안, 생활변화 등으로 크게 나누어 볼 수 있다.

• 고립

가정, 학교, 또는 일반 사회에서 고립되면 누구나 심한 스트레스를 경험하게 된다. 이러한 고립에는 신체적 고립, 정서적 고립, 사회 · 직업적 등이 있다.

• 욕구 좌절

좌절은 욕구나 동기, 목표 추구 활동이 저지당한 결과로 생기는 주관적 경험이다. 시대나 사회, 또는 개인이 처한 상황에 따라 좌절의 원인과 정도는 제각기 다르다.

일반적으로 욕구가 좌절되는 요인 또는 조건을 살펴보면 다음과 같다.

– 환경적 물리적 요인

인간의 욕구는 가끔 자연계의 사정이나 물리적 사정에 의해서 좌절당하는 수가 많다. 예를 들면 폭우로 말미암아 원하는 어떤 것을 하지 못하든지, 무척 고대했던 운동시합의 중계방송을 정전으로 못 보게 되었다든지 하는 것 등이다.

– 사회적 요인

청소년의 욕구가 가장 많이 좌절당하는 것은 어른들의 금지 또는 제한 때문이다. 여름 방학에 친구들과 같이 캠핑을 갈 계획이 부모의 압력으로 못 가게 된다든지 하는 경우 등이 이에 속한다. 사회적 관습이 나 편견 혹은 법률 등이 행동을 제한하는 경우도 많다.

– 경제적 요인

가정의 경제적인 빈곤 때문에 하고 싶은 것을 못하는 경우가 있다.

– 개인 능력의 부족 또는 결함

개인의 능력이 부족해서 욕구가 좌절되는 경우가 있다. 예로써 신체적 결함, 약시, 난청 등이다.

– 너무 높은 목표의 설정

자기 자신의 능력은 부족한 데 도달해야 할 욕구 수준이 높아서 한 번도 그 수준에 도달해 보지 못한 사람은 실패의 연속 때문에 자신 잃게 되고 신경과민이 되고, 드디어는 열등감에 사로잡히고 만다. 욕구수준을 자기의 능력에 합당한 수준으로 설정함이 필요하다.

– 개인의 도덕적인 표준

각 개인마다 가지고 있는 도덕적인 표준이 다르기 때문에 때로는 좌절감을 느낄 때가 있다. 학교에서 시험을 치를 때 부정행위를 하면서 마음의 가책으로 괴로워하는 것, 남의 물건을 훔치거나 남을 때리고 죄악감에 사로잡혀 고민하는 것 등은 모두 그들의 도덕적 가치수준이 다르기 때문이다. 어떤 가정에서는 절제, 겸손, 금지, 정숙 등을 도덕적 표준으로 삼는가하면 다른 가정에서 장려, 활동, 개방 등을 그 표준으로 삼는다.

• 갈등

갈등이란 둘 또는 그 이상의 상반된 목표나 욕망 중에 어떤 선택을 해야 할 때 생긴다. 하나의 선택은 다른 것에 대한 포기나 좌절을 의미하기 때문에 결정하는 데 어려움을 겪게 된다. 흔히 동등한 힘을 가지고 서로 모순되거나 양립할 수 없는 태도나 가치 등이 동시에 유발되는 경우이다.

이같은 갈등 상황은 일상의 사소한 일에서부터 생사를 결정하는 중대사에 이르기까지 우리가 살아가는 동안 다양한 장면에서 발생한다. 학생의 생활문제 중에서도 갈등이 가장 흔한 문제일 수 있다. 예를 들어, 장난감 가게에서 사고 싶은 두 개의 장난감 중 하나만을 선택해야 하는 유치원생, 공부하기 싫고 야단맞기도 싫은 초등학생, 가고 싶은 두 군데의 대학 중에서 한 곳만 결정해야 하는 대학입시생 등의 경우가 있을 수 있다.

개인 내에서 일어나는 위와 같은 갈등은 원하는 목표나 욕망을 동시에 모두 달성하기가 어렵거나 불가능할 때 발생한다.

레빈(Lewin, 1935)은 개인 내부에서 일어나는 갈등의 유형을 접근-접근갈등, 회피-회피갈등, 접근-회피갈등, 이중접근-회피갈등으로 구분하였다.

- 접근-접근 갈등

긍정적인 유인가를 지닌 두 개의 목표가 동시에 있는 경우에 나타나는 갈등이다. 어떤 학생이 친한 친구들과 영화관에 가는 약속과 친하게 지내고 싶은 친구의 생일초대를 동시에 받은 경우가 이에 해당한다. 이처럼 비슷한 정도의 매력을 지닌 긍정적인 옵션이 둘 이상 있고 이 중 하나를 선택해야 하는 경우에 접근-접근 갈등이 일어난다.

- 회피-회피 갈등

부정적인 유인가를 지닌 목표들이 동시에 존재하는 경우, 즉 선택할 수 있는 옵션이 모두 마음에 들지 않을 경우에 나타나는 갈등이다. 공부하기도 싫고 야단맞기도 싫은 학생의 경우가 이 유형에 해당한다.

- 접근-회피 갈등

긍정적인 유인가를 지닌 목표와 부정적인 유인가를 지닌 목표가 동시에 존재하는 경우의 갈등이다. 이 경우 개인은 동일목표에 대해 이끌리기도 하고 거부감을 가지기도 한다. 예를 들어 TV를 시청하는 것이 즐거움을 주기는 하지만 공부를 방해하는 요인이다. 또한 친구는 나를 이해하고 도와주는 존재인 동시에 경쟁자이기도 한다.

- 이중접근-회피 갈등

동시에 두 목표가 있으며, 각기 접근하고 싶은 긍정적인 유인가와 회피하고 싶은 부정적인 유인가를 동시에 가지고 있는 상황이다. 즉 선택할 수 있는 옵션들이 좋은 점과 나쁜 점을 동시에 가지고 있을 때 발생하는 갈등 상황이다.

자신이 원하는 학과에 가기 위해서는(접근) 부모님의 심한 반대(회피)를 각오해야 하고, 부모님의 뜻을 따르자니(접근) 원하지 않는 학과에 가야 하는(회피) 경우이다.

- 압박감

어떤 행동기준에 꼭 맞추려고 하거나 급격한 변화에 적응하려고 할 때 경험하게 되는 긴장상태이다. 여기에는 자신의 자존심 등을 유지하기 위한 내부압력과 타인과의 경쟁, 사회조건 등 외부압력이 있다.

- 불안

욕구좌절이나 생활 변화와 같은 스트레스 원에 기인한 정서반응의 일부일 수도 있으나, 불안 그 자체가 스트레스를 유발할 수 있다. 불안은 때때로 걱정, 근심, 긴장, 공포와 같은 용어들로 표현될 수 있는 불쾌한 정서를 의미한다. 근육이 긴장되거나 주의 집중하기 힘들어 하고, 사소한 일에 짜증이나 화를 내며 신경질적인 반응을 보이기도 한다. 주관적인 상태에 기인하기 때문에 다른 사람들은 이해하기 어렵다. 학습에 있어 일정정도의 불안은 긍정적인 학습효과를 가져온다.

- 생활 변화

사랑하는 사람의 죽음, 부모의 이혼, 별거, 사랑하는 사람과의 이별 등 생활의 변화로 새로운 상황에의 적응이 요구되는 중요한 사건이다.

이상의 스트레스 원인들을 장기적·누적적으로 경험하게 되면 여러 가지 정신질병이나 신체질병을 일으키게 된다(Russell, 1988).

(2) 스트레스의 대처

일반적으로 스트레스 대처란 일상적으로 직면하는 생활의 문제들로 개인의 균형이 깨어질 때, 불균형한 상태를 회복시키고 다시 일상에 적응하는 과정을 뜻한다(Selye, 1982).

스트레스 상황에 처하게 되면 이에 대처하기 위한 다양한 행동들이 나타나기 마련이다. 스트레스가 되는 상황에 대해 현실적이고 효과적으로 대응하는 일은 매우 중요하다. 적응을 요구하는 새로운 상황에 직면하여 어떻게 행동하는 것이 생산적이고 건설적인지 또는 어떤 행동이 좋고 나쁜지를 밝히는 것은 매우 어려운 일이지만 대체적으로 다음과 같은 행동들이 효과적이라고 할 수 있다.

첫째, 스트레스에 대응하는 행동들을 평가하는 기준을 음미해 본다.

둘째, 스트레스에 효과적으로 대응하는 전형적인 단계들을 검토해 본다.

셋째, 스트레스 상황이 개인의 성장을 위해 활용될 수 있는 방안을 찾아본다.

스트레스 대처양식은 크게 방어적 대처와 문제중심 대처로 나눠 볼 수 있다.

① 방어적 대처

방어적 대처는 스트레스를 유발한 원인 상황자체를 변화시키기보다 스트레스로 인한 부적인 정서들을 감소시키기 위해 현실을 왜곡하는 자기만족의 대처양식이다. 마음의 괴로움을 덜기위해 운동, 명상, 음주, 분노의 발산이나 정서적 지지를 구하려는 행동을 하게 된다. 그러나 이런 과정은 의식적이기 보다 무의식적인 경우가 많다. 방어기제는 프로이트가 사용하기 시작한 용어로 적응기제라고도 불리운다. 프로이트는 현실을 왜곡함으로써 사람을 불안으로부터 방어하게 하는 무의식과정을 설명하기 위해 방어기제라는 용어를 사용했다. 즉, 방어기제란 부적응 상태나 스트레스를 받는 상황에서 스스로를 보호하기 위하여 사용되는 기제이다.

※ a ~ e까지는 갈등 또는 욕구불만 상황을 직접적이 아닌 대상적으로 해결할 때 사용되는 기제이다.

a. 보상

바람직한 특성을 강조함으로써 약점을 감추거나 한 영역에서의 욕구불만을 다른 영역에서 보상하는 것을 말한다. 열등감과 관련된 것이 많다.

보상은 인간형성에 있어서 좋은 의미와 좋지 못한 의미를 가지고 있다. 예컨대, 자기가 지니고 있는 약점이나 결함을 극복하여 생산적인 결과를 가져오는 경우는 전자의 경우이고, 이와는 반대로 자기의 약점이나 결함을 보상하기 위하여 반사회적인 행위를 유발시키거나 혹은 의미 없는 특성을 과장하는 행위는 후자의 현상이다.

b. 전위

어떤 요구의 대상이 무의식 가운데 다른 대상으로 전위시키는 것으로 윗사람에게 대한 불만을 부하에게로 향해 매우 심하게 꾸중하는 것이라든가 고인이 남긴 유품을 중요하게 여기는 것 등이 여기에 속한다.

프로이트는 전위가 공격적 및 성적 충동을 다루는 가장 만족스런 방법이 된다고 생각하였다. 기본적 욕구는 변화될 수 없으나, 욕구가 지향하는 대상은 바뀔 수 있다. 직접 표현될 수 없는 색정적 충동은 미술, 시, 음악과 같은 창작활동에서 간접적으로 표현할 수 있다. 적대적 충동은 신체적 접촉이 있는 운동에 참가함으로써 사회적으로 허용되는 표현을 찾을 수 있다.

c. 동일시

다른 사람의 특징이나 특권, 업적, 제도 등을 마치 자기에게 속하는 것으로 생각하므로 자기 가치감을 높이는 것이다. 자기의 가계나 소속 학교, 또는 회사의 우월성을 자기 자신의 우월성으로 느끼고 만족감을 얻는 것 등이다.

d. 섭취

대상의 여러 속성을 받아들여 자신의 것으로 하는 것이다. 투사가 생물학에서 이화(異化)라고 하는 것에 대해, 섭취는 외계에 있는 것을 자기 속으로 넣어 자기의 일부로 하는 현상으로 생물학에서의 동화(同化)에 해당한다.

e. 승화

성적 또는 공격적인 충동을 직접적으로 충족시키지 않고, 사회적 가치에 따른 유용한 목표로 향하게 하여 본래의 원시적인 에너지를 보다 높은 차원의 성질로 변용하는 것을 말한다. 예술활동이나 스포츠 등에서 그 전형적인 예를 찾아볼 수 있다. 따라서 승화는 아동의 지도상 가치있는 기제라고 볼 수 있다.

※ 다음 f ~ i 까지는 갈등적 상황에 있는 것을 일단 그대로의 모양을 취하면서 긴장을 경감시키는 방식으로 그 상황을 지배하려는 방어기제이다.

f. 지성화

경험에서 감정적인 면을 떠나서 지적으로 객관화시킴으로써 심리적 거리를 두고 바라보아 감정적인 혼란이나 두려움으로부터 회피하려는 기제이다.

지성화는 정서적으로 위협이 되는 상황을 추상적으로 지적인 용어로 취급함으로써 초연해지려는 시도이다. 이런 종류의 적응은 생과 사의 문제를 그들의 일상적 직업에서 취급해야 하는 사람들에 대해서 흔히 필요하다. 계속적으로 인간의 고통을 목격하게 되는 의사는 모든 환자에 대해 정서적으로 관여될 수 없다. 어느 정도의 초연이 효과적인 기능을 위해서 필요하다.

g. 합리화

사회적으로 용납되지 않는 감정이나 행동에 대하여 그럴듯한 이유를 붙여 자신의 행동을 정당화함으로써 사회적 비판이나 죄의식을 피하려는 것으로, 일반적으로 자신의 대외적 인상과 자존심을 보존하거나 향상시키기 위해 사용하는 방어기제이다.

합리화 작용에는 자기방어 유형에 따라 두 가지로 분류할 수 있다. 하나는 신포도형(sour-grapes)으로 이것은 자기가 도달할 수 없는 목표를 부정하거나 혹은 과소평가함으로써 자기의 실패나 단점을 보상하려고 하는 것이다. 예를 들면, 이솝의 우화에서 여우가 먹고는 싶으나 높은 곳에 있어 닿을 수 없는 포도를 "이 포도는 신포도이기 때문에 안 먹겠다"고 말하는 경우이다. 다른 하나는 달콤한 레몬형(sweet-lemon)으로 자기 자신의 현재의 상황이 자기가 바라던 '바로 그것'이라고 말하는 심리적 상태이다. 예를 들면, 지방으로 좌천된 직장인이 도시보다 전원생활이 더 좋다고 말하는 경우나 시험에 실패한 사람이 문제출제 방법 등으로 돌리는 경우이며, 책임전가라고도 한다.

h. 격리

본능, 충동 및 그 외의 욕구는 보통 나타나는 것과 감정을 동반하고 있는데, 이 양자의 관계가 끊어지는 기제이다. 또 동시에 존재하는 양립하기 힘든 감정이 다른 대상이나 장면에 분리하여 나타나는 경우도 있다. 예컨대, 딸에게 익애(溺愛)적으로 부드럽고, 아들에게는 철저히 엄격한 아버지 등이 여기에 속한다. 또 지성화는 지성과 감정의 분리로서는 생각할 수 있다.

i. 복원

감정이나 동작을 끊임없이 반복함으로써 욕구를 재현하고, 그것과 직면하고, 그리고 함께 부딪힘으로써 그것을 무시하고 지배하려는 것을 말한다. 강박적인 반복행동은 어떤 충동실현에 대한 죄악감을 없애기 위한 것으로도 볼 수 있다.

※ j ~ l 까지는 긴장 상황으로부터 비현실적인 양식으로 도피하는 기제로 생각할 수 있다.

j. 백일몽

저지되어 있는 욕구를 공상에 의해 충족하는 것이다. 즉, 현실적으로는 도저히 만족할 수 없는 욕구나 소원을 상상의 세계에서 얻으려는 행동이다.

k. 투사

자기에게 속한 특질이나 태도를 타인에게 전가시키는 기제이다. 자신이 상대에게 적의를 품고 있는데, 상대가 오히려 자기에게 적의를 갖고 있다고 생각하는 것 등이다.

l. 퇴행

이전의 발달단계로 역행하여 보다 미숙하고 미분화된 반응을 나타내거나 보다 낮은 목표나 요구수준에로 물러나 버리는 것이다. 어려운 일을 앞에 두면 잠이 오게 되는 것이나, 어린이가 아기의 탄생으로 인해 아기처럼 어리광을 피우거나 하는 것 등 이른바 어린아이와 같이 되는 현상이다.

※ m ~ o 까지는 본래 욕구 그것을 의식적으로 인정하지 않으려는 기제라 할 수 있다.

m. 부정

욕구나 그것에 관련된 감정 또는 관념을 스스로 인지하는 것을 부정함으로써 불쾌한 현실로부터 자신을 지키는 기제이다. 치명적인 병이 있는 아이의 부모는 그들이 진단과 예상된 결과를 충분히 알고 있다고 하더라도 어떤 잘못된 것이 있다는 것을 시인하려 하지 않는다. 현실을 인정함으로써 생기는 고통을 참아낼 수 없기 때문에 그들은 적어도 잠시라도 부정의 방어기제에 의존한다.

n. 억압

현실의 부정은 외부적 위협에 대한 방어인 반면에 억압은 내부적 위협에 대한 부정이다. 억압에서 너무 위협이 되는 충동이나 기억은 행동이나 의식적인 인식 밖으로 축출된다. 프로이트는 어떤 아동기의 충동의 억압은 보편적이라고 생각했다.

두려움 또는 받아들이기 힘든 불안을 동반하는 요구나 이것과 관련되어 있는 생각이나 감정을 의식에서부터 쫓아내어 자기자신이 느끼지 못하도록 하는 과정으로, 프로이트는 이른바 방어기제의 기본형이라고 생각했다. 의식으로부터 쫓아낸 욕구는 원초아(id)의 영역에서 세력을 모으고 있기 때문에 그것을 계속 억제할 수 있기 위해서는 정신 에너지의 과잉소비를 필요로 하고, 방어가 약해지면 무의식 쪽에서 이 욕구의 역습을 받기도 한다. 이중인격은 이러한 기제의 극단적인 예로 볼 수 있다.

o. 반동형성

자신이 느끼고 바라는 것과는 정반대로 감정을 표현하고 행동함으로써 자신의 욕구를 은폐시키는 것이다. 상대에게 강한 적의를 갖고 있으면서 그 마음을 깨닫지 못하고, 오히려 이상한 친절로 대하거나 실제는 매우 마음에 끌려 있는데도 무관심이나 반항적인 태도를 나타내는 것 등이다. 또한 자신의 도덕성에 대해 열등감을 느낀 사람이 도덕성을 강하게 주장함으로써 그 약점을 보충하려고 하는 것과 같은 경우이다.

② 문제중심적 대처

문제중심적 대처는 스트레스를 유발한 문제에 초점을 맞추어 상황을 평가하고 자신의 목표를 위해 적극적으로 외부환경을 변화시키거나 자신의 목표를 내적으로 조절하는 것을 의미한다. 즉 문제를 규정하고, 해결책을 모색하며, 적절한 대안을 선택하여 행동하는 것이다.

문제중심적 대처는 스트레스 요인과 유형에 따라 대처전략이나 방식이 다르게 표출된다. 스트레스에 효과적으로 대처하기 위하여 다음과 같은 사항을 고려해야 한다. 첫째, 평소에 대처 능력을 향상시키는 예방적인 준비가 필요하다. 적응력을 계발하고 증진하는 노력과 성장지향적인 생활방식으로의 변화, 자존감의 향상이나 능력계발, 원만한 인간관계를 위한 기술 등을 갖추고 있어야 한다. 둘째, 특정한 스트레스 상황에 적절하게 대처하는 방법을 익히는 것이다. 무한하게 전개되는 특정 상황에 따른 대처 방식을 완벽하게 배울 수는 없기 때문이다. 셋째, 스트레스와 직접 관련이 되는 도전이나 위협을 다루려고 노력하는 방법을 시도해야 한다. 이를 위해 사회 공학적 대처 방법, 심리 공학적 대처방법, 명상법, 근육이완법, 바이오피드백, 신체활동을 통한 스트레스 해소법 등을 이용할 수 있다.

사람들은 보통 어느 한 가지 전략을 집중적으로 사용하지 않는다. 대부분의 사람들은 방어적 대처와 문제 중심적 대처를 절충적으로 사용하고 있다. 예를 들어 스트레스 상황에서 환경이나 상황을 바꾸기 위한 대안이 없다고 평가될 때는 방어적 대처를 이용할 가능성이 높으며, 스트레스의 조건들을 변화시킬 수 있다고 평가될 때는 문제 중심적 대처를 이용할 가능성이 높아진다. 일반적으로 문제 중심적 대처를 더 건전하고 효과적인 것으로 생각하고, 방어적 대처는 근본적인 문제해결이라기보다 임시적인 긴장의 완화나 회피에 불과하다고 보고 있다. 그러나 방어적 대처 역시 개인의 능력으로 스트레스를 해결할 수 없을 때, 개인의 정서 조절에 도움이 되는 것만은 분명한 사실이다.

(3) 학교 스트레스

학생들에게는 학교 환경이 스트레스의 중요한 원인이 된다. 학생들은 자신의 자아정체성, 학교생활을 통한 학업성취에 대한 성취욕 및 경쟁의식, 학업 실패로 인한 좌절, 그리고 교사관계, 친구관계 등의 대인관계, 진로문제, 그 밖에 부적절한 학교환경 등으로 스트레스를 경험하게 된다.

이와 같은 스트레스 요인들은 학생들에게 직접적인 영향을 미치고 있으며, 더욱이 신체적·정신적으로 성숙 과정에 있는 아동기와 청소년기에는 성인들의 입장에서 사소하게 느껴지는 일들이 스트레스로 느껴질 수도 있다는 사실에 대하여 이해가 요구된다.

(4) 학교 스트레스 대처

학생들이 다양한 스트레스에 효과적으로 대처하기 위한 방법을 다음의 두 가지로 생각해 볼 수 있다(원호택, 1992).

첫째, 스트레스에 대한 학생들의 대처능력을 향상시키는 것이다. 이는 예방적인 차원으로서 학생들의 적응능력을 계발·증진시켜 성장지향적인 생활방식으로 변화시키는 방법이다. 그리하여 발생하는 문제들을 현명하게 처리할 수 있도록 해야 한다.

둘째, 특정한 학교 스트레스에 대처하는 방법을 익히는 것이다. 학교생활 중에 부딪히는 특정한 스트레스는 시험이나 진학문제, 교우관계, 교사와의 관계 등을 말한다. 특정한 스트레스 요인에 대처하는 방법을 한마디로 명제화할 수는 없지만 기본방향 몇 가지를 생각해 볼 수 있다. 그 예로 학생자신의 마음가짐이 중요하다. 긍정적인 사고와 태도를 지녀야 한다. 스트레스는 위협적이고 부정적인 면이 있으나 이러한 스트레스를 극복함으로써 자기 성장의 기회가 된다는 사실을 이해하는 것이 중요하다. 또한, 스트레스 상황에 대처하기 위하여 활용하는 자원을 고려해야 한다. 즉 도움을 줄 수 있는 지원자나 학교를 포함한 사회기관 등을 통하여 사회적 지지를 얻을 수 있다. 사회적 지지는 학생들이 스트레스 상황에 대처할 수 있도록 직접적인 도움이나 정보 제공, 정서적 지지를 제공받을 수 있다.

7. 친구 만들기

「친구를 얻고 사람들에게 긍정적인 영향을 줄 수 있는 방법」(*How to Win Friends and Influence People*)이라는 데일 카네기(Dale Carnegie)의 책을 읽은 수백만의 사람들은 친구를 사귀는 것이 얼마나 신중을 기해야 하는 일인가를 알 수 있을 것이다. 그러나 그런 염려 때문에 일부러 이 책을 사 볼 필요는 없다. 친구를 만들고 우정을 발달시키는 것은 일생을 통해 사람들이 가지는 공통된 관심사 중의 하나이다.

비록 친구를 사귀는 마술적인 공식은 없을 지라도 심리학적인 결과를 토대로 우정을 발달시키고 유지하는 데에 필요한 몇 가지의 원칙은 제시될 수 있다.

(1) 너 자신을 드러내라.

다른 사람들은 당신에게 매력을 느끼기 전에 당신이 누구이며 어떤 사람인가를 알고자 한다. 두 사람의 관계를 발전시키기 위해 당신 자신에 대한 정보를 상대방에게 알려 주는 것이 필요하다(Jourard,1971). 당신의 모든 것을 당신이 말하기 전에 다른 사람이 알아낼 수 있을 것이라고 가정하지 말아야 한다. 대신에 당신이 좋아하는 것과 싫어하는 것에 대하여 숨김없이 상대방에게 표현하는 것이 좋다. 세계에 관한 가치관을 서로 이야기할 때 비록 표면적인 접근 태도에는 약간의 차이가 있다 할지라도 솔직한 감정전달에서는 어떤 공통성을 발견하게 될 것이다. 물론 이런 책략에는 한계가 있다. 관계를 발달시키는데 있어서 지나치게 빠른 자기 노출은 불리한 결과를 초래하기도 한다.

(2) 다른 사람으로 하여금 당신이 그들을 좋아한다는 것을 알게 하여라.

상호친숙성에 관련된 이론에 따르면 사람은 자신을 좋아하는 사람을 좋아한다는 것이 확실하다. 만약 당신이 누군가를 좋아한다면, 상대방에게 말하는 것이 좋다. 말에 의해서가 아니라면 행동으로라도 표현하는 것이 좋다. 비록 당신의 감정을 솔직하게 털어놓는 것이 거절을 당할 위험을 안고 있다 하더라고 그것은 진실된 우정을 발달시키기에 가장 합리적일 수 있다.

(3) 다른 사람을 인정하라.

우정의 표시는 상대방을 당신이 좋아하는 방법에 의해서가 아니고 있는 그대로 인정하는 것이다. 다른 사람을 인정하는 데 있어서 어떤 조건을 부여하지 말아야 한다. 완전한 사람은 아무도 없으며 모든 사람들은 근본적으로 착하다. 그러나 바람직하지 못한 특성도 함께 가지고 있음을 명심해야 할 것이다.

(4) 같은 활동에 참여하라.

근접성과 매력의 관계에 관한 이론은 같은 활동에 참여하는 것이 우정발달에서 중요한 한 요인이라는 것을 밝히고 있다. 우정이란 자랄 수 있는 시간이 필요하고, 서로 만족할 만한 활동을 공유하는 것은 비록 그것이 단순히 앉아서 이야기하는 정도일 지라도 지속적인 우정의 발달을 촉진시키게 된다.

(5) 관심과 보살핌을 보여라.

잊어버리기 쉬운 본질이지만 관심과 보살핌은 우정을 형성하고 지속시키기 위한 선행조건이 된다. 상대방의 행운에 관심을 표명하고 불행과 슬픔을 같이 나누어야만 한다.

8. 이성 관계

(1) 사랑의 의미

사랑은 사람 사이 즉 인간관계에서 경험할 수 있는 가장 행복하고 오묘한 감정이다. 사랑은 가장 황홀하면서 때로는 가장 고통스런 체험이기도하다. 사랑은 한 인간과 한 인간이 서로를 강렬하게 원하며 서로를 융합시키는 신비스런 마력을 지니고 있다. 사랑은 누구나 동경하는 체험이며 동서고금을 막론하고 예술과 문학의 변함없는 주제이다. 한 개인의 삶에 있어서도 사랑은 기쁨과 슬픔, 환희와 고통, 행복과 불행을 좌우하는 가장 중요한 요인임을 아무도 부정하지 못할 것이다.

과연 우리의 삶에서 이토록 중요한 사랑은 무엇인가? 무엇을 사랑이라고 하는가? 사랑은 정의하기 어렵다. 국어사전에 의하면 사랑은 '아끼고 위하는 따뜻한 인정을 베푸는 일 또는 그 마음' 또는 '마음에 드는 이성을 몹시 따르고 그리워하는 일, 또는 그러한 마음'이라고 정의되어 있다. 그러나 사랑이라는 용어는 다양한 맥락에서 다양한 인간관계를 지칭하기 위해 사용된다. 따라서 사랑의 개념을 정리해 볼 필요가 있다.

심리학자들은 사람들이 '사랑'이라는 단어로 기술하는 다양한 행위와 그 특성을 분석해왔다. 또 많은 사람들을 대상으로 설문지와 면접을 통해 사랑에 대한 태도와 행동들이 연구해왔다. 그 결과 일반적으로 사랑은 크게 다음과 같은 5가지 유형으로 분류되고 있다.

① 이타적 사랑

이타적 사랑(altruistic love)은 무조건적이고 헌신적으로 타인을 위하고 보살피는 사랑이다. 사랑의 대상이 사랑을 받을 자격을 가지고 있는지의 여부나 그로부터 돌아오는 보상적인 대가에 상관없이 변함없이 주어지는 헌신적인 사랑이다. 이런 종류의 사랑에서는 자기희생이 중요한 요소가 된다. 이타적 사랑은 고전적인 종교적 사랑으로서 성경의 고린도전서 13장에 묘사되어 있듯이 언제나 온유하고 오래 참으며 시기하지 않고 보답을 기대하지 않는 숭고한 사랑을 말한다. 신의 사랑, 부모의 사랑이 이러한 이타적 사랑의 대표적인 예이다.

② 동료적 사랑

동료적 사랑(companionate love)은 친한 친구에게서 느끼는 우정 같은 사랑이다. 동료적 사랑은 상대방에 대한 뜨거운 열정이나 일방적인 헌신은 개입되지는 않으나 깊은 신뢰와 친근감에 바탕을 둔 사랑이다. 사랑(loving)과 좋아함(liking)은 흔히 상대방에 대해 갖는 애정의 강도에 의해서 구분되는데, 동료적 사랑에서 느끼는 감정은 좋아함에 가깝다고 할 수 있다. 동료적 사랑은 삶속에서 오랜 기간 밀접한 관계를 가져온 사람에 대해 느끼는 애정과 의리를 의미한다. 평생 동안 인생의 풍파를 함께 헤쳐 온 노부부간의 사랑이 이러한 사랑의 대표적인 예라고 할 수 있다.

③ 낭만적 사랑

낭만적 또는 열정적 사랑(romantic passionate love)은 뜨거운 열정이 중요한 요소가 되는 강렬한 사랑이다. 이러한 사랑은 사랑하는 사람과 하나가 되고 싶은 욕망, 사랑하는 사람에 대한 과대평가나 우상화, 강렬한 감정을 수반하는 집착 등의 특징을 지닌다. 사랑이 영원할 것이라는 신념, 사랑하는 사람에 대한 계속적인 생각, 사랑을 위해선 무엇이든지 하려는 충동과 더불어 강렬한 성적인 요소가 개입된다. 이러한 사랑을 하는 사람은 낭만적 사랑이 세상에서 가장 중요하다고 믿는다. 로미오와 줄리엣의 사랑이 대표적인 예라고 할 수 있다. 낭만적 사랑은 대부분의 사람들이 선망하는 사랑의 유형이기도 하다. 그러나 낭만적 사랑은 흔히 불안정하며 지속적이지 못하고 많은 심리적 고통을 수반하는 경우가 많다. 이러한 사랑은 '눈먼 사랑'으로 기술되기도 한다.

④ 실용적 사랑

실용적 사랑(pragmatic love)은 이성에 근거한 현실주의적이고 합리주의적인 사랑이다. 사랑의 대상을 선택할 때에도 사랑의 관계가 안정적이고 지속적일 수 있는 서로의 조건을 고려한다. 상대방의 성격, 가정배경, 교육수준, 종교, 취미 등을 고려하여 자신과 맞는 사람을 선택한다. 이러한 조건을 고려한 선택이 이루어지게 되면, 강렬한 애정감정과 열정이 뒤따르기도 한다. 우리나라에서 이루어지는 '선'이나 '중매'를 통해 상대를 만나고 사랑하게 되는 경우가 이러한 사랑의 한 예라고 할 수 있다.

⑤ 유희적 사랑

유희적 사랑(playful love)은 놀이와 같이 재미와 쾌락을 중요시하며 즐기는 사랑이다. 이러한 사랑에서는 상대방에 대한 강력한 집착이나 관계의 지속을 위한 장기적인 계획이 없다. 유희적 사랑을 하는 사람들은 흔히 여러 명의 연인을 동시에 사귀며 고정된 이상적인 연인상을 가지고 있지도 않다. 이들은 한 사람과의 관계에 자신의 평생을 바치려 하지 않으며 상대방과의 관계에서 쾌락과 즐거움이 줄어들면 다른 대상을 찾게 된다.

(2) 사랑의 종결 : 실연과 그 극복방법

이성과의 사랑이 항상 행복한 결말을 맺는 것은 아니다. 많은 연인들이 서로 뜨겁게 사랑하다가 여러 가지 이유로 헤어지게 된다. 이렇게 이루지 못한 사랑은 아픈 상처를 남긴다. 흔히 실연의 고통은 매우 쓰라리고 실연의 상처는 잘 아물지 않는다. 실연의 경험은 우리의 삶에 심각한 영향을 미치기도 한다. 특히 젊은이들에 있어서 실연은 극복하기 어려운 사랑의 후유증을 남기는 경우가 많다.

① 실연의 유형

실연(失戀)은 사랑의 해체이며 종결을 의미한다. 사랑하던 두 남녀가 사랑의 관계를 종식시키는 불행한 경우이다. 사랑하던 두 남녀가 사랑을 종결하는 이유나 과정은 매우 다양하다. 먼저 실연의 유형을 세 가지로 나누어 살펴보기로 한다.

첫 번째 유형은 '일방적 실연'이다. 일방적 실연은 두 사람이 서로 사랑하다가 한 사람의 일방적 요구에 의해 그 관계가 파기되는 경우이다. 이렇게 관계를 파기하는 이유는 다양하다. 상대방의 성격, 능력, 행동에 대한 실망이 가장 흔한 원인이다. 그러나 사회교환 이론에 의하면, 더 나은 애정상대의 출현으로 현재의 관계를 청산하는 경우이다. 일방적 실연은 짝사랑의 경우에도 생길 수 있다. 즉 한 사람이 짝사랑을 하다가 상대방에게 사랑을 고백했으나 그 사랑이 거부되는 경우이다. 일방적 실연을 당한 사람은 많은 심리적 충격과 고통을 받게 된다. 사랑의 상실과 자존심의 손상으로 인해 우울감을 경험하게 될 뿐만 아니라 자신을 거부한 상대방에 대한 분노, 적개심, 배신감, 복수심 등이 생겨나게 된다.

일방적 실연은 가장 일반적인 실연의 형태로서 가장 고통스러운 상처를 남긴다. 실연의 두 번째 유형은 '합의된 실연'이다. 마치 합의이혼과 같이, 사랑하던 두 사람이 사랑의 관계를 종결하기로 서로 합의하고 헤어지는 경우이다. 사랑을 나누는 과정에서 서로에 대한 불만과 갈등이 생겨나고 이러한 갈등이 해결되지 못하고 오히려 악화되는 경우가 많다. 갈등을 경험하는 과정에서 서로에 대한 매력과 애정이 사라지고 더 이상 관계를 유지할 필요를 느끼지 못한다. 결국, 두 사람은 명시적으로든 암묵적으로든 사랑의 관계를 종결하기로 합의하고 헤어지게 된다. 이 경우, 실연한 두 사람은 애정이 식은 상태에서 불만스런 상대방과의 이별이기 때문에 심리적 고통이 상대적으로 적지만 미련, 아쉬움, 후회의 감정이 수반될 수 있다. 세번째 유형은 '강요된 실연'이다 강요된 실연은 당사자의 의사와 상관없이 외부적 요인에 의해 사랑의 관계가 지속되지 못하고 중단되는 경우이다. 예를 들어 부모의 반대, 한 사람의 지리적 이동(유학, 이민 등) 또는 한 사람의 죽음 등이 두 사람을 갈라놓는 외부적 요인이 될 수 있다. 이 경우에는 이루지 못한 사랑에 대한 안타까움, 그리움, 아쉬움, 보고싶음 등의 감정이 뒤섞인 슬픔의 감정이 뒤따르게 된다. 흔히 강요된 실연의 경우, 사랑의 관계가 계속되지는 못하지만, 상대방에 대한 사랑의 감정은 지속되거나 더욱 강해지는 경우가 있다. 흔히 주변에서 반대를 하면 상대방에 대한 사랑의 감정이 더욱 강해지는 현상이 흔히 관찰되며 이를 '로미오와 줄리엣 효과'라고 한다. 실연의 유형을 크게 세 가지로 나누어 보았지만, 실제의 경우는 여러 가지 요인이 복합적으로 작용하는 경우가 대부분이다. 어떤 경우이든 실연을 한 사람은 고통스럽고, 실연의 고통은 어떤 고통보다도 괴롭다. 그러나 실연의 고통을 더욱 아프고 괴롭게 하는 상황과 조건이 있다. 일반적으로, 실연의 고통은 다음의 경우에 더욱 심하다.

a. 상대방의 일방적 결정에 의해 실연한 경우
b. 예상하지 못한 상태에서 갑자기 실연한 경우
c. 사랑의 관계에 정신적 또는 물질적 투여를 많이 해 온 경우
d. 상대방이 다른 사람을 사랑하게 되어 거부당한 경우
e. 거부당한 이유가 자신의 내적 요인(성격, 능력, 외도)인 경우
f. 첫사랑의 실연인 경우
g. 두 사람의 연인관계가 이미 주위 사람들에게 많이 알려진 경우
h. 친구나 가족 등 주변에 가까운 사람이 없는 외로운 사람인 경우

(3) 실연의 극복

실연은 고통스러운 만큼 극복하기도 쉽지 않다. 실연한 사람은 흔히 실연의 아픔으로부터 벗어나지 못할 것 같은 느낌을 갖는다. 다시는 어떤 사람을 사랑하지 못할 것 같은 생각이 든다. 그러나 대부분의 사람은 실연의 고통으로부터 회복된다.

실연으로부터 극복하는 과정은 흔히 다음과 같은 3단계를 거친다고 한다. 첫 단계는 충격과 고통의 시기이다. 이 시기는 실연 직후에 경험

되는 가장 고통스런 시기이다. 슬픔, 우울, 미련, 후회, 배신감, 분노 등의 고통스런 감정에 휩싸이는 시기이다. 두 번째 단계는 실연의 상처를 치유하는 시기이다. 이 시기에는 실연의 아픔을 이겨내기 위한 여러 가지 노력이 이루어진다. 가까운 사람에게 도움을 요청하기도 하고 실연의 과정을 마음속으로 재정리해 보기도 한다. 또는 여행을 떠나기도 하고 새로운 일에 몰두해 보기도 한다. 이러한 노력 속에 시간이 흘러가고 일상적 생활에 복귀하게 되면 아물지 않을 것 같던 실연의 상처가 서서히 아물게 된다. 세 번째 단계는 성숙하는 시기이다. 실연의 아픔을 극복하는 과정에서 자기 자신에 대한 여러 가지 반성을 하게 되고 사랑에 대한 새로운 시각을 갖게 된다. 이러한 배움을 통해서 인격적으로 성숙하게 되고 보다 성숙한 이성관계를 위한 밑거름을 마련하게 된다.

실연은 매우 고통스럽고 실연의 상처를 치유하는 것은 매우 어렵다. 주변에는 실연으로 인해 아파하고 괴로워하는 사람들을 흔히 보게 된다. 그들이 실연의 상처로부터 벗어나도록 도와주고 싶지만, 대부분의 경우 위로의 말이나 해결의 조언들이 큰 도움을 주지 못하는 경우가 많다. 불행하게도 사랑의 상처를 극적으로 치료하는 묘약은 없다. 다만, 실연의 고통이 지나치게 장기화되지 않도록 하며 고통이 확대되지 않도록 하는 것이 중요하다. 실연으로 인해 다른 인간관계나 학업 및 직업과 같은 다른 사회적 영역으로 문제가 확산되지 않도록 유의해야 한다. 실연의 아픔을 제거하는 묘약을 없지만 실연의 상처가 빨리 아물도록 돕는 방법은 있다. 실연의 상처로 고통받는 사람들을 전문적으로 상담하는 사람들은 여러 가지 극복방법을 제시하고 있다. 실연에 대해 일반적인 극복방법에 대해서 살펴보면 다음과 같다.

첫째, 자신이 실연으로 아파하고 슬퍼하고 있다는 사실을 받아들인다. 그리고 이러한 아픔과 슬픔이 실연에 대한 자연스럽고 정상적인 반응임을 자각한다. 본래 실연은 이렇게 아픈 것이고 많은 사람들이 실연으로 이렇게 아파했고 이 아픔으로부터 극복했다는 사실을 자각한다.

둘째, 충분히 아파하고 슬퍼하라. 실연의 고통을 느끼고 표현한다. 사랑이 깊으면 실연의 상처도 깊다. 상처는 아픔의 과정을 통해 아문다. 실연의 아픔을 부인하거나 숨기려 하지 말아야 한다. 실연의 아픔에 젖어 아픔을 깊이 느낀다. 아픔의 체험은 치유의 과정인 것이다. 그러나 아파하는 과정이 장기화되지 않도록 하여야 한다. 아픔에 대한 극단적인 표현을 경계한다. 흔히 통곡을 하고 나면 슬픔이 진정되듯이 사랑의 상처도 실연의 고통을 충분히 느끼고 표현할수록 빨리 아무는 것이다.

셋째, 가능하다면 1~2주 정도 일상적 생활로부터 벗어나는 것도 좋다. 여행을 하거나 새로운 일을 하거나 환경의 변화를 통해 기분을 전환하는 것이 필요하다. 이러한 생활의 변화는 침체된 감정을 전환하는 계기가 될 수 있다. 또한 실연의 아픔과 혼란으로 인해 당면한 현실적 과업을 적절하게 수행하지 못하면 학교나 직장에서 심각한 불이익을 당할 수 있다. 따라서 가능하다면 휴가를 얻거나 시간을 내어 업무에서 벗어나는 것이 필요하다.

넷째, 실연에 대해서 반성해 본다. 실연의 원인과 과정을 생각해 본다. 이러한 반성을 통해 실연의 경험으로부터 교훈을 얻는다. 실연은 사랑에 대한 비현실적인 기대와 환상에 기인할 수도 있고, 상대방으로부터 사랑받고자 하는 지나친 욕구에 기인할 수도 있으며 사랑의 감정에 휩싸여 상대방과의 관계를 왜곡하여 판단하기 때문일 수도 있다. 충분히 아파하고 기분전환의 기간을 가진 후에는 이렇게 담담한 마음으로 사랑과 실연의 과정을 반성해 보는 것이 필요하다. 이런 반성의 노력 없이는 아픔만큼 성숙해지지 않는다. 사랑을 통해 성숙해지는 이유는 실연의 회복과정에서 이러한 반성의 과정을 거치기 때문이다.

마지막으로, 실연의 아픔으로부터 벗어나 일상의 생활로 돌아온다. 실연으로 인해 잠시 궤도를 이탈했던 상태에서 정상적 생활의 궤도로 되돌아오는 것이다. 잠시 소홀히 했던 인간관계를 복원하고 학업이나 직업에서의 공백을 회복하도록 노력한다. 한결 성숙한 모습으로 자신의 삶에 충실히 임하는 것이다.

우리는 사랑에 대해서 가르치지도 않고 또 배우려 하지도 않는다. 사랑은 자연스럽게 이루어지는 것이고 또 그래야 한다는 생각이 일반적이다. 많은 경우, 성장과정 속에서 소설, 영화, 드라마 등을 통해 사랑에 대한 극히 왜곡되고 파편적인 이해를 하게 되어 사랑에 대한 환상과 편견을 키워나가는 경우가 대부분이다. 이렇게 사랑에 대해 무지한 상태에서 이성 관계에 노출되는 것이 일반적이다. 사랑에 대한 무지는 사랑에 대한 환상과 신비감을 증가시킬지는 모르나 사람들을 미숙하고 파괴적인 사랑으로 이끌어 불행과 고통 속에 빠지게 한다. 심리상담 전문가들은 사랑에 대한 편견, 오해, 착각으로 인해 얼마나 많은 사람들이 심리적인 상처를 입고 불필요한 고통 속에서 괴로워하는지를 잘 알고 있다. 진정으로 아름답고 성숙한 사랑을 위해서는 사랑에 대한 깊은 이해가 필요하다.

제7장

생활지도와 상담

1. 생활지도
2. 상담
3. 생활지도 프로그램에 대한 책무성

1. 생활지도

(1) 생활지도의 개념

생활지도(guidance)란 인간 개개인의 인지적 · 정의적 · 신체적 · 사회적 특성과 잠재 가능성을 바르게 이해하고 발달시켜서 개인의 교육적 · 직업적 · 사회적 · 심리적 발달 가능성을 최고 수준까지 도달할 수 있도록 조력하는 활동을 가리킨다.

이 정의가 내포하고 있는 생활지도의 특징을 정리해 보면 다음과 같다.

- 생활지도는 인간발달의 전 과정에서 개인이 직면하게 되는 모든 삶의 문제를 대상으로 한다. 개인의 문제에 초점을 두면서 개인 한 사람 한 사람의 인간적 성장과 발달에 관심을 두고 있다.
- 생활지도의 궁극적 목적은 개인의 인지적 · 정의적 · 신체적 · 사회적 특성의 조화로운 발달과 잠재 가능성 계발에 있다.
- 생활지도는 학생의 권리와 이익을 최대한으로 보장하고 신장하며, 인간의 발달을 위해 최대한 봉사하려는 활동을 말한다.

(2) 생활지도의 기본 원리

생활지도의 궁극적 목표인 자아실현은 전인적 인간의 발달이라는 목표를 달성하기 위한 것으로 다음과 같은 방향으로 구체화되어야 한다.

- 생활지도는 모든 학생을 대상으로 한다. 문제를 가진 특수 학생만이 아니라 정상적인 학생 전체를 그 대상으로 해야 한다.
- 생활지도는 또한 개인의 존엄성과 개성의 신장에도 초점을 두어야 한다. 즉 생활지도는 개인의 인간으로서의 존재 가치를 인정하고, 각자 가지고 있는 고유한 특성을 인식하며 이를 계발하여 독특한 개성을 가진 인간으로서 기능하도록 조력해야 한다.

· 생활지도는 자율적인 지도 능력의 함양을 기본으로 삼는다. 학생이 당면한 문제를 대신 해결해 주는 대리적 역할을 수행하는 것이 아니라 학생 스스로가 문제를 해결할 수 있는 기회를 마련해 주는 데 역점을 두어야 한다.
· 생활지도는 처벌보다 선도나 지도를 우선시한다. 처벌이나 억압 등은 인간의 행동을 일시적으로 중단시킬 수 있으나 근본적인 행동의 변화를 가져오기는 어려우므로 진정한 의미의 지도라고 하기 어렵다. 따라서 문제학생을 처벌하는 식의 소극적·부정적 활동이 아니라 개인의 성장과 발달을 촉진하는 적극적·긍정적 활동이 되어야 한다.
· 생활지도는 치료나 교정보다 예방에 역점을 둔다. 이미 발생한 문제의 처리나 치료보다는 앞으로 발생할 소지가 있는 문제를 미연에 방지하는 데 역점을 두어야 한다.
· 생활지도는 임상적 판단 뿐 아니라 과학적 근거에 기초한 판단에 역점을 두고 있다. 학생들의 생활지도상의 문제를 찾아내고 그 원인을 규명하고 문제해결을 위한 방안을 강구하는 일련의 과정은 과학적인 판단에 기초를 둔 것이어야 한다.
· 생활지도는 인지적 학습보다 정의적 학습에 더 역점을 둔다. 인지적 특성은 한 개인이 '무엇을 얼마만큼 할 수 있는가'를 나타내는 데 반해서 정의적 특성은 한 개인이 '어떠한 방향으로 가고 있느냐'를 표현해 주는 특성이 있다. 따라서 흥미, 동기, 태도, 가치관, 자아개념, 인성 등의 정의적 특성을 객관적으로 파악하고 계발하며, 지도하는 데 전문적인 훈련과 노력이 필요하다.

(3) 생활지도의 영역

① 활동별 영역

생활지도는 학생의 다양한 문제를 다루기 위해 여러 가지 활동을 요구한다. 이 가운데 대표적인 것으로 상담활동, 검사활동, 정보수집활동,

정치활동, 추수활동, 자문조정활동을 들 수 있다.

a. 상담활동

상담은 생활지도의 핵심적 활동이며 가장 중요한 전문적 기법이다. 상담은 주로 개인상담으로 개인의 적응문제, 의사결정문제, 인성문제, 인간관계문제 등에 초점을 두고 상담자와 내담자가 일 대 일의 대면관계를 통해 심리적 조력을 제공하는 활동을 말한다. 개인상담은 대화라는 언어적 매개를 통해 관계가 형성되고 상담이 진행되므로 충고, 훈계, 설득처럼 받아들일 가능성이 있는 대화는 피해야 하고, 상담 내용에 대한 비밀이 보장되어야 한다. 상담자는 내담자가 스스로 문제를 해결할 수 있는 능력이 있고, 해결 방향을 긍정적으로 찾을 수 있다는 생각을 갖는 것이 중요하다.

b. 심리검사와 학생 이해활동

학생의 지능, 적성, 흥미, 가치관, 인성, 자아개념, 가정환경, 미래 전망 등 여러 가지 특성을 정확하게 파악하기 위해서 심리검사를 활용할 수 있다.

심리검사의 목적은 인간의 여러 가지 특성과 그와 관련된 변인을 기술, 예측, 분류, 정치하기 위한 것으로 표준화검사와 비표준화검사로 나눈다. 표준화검사는 검사의 실시, 채점, 해석의 모든 절차가 표준화되어 있으며 이 같은 표준에 따른 검사다. 비표준검사는 이 같은 절차나 규준 없이 상담자나 교사가 학생에 관한 어떤 특성을 측정하기 위해 자유롭게 만들어 실시하고 해석하는 검사다.

심리검사는 개인의 특성을 과학적으로 측정하고 있으나 검사에서 얻은 정보는 다른 방법으로 얻은 정보와 함께 통합하거나 보완적 시각에서 활용해야 하므로 일회적, 비연속 형태로 이용하기보다는 학생 전체를 대상으로 한 체계적인 검사계획에 따라 활용되어야 한다. 그리고 알고자 하는 것이 무엇인가에 따라 가장 적절한 방법을 선택할 수 있는 안목을 가져야 한다.

c. 정보제공활동

정보제공(information service)활동은 학생들이 어떤 문제에 직면하거나 혹은 장래계획이나 의사결정을 할 때 자기 자신과 자기를 둘러싼 환경, 즉 생활공간을 이해하는 데 필요한 모든 정보를 수집 · 제공하는 활동을 지칭한다.

학생이 처한 문제에 현명하게 대처하기 위해서는 관련된 정보를 정확히 획득하고, 그것의 가치를 평가하며, 그 기초 위에서 대처방안을 전망하여야 한다. 여기에는 교육정보, 직업정보, 개인정보, 사회정보가 있다.

d. 정치활동

정치활동(placement service)은 직업, 학교, 교육과정, 교과, 특별활동, 부업 등을 선택하여 그 활동에 종사하도록 함으로써 개인의 성장과 발달을 돕는 것을 말한다. 반 배치, 직업선택, 자기 능력과 취미에 맞는 공부, 클럽활동, 과외수업, 아르바이트의 선택과 결정 등이 모두 정치활동에 포함된다.

e. 추수활동

추수활동(follow-up)은 상담의 한 사례를 종결짓고 난 후 계속해서 피상담자의 생활을 검토하여 적응이 잘 되고 있는지를 알아보는 활동, 즉 교육의 전체적인 성과나 생활지도활동의 성과를 계속해서 체계적으로 확인해 보는 활동이다. 이는 지도를 받았던 사람의 계속적인 성장과 발달을 돕고자 하는 데 그 목적이 있다.

f. 자문조정활동

생활지도 영역에서 새롭게 요구되는 활동의 하나가 자문(consultation)과 조정(coordination)활동이다. 이 같은 활동은 학생의 발달을 돕기 위해 학교뿐 아니라 가정, 지역사회, 사회단체, 행정당국, 그 밖의 유관기관과 유기적 협조관계를 갖고 상호 협조하여 업무를 조정해야 할 필요가 점차 증대되고 있다. 따라서 학생에 관한 지도 대책을 논의할 때 학급 담임교사, 학과담임교사, 교도교사, 교감, 학교운영위원회, 전문 카운슬러, 법조인 등 학교 내외 인사의 자문과 의견 조정이 필요하다.

② 내용별 영역

a. 교육지도

학생의 학생생활, 학업생활 전반과 관련된 영역이다. 여기에는 신입생 오리엔테이션, 수재아와 부진아의 지도, 효과적인 학습방법 지도 등 제반 학교학습상의 문제지도가 포함된다.

b. 진로지도

각종 직업 선택, 직업 준비, 직업 알선 등 장래 직업에 관련된 영역에 관하여 지도하는 과정이다. 이와 같은 목적을 달성하기 위하여 학생에게 직업에 대한 정보를 제공하며, 개개 학생에 대한 각종 조사를 실시하여 취업 준비에 대한 탐색적 경험을 할 수 있도록 지도한다.

c. 성격지도

개인이 원만한 성격의 소유자로 발달할 수 있도록 지도하는 것으로 개인의 습관과 태도, 생활의 목표와 계획 및 개인의 적응문제에 관한 지도가 포함된다.

d. 건강지도

개인으로 하여금 자신의 신체적 · 정신적 건강을 유지해 나갈 수 있도록 함을 목적으로 한다. 또한 신체적 결함의 치료, 운동의 부족, 영양 실조, 위생관념, 정신질환 등의 질병에 대한 이해와 예방과 흡연, 음주, 약물 복용에 대한 지도를 포함하고 있다.

e. 여가지도

학생이 공부하고 잠자고 식사하는 시간 이외의 자유로운 시간을 보람있게 보내도록 돕는 지도이다. 단순히 휴식의 의미가 아니라 개인적 발달을 이룰 수 있도록 하는 지도로써, 건전한 놀이 취미활동, 특기 신장, 특별활동 등에 관한 지도가 포함된다.

f. 사회성지도

교우관계, 이성관계, 가족, 기타 사회 및 대인관계에서 다양한 문제에 직면하게 되는데, 이같은 사회성과 관련된 지도활동을 의미한다.

2. 상담

(1) 상담의 개념

전문기능으로서의 상담은 내담자와 상담자 간의 상담관계를 핵심으로 하여 이루어지는 매우 전문적인 활동이다. 상담자는 내담자가 자신의 문제를 보다 객관적으로 바라볼 수 있도록 하고, 나아가 그 문제 해결책을 내담자 스스로 찾고 해결함으로써 자신의 삶의 질을 보다 향상시키도록 도와주는 일련의 과정으로 볼 수 있다. 근래 들어 정신건강운동이 증진됨과 더불어 상담활동의 기능이 확장, 다양화되면서 상담의 의미가 문제해결과 치료적인 측면에서 예방적 차원의 상담으로서 적극적인 활동과 광의적인 측면으로 선회하고 있다.

상담의 개념은 생활지도 혹은 심리치료 등과 혼용되는 경향이 있다. 간단히 말하자면 생활지도는 주로 교육 장면의 학생 전체를 대상으로 한 교도활동이고, 상담은 학생을 포함한 모든 사람이 구체적인 생활과제와 적응문제에 대처하도록 돕는 활동이며, 심리치료는 주로 병원 장면에서 신경증과 같은 정신장애를 다루는 활동이라 할 수 있다.

이를 좀더 구체적으로 살펴보면 다음 표와 같이 제시할 수 있다.

생활지도 · 상담 · 심리치료의 비교

	생활지도	상담	심리치료
대 상	학생 전체	정상적인 학생, 내담자	개인 환자
목 표	바람직한 생활과정과 성장 발달의 지도	구체적 생활과제의 해결 : 감정, 사고, 행동 양식의 변화	정서적 문제의 해소: 성격 구조의 심층적 변화
다루는 문제	현실적 능력의 평가 및 장래계획	긴장, 불안, 당면 문제의 선택 · 해결, 적응 문제	신경증, 성격장애, 우울증, 정신병
접근 방법	정보, 자료 제공: 교양강좌, 토의 집단 등	면접중의 조언, 일시적인 욕구불만이나 갈등 해결, 교육, 훈련, 분석	분석적 면접, 약물요법, 문제환경으로부터 격리 · 수용, 성격장애 치료와 교정
전문가	일반교사, 교도 교사, 연수 담당자	상담교사, 상담심리 전문가	정신과 의사, 임상심리전문가
장 소	교육장면 전체	상담실, 출장장소	진료실, 환자 가정
기 간	단시간, 1~6회 정도	단시간, 1~20회 정도	장시간, 20~200회 정도
상담료	무료	무료 혹은 유료	유료

생활지도 · 상담 · 심리치료의 영역 비교

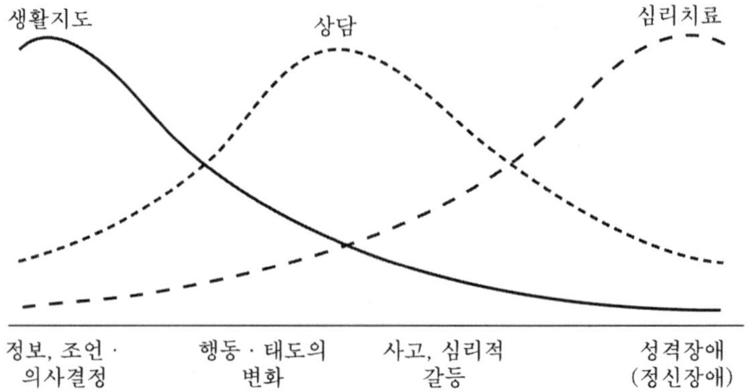

그럼에도 불구하고 이들 영역을 분명하게 구분하기란 쉽지 않다. 그러나 나름의 특징을 보면, 대체로 상담은 주로 교육적, 예방적, 발달적인 데 목표를 두는 반면, 심리치료는 적응적, 교정적, 치료적인 데 목표

를 두고 있다.

(2) 상담 관계형성의 원리

상담에서 중요하고 우선시 되어야 하는 것은 상담자가 내담자와의 신뢰관계를 형성하는 것이다. 그것이 성공했을 때 상담의 효과를 높일 수 있다.

① 신뢰

상담과정에서 무엇보다 중요한 것은 상담자와 내담자 간의 신뢰이다. 내담자가 상담자를 불신하면 내담자는 자신의 감정, 사고, 갈등이나 문제 등 솔직하게 모든 것을 표현할 수 없고 진지한 대화가 이루어질 수 없다. 따라서 내담자가 상담자의 모든 면을 믿고 의지할 수 있도록 인격적인 면에서도 신뢰할 수 있는 태도를 보여줘야 한다. 한편, 상담자는 내담자를 이해하기 위한 기초 자료로써 내담자의 욕구를 이해하고 있어야 한다. 내담자는 타인으로부터 사랑을 받고자 하는 기본 욕구가 있고 자기가 가치가 있나고 인정해 주기 바란다. 그리고 자신이 갖고 있는 구체적인 공포나 불안을 피하려는 강한 욕구가 있으며, 이러한 특정 대상에 대한 공포나 불안은 그 자체가 아니라 그에 수반하는 자기의 개념이라는 점도 이해해 주어야 한다. 상담자가 인간적인 신뢰를 바탕으로 내담자의 모든 면을 이해하고 수용할 때 상담효과의 극대화를 기대할 수 있다.

② 수용

내담자에 대한 편견이나 선입감이 개입된 판단을 내리는 상담이 되어서는 안 된다. 내담자의 견해, 태도, 가치에 대해 인정해야 한다(정원식, 박성수, 1978). 상담자는 내담자들이 제각기 다르게 성장해 왔다는 사실을 수용해야 한다. 또한 인간의 사고는 개인의 인지, 정의, 행동 등의 복잡한 유형이 혼재되어 있다는 사실을 수용하면서 일방적으로 평가해서는 안 된다. 김충기(1991)는 상담자의 수용적인 태도가 인간의 가치와 존엄에 대한 인식에서 출발해야 하며 내담자 수용은 개인의 존재 자체에 대한 수용, 인간의 제 특성 수용, 개인의 주체적인 행동에 대한 수용 등으로 이해될 수 있다고 설명한다. 상담은 항상 편파적인 감정 없는 수용적 과정을 통해서 그 효과가 나타나는 것이다.

③ 긍정적 존중

칵후프(Carkhuff)와 베런슨(Berenson)은 다른 사람들에 대한 긍정적 존중은 자기 존중으로부터 기인한다고 말한다. 누구나 자신에 대해 긍정적으로 사고하고 감정을 존중하는 과정에서 타인에 대한 긍정적 태도가 형성된다. 그러므로 상담자는 자신의 감정을 긍정적으로 가져야 하고 내담자에 대한 긍정적 이해, 배려, 온정적 태도를 보이면서 효과적인 상담을 해야 한다. 결국, 내담자에 관련된 모든 사물, 상황에 대한 사고나 감정을 긍정적으로 평가하고 판단하는 것이다. 모든 문제 해결은 긍정적인 생각으로부터 시작된다는 점을 강조하고 있다.

④ 공감적 이해

상담자는 내담자의 불안, 좌절, 혼란 등을 내담자의 입장에서 이해해야 한다. 흔히 말하는 감정이입, 혹은 공감이라고 설명할 수 있는 공감적 이해는 내담자의 경험, 신념, 사고들을 상담자가 내담자인 것처럼 듣고 이해해야 함을 의미한다. 그래야만 내담자의 신뢰를 얻게 되고 내담자의 현재 상태를 정확히 파악함으로써 진지한 상담관계가 가능해진다.

이상의 조건 외에도 상담자의 진실성으로 자신의 경험이나 감정을 왜곡하지 않고, 또 상담자 전문성에 대한 권위나 허세를 내세우지 않고 내담자에 대해서 정직하고 성실한 태도로서의 솔직함이 필요하다.

(3) 상담의 기본 원리

비에스텍(Biestek)에 의하면 상담자의 도움을 받으러 오는 내담자는 7가지 기본적인 욕구를 가지고 있으며 그러한 욕구에 따른 상담의 기본 원리로 다음과 같이 제시하고 있다.

① 개별화의 원리

내담자는 자신과 자신이 가지고 있는 문제를 어떤 사례나 유형 또는 하나의 범주로 취급되기보다는 자신만이 독특한 개인으로 처우되기를 바라는 욕구를 가지고 있다. 상담자는 내담자의 개성과 개인차를 인정하는 범위 내에서 상담을 전개해야 한다.

② 의도적 감정표현의 원리

내담자는 자신이 가지고 있는 감정이 긍정적인 것은 물론, 부정적인 감정까지도 표현하고자 하는 욕구를 가지고 있다. 상담자는 내담자가 자유롭게 자신의 감정 표현을 할 수 있도록 온화한 분위기를 조성한다. 내담자의 감정표현을 주의 깊게 경청하고 또한 유용할 경우에는 적극적으로 자극을 주고 격려한다.

③ 통제된 정서관여의 원리

내담자는 자기가 겉으로 표현한 감정에 대하여 상담자로부터 공감적인 이해와 반응을 얻으려는 욕구를 가지고 있다. 상담자는 내담자의 감정에 대한 의도적이며 적절한 반응으로서 민감성, 이해, 반응이 포함된다.

④ 수용의 원리

내담자는 자신의 약점, 실패에도 불구하고 자신은 가치있는 사람이며 존엄성을 가진 사람으로 상담자에게 받아들여지기를 바라는 욕구가 있다. 상담자는 내담자의 있는 그대로를 지각하고, 말이나 행동, 표정을 통해 내담자를 인격체로 존중하고 있음을 표현한다.

⑤ 비판단적 태도의 원리

내담자는 자신이 처한 어려움이나 문제적 상황에 대하여 상담자로부터 심판이나 비난을 받고 싶지 않은 욕구를 가지고 있다. 상담자는 내담자의 행동, 태도, 가치관 등을 객관적으로 평가하여야 한다. 내담자는 타인의 비판에 민감하며 그에 대한 자신을 방어하여 안전망을 구축하려한다.

⑥ 자기결정의 원리

내담자는 자신의 삶과 생활에 관한 선택과 결정을 스스로 하고 싶어하는 욕구가 있다. 내담자 개인의 가치와 존엄성을 존중하고, 내담자가 자기 힘으로 문제를 해결해 나갈 수 있다는 신념을 가져야 한다. 상담자는 내담자의 자신의 문제나 욕구를 명확하게 알도록 돕고, 또한 내담자 자신의 장점과 더불어 그들의 인적·사회적으로 적절한 자원을 발견하고 활용하도록 원조하는 것이다.

⑦ 비밀보장의 원리

내담자는 자신에 관한 내용이나 정보가 가능한 한 다른 사람에게 알려지지 않기를 바라는 욕구를 가지고 있다. 비밀 보장은 내담자의 기본적 권리에 기초하고 있다. 상담자는 비밀을 지켜줄 윤리적 의무가 있다. 그러나 종종 그 기관 내에서나 다른 기관의 전문 직원과 공유하게 되는 경우도 있는데 이 경우도 역시 모든 직원은 비밀을 보장할 의무가 있다.

3. 생활지도 프로그램에 대한 책무성

생활지도가 원활히 이루어지기 위해서는 구성원들의 책무성이 상세화되어야 한다. 세르체르(Shertzer)와 스톤(Stone)은 생활지도 프로그램에 대한 책무성에 있어서 학교상담가, 유사전문가 및 교사들을 1차적인 책무를 가진 요원들로 보았고, 생활지도의 감독자, 교장이나 교감 및 장학사는 행정요원들로서의 책무성을 가지며, 학교정신측정학자, 학교심리학자, 학교사업가들, 특수교육 담당자와 보건 전문가들은 관계된 전문가들로 구분하였다. 우리의 현실은 이들 전문가들이 학교에 배치되어 있지 못하지만, 앞으로 교육현장에 반드시 필요한 요소이므로 이들 각각에 대한 책무성을 보다 자세히 살펴보도록 하자.

① 학교상담가

일반 교사들은 생활지도 담당자로서보다 교과전문가의 역할을 수행하는 경우가 많고, 혹시 교사들이 생활지도에 중점을 둔다 해도 학생들의 문제가 점차 다양화되고 있는 현대 사회의 학교에서는 반드시 상담가를 필요로 한다. 학교상담가(school counselor)는 학생상담을 임무로 하고, 학생들의 정서적 문제, 자기 이해, 의사결정, 교육이나 직업계획, 그리고 필요한 경우 학생들을 다른 전문가에게 의뢰하는 일 등을 하게 된다. 또한 학교상담가는 학생 이외에 교사, 부모, 교육과정전문가, 지역사회기관, 교육행정가들에게 자문의 역할도 수행한다.

② 유사전문가

유사전문가는 전문가의 감독하에 일하는 사람으로 내담자에게 제공되는 사무적인 일에서부터 정보제공, 상담의 절차와 목적의 설명, 친밀감 형성, 추수활동, 지역사회의 요구 등을 전문가에게 조언하는 일까지 다양한 활동을 수행한다.

③ 교사

교사들은 일반적으로 교과지도에 일차적 책임이 있으나 생활지도에 대한 책무성을 간과해서는 안 된다. 세르체르와 스톤은 교사들이 생활지도에서 가져야 할 책무성의 범위로 첫째, 학습과 학생을 진단하기 둘째, 특별한 처치가 필요한 학생을 찾아내어 전문가에게 의뢰하기 셋째, 생활지도 과정을 기록하고 활용하기 넷째, 학생들의 효과적인 학습 습관을 발달시키기 다섯째, 교육 및 직업과 관련된 배치와 계획하기 등의 다섯 가지를 제시했다. 또한 교사들이 생활지도에 있어서 학교상담가와 협력하여 이상의 과정들을 수행한다면, 그 효과성을 더욱 증대시킬 수 있다.

④ 행정가

생활지도에 관련되는 행정가들은 생활지도의 감독자, 교장 및 교감, 그리고 장학사 등을 들 수 있다. 생활지도의 감독자는 흔히 학교 상담가들을 감독하고 학교나 학교구내의 생활지도 활동에 대한 행정과 조정 역할을 한다. 교장과 교감은 출석이나 규율을 관장하고 특히 교장은 유능한 상담가의 확보, 학교 상담가와 직원의 역할 정의와 보조, 시설과 자료의 제공, 생활지도의 목표와 활동의 공식화, 생활지도 위원회의 설립과 활성화, 생활지도에 대한 교직원의 현직 연수, 생활지도의 평가, 또한 발생하는 여러 문제에 대하여 교사 및 학교 상담가와의 협의 등 다양한 책무를 갖는다. 또한 장학사는 생활지도의 진행과 정도를 설정하고 지역사회에 생활지도 활동을 알리거나 평가하는 역할을 한다.

⑤ 관련전문가

학교생활지도와 관계되는 전문가들로는 학교정신측정학자, 학교심리학자, 학교사업가, 특수교육담당자, 보건요원 등이 있다. 학교정신측정학자들(school psychometrist)은 정신측정과 심리검사에 대해 훈련받은 사람들로서 심리검사의 실시, 진단, 보고서 작성 및 검사자료와 그 해석에 대해서 학교상담가, 교사 및 행정가들과 협의 하는 등의 역할을 담당한다. 학교심리학자(school psychologist)는 상담, 임상 및 교육심리학 분야에서 훈련 받은 사람으로 교육적 진단, 교육적 치료, 인성 진단, 인성 치료의 네 가지 주요 기능을 수행한다(White & Harris. 1961). 그러나 학교 정신측정 전문가와 학교 심리학자는 그 역할에 있어 중복된 부분이 있는 것도 사실이다. 학교사업가(school social workers)는 교육과 관련된 사회사업가로서 정신의학적인 사업가와 집단 사회사업가들이 있다. 이들은 특정 학생에게 필요한 계획과 프로그램 개발에 대한 정보의 제공, 필요한 기관에 학생과 그 가족들을 의뢰하고 특별한 학생에 대한 사례연구를 실시한다. 또 특수교육 교사들은 언어장애나 청각장애, 정서장애, 신체장애, 영재학생을 위한 프로그램을 담당한다. 보건

요원들(health personnel)은 학교의 간호사, 의사, 치과의사, 심리치료사들로서 학생의 건강기록을 면밀히 검토하고 기록하며 수술, 사고, 난청, 약시, 발달상의 문제들을 다룬다. 특히 학교 간호사는 전일 근무에 임하기도 한다.

이와 같이 생활지도 프로그램에 관련된 요원들의 책무성은 다양하며 서로 간의 협조와 지원에 따라 그 효과성에 영향을 미친다. 따라서 이들은 특별히 다음의 네 가지 측면에 대해서 명확히 인식해야 한다(Shertzer, Stone, 1981).

첫째, 모든 요원들은 기본적인 생활지도의 목적 혹은 목표에 대한 명확한 이해가 있어야 한다. 둘째, 모든 요원들은 생활지도의 정의와 기능을 알아야 한다. 셋째, 모든 요원들은 학생들에게 제시 가능한 생활지도 경험에 대한 지식이 있어야 한다. 끝으로 모든 요원의 효과성은 단기적인 것이 아니고 장기적인 것임을 알아야 한다.

상담이론의 네 가지 배경

구 분	이론적 배경
정서적 상담	· 감정 때문에 일어나는 것으로 이를 풀어감으로써 문제를 해결 : 내담자가 감정에 초점을 맞추도록 하는 것 · 감정에 귀기울이고, 반영하고, 감정상태의 변화나 통합을 돕는 것 포함 · 형태주의적 배경을 가진 빈 의자 테크닉 혹은 공상과 같은 것도 포함 *프로이트의 정신분석이론, 로저스의 인간중심상담이론
인지적 상담	· 내담자가 신념체계를 변화시키도록 하는 것 · 비합리적 신념을 바꿔주려는 엘리스의 REBT, 상호교류분석, 연기전략, 인지 재구조 *엘리스의 합리·정서·행동상담이론(REBT) : 사고(생각)가 인간행동을 결정짓는 가장 중요한 요인으로 이 이론에서는 인간이란 존재가 합리적이고 올바른 사고도 할 수 있지만 비합리적이고 왜곡된 사고도 할 수 있다고 보며, 이 잘못된(비합리적) 신념, 정서, 행동을 교정하는 것이 상담의 목표가 됨 ABCD기법(A : Activating event, 선행사건. B : Belief system, 신념체계. C : Consequence, 결과. D : Dispute, 논박)
행동적 상담	· 자신의 부적응적 행동을 바람직한 것으로 대치하는 것을 돕는 것 · 사회적 모델링, 역할연기와 연습, 체계적 둔감법, 자기 통제, 자기보상, 자기 계약과 같은 자기조절기술 *스키너의 행동수정이론, 웰페의 상호제지이론
체계적 상담	· 자신을 발견하는 체계를 변화시키도록 하는 것

제8장

교 사 론

1. 교원의 중요성
2. 교직의 전문성
3. 교사의 자질과 역할
4. 교사와 정신위생
5. 가르치는 형태

1. 교원의 중요성

요즈음 우리 교육계는 온통 교육개혁에 관한 논의로 정신이 없다. 21세기를 맞이하면서 교육을 통한 국제경쟁에서의 승리, 나아가서는 세계의 중심국가로 발돋움하기 위한 야심적인 발전을 교육혁명으로부터 찾으려고 하는 노력을 기울이고 있는 셈이다. 정보화 사회, 지식사회로 대변되는 새로운 문명과 시대의 도전에 대하여 적합한 대응책을 마련하지 못한다면, 역사의 낙오자가 될 수밖에 없다는 절박한 현실인식도 중요한 관점이다. 과학기술, 새로운 지식 그리고 새로운 문화의 창조력이야말로 다가오는 미래사회에 있어서 가장 결정적인 요소가 아닐 수 없다. 한 사회와 국가의 힘과 부, 개인의 삶의 수준은 기술, 정보, 지식, 문화 등 지적 자산의 수준에 의하여 결정된다. 이러한 지적 자산은 본질적으로 국민의 학습능력과 창조력에 의존 할 수밖에 없다. 그리고 이러한 국민의 지적능력을 계발할 수 있는 것이 바로 교육이다.

따라서 미래문명을 위한 최선의 준비는 바로 교육의 틀을 세우는 일이 된다. 교육을 바로 세우지 않고서는 나라를 바로 세울 수 없다는 것은 동서고금을 통해 자명한 진리이다. 교육은 이제 국민 모두가 향유하는 권리인 동시에 삶의 질을 높이는 복지의 중요한 한 가지 요소이다. 이와 같이 중요한 교육을 실제 이끌어 가는 주체는 바로 교사이다. 그러므로 우수한 교원을 확보하고, 그들의 능력을 계발하여 교육활동에 전념할 수 있도록 여건을 조성하는 일은 교육개혁의 성공을 위하여 우선적으로 추진하여야 할 과제이다.

2. 교직의 전문성

전문직(profession)이라고 하는 말은 일반직과 구분된다는 개념에서 사용된다고 본다. 전문직과 비전문직을 구별하는 엄격한 표준을 내세울 수는 없으나 전문직의 공통적 특성을 열거하면 다음과 같다. 첫째, 독특하고 전문적인 사회봉사 둘째, 지적 기술의 강조 셋째, 장기간의 전문적 훈련 넷째, 자율성 다섯째, 책임성 여섯째, 봉사정신의 강조 일곱째, 광범위한 전문적 자치단체 여덟째, 직업윤리 등을 들 수 있다.

이상에서 열거한 전문직의 공통적 특성에 비추어 볼 때 전문직으로서의 교직의 취약점 세 가지를 지적하고자 한다.

① 환자를 수술 치료하고 약을 처방하는 것은 의사 뿐이며, 소송 등에 관여하여 법적으로 처리할 수 있는 사람은 변호사뿐이다. 그들의 역할 수행의 기준이 분명하여 사회적으로 공인되는 전문직이다.

교직을 담당한 교사의 경우는 어떤가? 교사도 학생들에게 교과목을 가르치고 생활을 지도하고 있는 봉사적인 직업임에는 틀림이 없다. 그러나 의사와 변호사의 경우는 그들만이 환자를 수술 치료하고 처방을 하며 소송에 관여하고 법적으로 처리하지만 교과목을 가르치고 생활지도를 하는 것은 교사 이외에도 누구나 어느 정도의 학력을 갖춘 자는 할 수 있다는 사실이 사회적으로 인식되어 있기 때문에 여기서 전문직으로서의 교직의 문제점이 있다.

② 지적 기술문제에 있어서 전문직에 소요되는 지적 기술은 복잡하며 고도의 전문성을 그 특징으로 한다. 교사의 지적 전문기술의 근거는 두 가지 측면에서 주장할 수 있다. 그것은 교수방법의 숙달 및 학급관리 기술과 특수 전공학과의 숙달이다.

특수전공학과의 숙달에 있어서는 어느 정도 사회적으로 인정이 될지 모르나 교수방법의 숙달 및 학급관리 기술에 있어서는 아직도 전문직

기술이라는 차원에서 볼 때 미흡하다고 본다.

③ 자율성의 문제이다. 전문직에 종사하는 개인이나 집단은 독립적으로 자신의 지식이나 기술, 판단력을 행사할 수 있는 자유를 가져야 한다. 일반직에 있어서는 결정권은 감독자나 상부기관이 가지고 있고 직업에 종사하고 있는 본인의 책임 하에 내려질 수 있는 결정권은 대단히 제약되어 있다.

교사는 감독기관인 문교부, 교육위원회, 그리고 학교장으로부터 과잉 감독을 받고 있는 나머지 교사의 결정권은 지나치게 위축되어 있다. 교직을 전문직으로 간주하여 제도적 절차를 조정함으로써 교사의 자율성이 충분히 반영되어야 한다.

3. 교사의 자질과 역할

(1) 교사의 자질

교사가 되기 위해서는 몇 가지 형식적인 필수조건이 갖추어져야 한다. 즉 일정한 기간의 전문적인 교직교육과 교과교육을 이수하여 훈련을 쌓고 교직의 이론 방법 기술을 숙달하고 또한 교과에 대한 전문 지식을 갖추어서 소정의 자격을 획득하게 된다. 이와 같은 필수조건 외에 교사가 갖추어야 할 근본적인 요소로서 첫째, 신체적, 정신적 건강과 아울러 조화된 인격의 소유자가 교직에 적합한 인물이다. 둘째, 교사는 자기 자신에 대한 인간의 존엄성을 느껴야 한다. 셋째, 인간에 대한 흥미와 동정을 느낄 수 있어야 한다. 편협하고 성격적 결함을 지닌 교사는 훌륭한 자격을 구비하고 있다 할지라도 피교육자에게 좋은 영향을 줄 수 없으며 자기 자신을 무시하는 사람은 다른 사람의 인격을 존중해 주기 어렵다. 자기의 인격을 소중히 여기는 사람이 인생관, 직업관, 세계관이 바로 설 수 있다.

현대인은 지나칠 정도로 자기중심적이고 이기주의적이기 때문에 사실상 자신의 인격적 존엄성은 간직하지 못하고 있다. 따라서 자기가 하는 일에 대한 신념을 갖지 못하게 된다. 또한 교사는 교육의 기본과정인 사회성을 바탕으로 한 인간의 상호작용관계가 대단히 중요하다는 것을 인식해야 한다. 교직을 매력있는 직업으로 생각하고 있는 사람은 높은 인간지향적 가치를 지니고 있다고 한다.

학생에 대한 교사의 바람직한 인간관계를 멜비(E. D. Melby)는 다음과 같이 지적하고 있다.

① 자기 학생을 존중한다.
② 각 학생을 신뢰한다.
③ 인간의 가능성을 높이 평가한다.
④ 희망적인 관점에서 인간을 본다.
⑤ 인간을 사랑할 줄 안다.
⑥ 받아들이는 힘이 강하다.

교사가 바람직한 인간관계를 가지기 위해서라도 자기의 학생을 사랑할 줄 알아야 한다. 이것을 우리는 교사애라고 표현할 수도 있다. 그리고 학생을 신뢰해야한다. 교사가 학생을 신뢰할 때 학생은 교사를 신뢰하게 된다. 그리고 학생을 이해하고 희망적인 관점에서 인간의 가능성을 높이 평가할 수 있어야 한다.

그리고 교육의 사회적 역할이 강화됨에 따라 사회에 대한 교사의 지식과 견해와 이상이 넓어지고 높아지도록 노력해야 한다. 교사도 사회를 개혁시키고 발전시키려는 의욕에 불타야 한다. 교사의 가슴 속에서 사회진보를 위한 이상과 열정이 살아 있을 때 교육의 사회적 기능은 이루어지는 것이다. 후크(Sidney Hook)는 좋은 교사의 표준으로 다음과 같이 제시하였다.

① 지적 능력
② 인내력
③ 학과에 대한 효과적인 계획
④ 인간에 대한 지식
⑤ 사람에 대한 동정
⑥ 비전(vision)의 소유자

교사는 무엇보다도 첫째로 우수한 지적 능력이 요구된다. 생활지도나 교과지도에 있어서 정확한 판단력이 필요하며 우선 교과에 대한 실력자로서 학생들로부터 존경을 받아야 한다. 그리고 인내력이 중요시되며 또한 비전(vision)의 소유자가 되어야 한다. 비전이 없는 교사는 학생들에게 꿈과 이상을 심어줄 수 없다.

다음으로 대한교육연합회가 제정한 사도망령 제2장 스승의 자질로서 다음과 같이 말하고 있다.

스승은 스승다워야 하며 제자의 거울이 되고 국민의 사표가 되어야 한다. 그러므로

① 우리는 확고한 교직관과 긍지를 가지고 교직에 종사한다.
② 우리는 언행이 건전하고 생활이 청렴하여 제자와 사회의 존경을 받도록 한다.
③ 우리는 단란한 가정을 이룩하고 국법을 준수하여 사회의 모범이 된다.
④ 우리는 학부모의 경제력, 사회적 지위를 이용하지 아니하며 또 이에 좌우되지 아니한다.
⑤ 우리는 자기 향상을 위하여 전문적인 지식과 전문화된 기술을 계속 연마하는 데 주력한다.

여기에서는 교사의 자질과 소양에 대하여 스스로의 자세를 다짐하고

있으며 조직의 전문성을 제고할 것과 국민의 사표가 될 것을 강조하고 있다. 폭넓은 교양과 부단한 연찬이다. 고도로 전문화된 현대 사회에 있어서 전문화에 따르는 지적고립을 면하고 격변하는 사회에 신축성 있게 대응해 나아가기 위하여는 무엇보다도 폭넓은 교양이 필요하다. 폭넓은 교양은 건실한 인생관 · 사회관 · 국가관 · 세계관을 가지게 함으로써 그들의 전문성을 견고한 기반 위에 확립할 수 있는 기틀을 마련해 준다.

다음으로 부단한 연찬을 통하여 오늘날 지식이 폭발적으로 증대하고 급변하는 사회에 있어서 새로운 지식과 기술을 흡수하고 습득해 나가기 위하여 부단한 연찬이 필요하다.

(2) 교사의 역할

먼저 대한교육연합회의 사도헌장 및 사도망령 제 3 장 스승의 책임란을 소개한다.

스승은 제자 교육에 열과 성의를 다하여 맡은 바 책임을 다 하여야 한다. 그러므로

① 우리는 사회의 일원으로서 모든 책임과 의무를 다한다.
② 우리는 교육연구와 교육자료 개발에 만전을 기하여 수업에 최선을 다한다.
③ 우리는 생활지도의 중요성을 인식하여 제자들이 올바른 사람이 될 수 있도록 지도를 철저를 기한다.
④ 우리는 교육의 성과를 공정하게 평가하고 이를 교육에 충분히 활용한다.
⑤ 우리는 제자와 성인들을 위한 정규 교과 외 활동에 적극 참여한다.

교사는 원대하고 치밀한 교육계획의 수립과 실천을 가지고 있다. 교

사의 기본적 책임은 학생을 교육하는 것이다. 이것은 학습지도와 생활지도는 물론 그것을 지원하는 활동까지를 포함한다. 교사는 학교현장에 있어서 교육활동의 목표를 정립하고 내용과 방법을 구성하며 여러 가지 지원 조건을 준비하는 과정으로서의 교육계획 수립에 참여하여야 한다.

교사는 개인적 역할과 직업적 역할을 동시에 가지고 있다. 개인적으로는 가족의 일원으로서 혹은 시민의 한사람으로서의 사회적, 경제적 또는 문화적인 활동을 하여야 하며 교사로서의 직업적 역할을 가지고 있다.

첫째, 교사에게는 인간형성자로서의 역할이 부여되어 있다. 교육의 주체와 대상은 인간이기 때문에 교사와 피교육자 사이에는 서로 간의 사회적 상호작용이 이루어지는 과정에서 교육이 성립되기 때문에 피교육자의 성격(personality) 형성에 상당한 작용을 하고 있다.

둘째, 지식과 기술을 전달하는 자로서의 역할을 가진다. 가르치는 학과목에 관한 전문적 지식을 가지고 있어야 할 것과 학생을 이해하고 학습효과를 높일 수 있는 지식·기술을 요구하며 학습효과를 진단 평가하는 지식·기술을 가지고 있어야 한다.

셋째, 교사는 피교육자의 잠재력을 최대한으로 계발시켜 주어야 할 역할이 부여되어 있다. 이러한 인간의 잠재력을 교사는 교육작용을 통하여 피교육자 속에 깊이 간직되어 있는 제반 소질을 직관하고 발견하여 교육애과 교육적 방법으로 그것을 작품화하고 창조해 가는 역할을 가지고 있다.

넷째, 학습자로서의 역할이 있다. 학습자로서의 교사가 계속적으로 연구하고 배워야 한다. 자기 자신에 대하여 수양이 필요하며 학생과 세계에 대하여 그리고 자기가 속해 있는 사회에 대하여 알아야 한다. 그리고 자기가 담당하는 교과에 대하여 깊은 연구가 있어야 한다.

레들(Redle)과 와튼버그(Wattenberg)는 교사의 심리적 역할로서 다음과 같이 14개 항목을 제시하였다.

① 사회의 대표자로서 성인사회의 가치를 피교육자에게 제시해 준다. 학생의 사회화 과정에 있어서 교사는 사회의 가치와 규범과 생활양식을 대표하는 입장에 서게 된다. 다양한 학생의 행동에 대한 언어적, 비언어적 인정 · 격려 · 금제 · 질책 등을 통해 교사는 사회의 문화적 기대를 학생들에게 반영시킬 뿐만 아니라 교사의 생활양식 자체가 학생들에게는 하나의 문화내용의 표현으로 비치게 된다. 교사의 무의도적인 영향이 학생들의 사회화의 방향 결정에 중요한 요인이 되는 것이다.

② 학습과정에 있어서 피교육자를 도와준다. 학생들이 지식을 이해하고 새로운 지식을 발견하며 습득한 지식을 적용하여 새로운 문제를 해결하는 등의 학습과정에서 교사는 조력자의 역할을 하여야 한다. 특정개념이나 원리는 일정한 발달단계에 있는 학생들의 언어로 설명하는 일, 학생들의 학습과정을 마련해 주는 일 등은 전문적 능력을 필요로 한다.

③ 피교육자 상호간에 일어나는 불화와 논쟁을 조정해 주는 심판자의 역할을 한다. 학습 집단 내에서 일어하는 학생 상호간의 의견 불일치 · 갈등 · 대립 등을 만족스럽게 해소하기 위해 공정하게 시비를 가려낼 수 있는 유일한 권위자는 교사이다. 여기에서 교사는 공정성과 타당성을 잃지 말아야 한다.

④ 판단자로서의 교사 : 성적을 정하는 일, 행동평가기록을 하는 일, 수상대상을 결정하는 일, 처벌규정을 정하는 일 등에 있어서 교사는 판단자의 역할을 하게 된다. 교사가 내리는 판단 자체가 학생의 자아개념 형성에 지대한 영향을 미치며, 학생들이 받는 강화체제(reinforcement system)의 중요한 부분으로 학습과정에 직접적인 영향을 준다.

⑤ 지식자원으로서의 교사 : 교사는 살아 있는 교과서의 구실을 다할 것이 기대되며 학생들에게 지식을 교수한다는 것은 교사의 제 1 차적인 임무라고 할 수 있다. 하나의 지식체계를 학생의 언어로 번역하여

전달할 것이냐, 많은 지식 중에 어떠한 지식을 선택하여 교수 할 것이냐 등의 임무를 충실히 수행하기 위해서도 먼저 교사 자신이 많은 지식을 깊이 있게 이해해야 한다. 교사의 지식의 이해정도에 따라서 학생들의 학습 성과에 많은 차이가 날 수 있다고 하겠다.

⑥ 훈육자로서의 교사 : 해를 가하는 학생, 해를 받은 학생, 질서를 문란케 하는 학생, 물건을 잘 훔치는 학생 등을 적절한 교육을 통하여 학급전체의 분위기를 선도해 나가야 할 것이 교사의 역할이다. 교사의 훈육역할의 적부는 학급질서 유지에 뿐만 아니라, 학생들의 각종 학습 성취에도 적지 않은 영향을 준다.

⑦ 피교육자의 모범으로서 그들의 동일화(identificatiom)의 대상이 되어준다. 학교교육 상황에서 어린이들의 중요한 동일화의 대상은 교사이다. 교사의 말투, 걸음걸이, 필체, 사고방식, 태도, 가치판단 등이 동일화 내용에 포함된다. 동일화에 의한 학습내용은 영속될 수 있는 심층적 행동특질을 포함한다는 사실을 인식해야 한다.

⑧ 피교육자의 불안을 해소하는데 조력자가 된다. 상황에 대한 어린이들의 이해 부족과 그들의 능력 부족에서 오는 불안은 자연히 성인의 도움을 요구한다. 교사는 상황에 대한 적절한 설명과 상황을 어린이들의 안정된 생활에 맞도록 통제하는 일 등의 어린이의 불필요한 불안을 제거해 주는 역할을 해야 한다.

⑨ 자아 옹호자로서의 교사 : 어린이들이 자신을 잃거나 자기 부족을 느끼거나 열등감을 느끼는 일 등을 해소시켜 주어야 하며, 지도, 조언이 필요하다. 현실적인 목표를 세우고, 작업과정에서 성공감을 맛보게 하고 성취에 대한 주위의 인정을 받도록 하는 일들은 모두 어린이의 자아를 옹호해 주고 등강시켜 주는 일이 된다.

⑩ 집단의 지도자로서의 교사 : 학교교육은 집단지도가 불가피하게 요청된다. 그래서 교사는 집단지도자로서 그 집단의 응집력과 사기와 성취의 교양을 위한 역할을 해야 한다.

⑪ 부모의 대리자로서의 교사 : 특히 저학년 아동에게는 교사의 행동을 부모의 그것과 마찬가지로 여기는 경향이 있다. 부모에게 구할 수 있는 조언을 교사에게 찾으려는 경우가 있으므로 교직자들은 학생을 대할 때 부모된 감정으로 대해야 할 때도 많다.

⑫ 청년기의 반항심을 표시할 수 있는 적대감정의 표적이 되어 준다. 성인문화의 표준을 학생들에게 제시하고 이에 순응할 것을 요구하는 이가 성인인고로 학생들의 좌절함에서 쏘아대는 적대감정의 표적은 성인일 수밖에 없으니 학교상황에서는 불가피하게 그 화살은 교사에게 향할 수밖에 없다. 여기에서 교사는 그러한 적대감정을 사회적으로 수락될 수 있는 방식으로 표현하도록 도와야 한다.

⑬ 친구로서의 교사 : 학생들 중에는 교사를 하나의 다정한 친구로 대하기를 원하는 아동들이 있다. 교사가 학생들의 개인적인 기쁨과 감정을 같이 나누어 준다는 것은 충분히 바랄만한 일이다. 학생들에게 교사와 친구가 되고 싶다는 필요가 있는 한, 교사는 이에 대하여 어떤 반응이든지 보여야 할 처지에 있으며 그 반응의 적부는 학생 행동에 적지 않은 영향을 준다.

⑭ 애정 상담자로서의 교사 : 선생님에게 자기가 아끼는 물건을 선물하는 초등학교 1학년 어린이의 교사에 대한 애정에서 시작하여, 남교사에게 연정을 품고 고민하는 고등학교 여학생의 애정에 이르기까지 교사들은 학생의 애정 상대가 되어지는 경우가 있다. 여기에서도 학생들의 감정을 합당한 방식으로 처리할 수 있도록 도와야 할 교사의 책임이 있다.

4. 교사와 정신위생

누구나가 정신건강을 원하지 않는 사람이 있을까마는 특히 교사의 경우는 단지 자기자신이나 가족을 위해서 뿐만 아니라, 그 직책상 마음이 건전하지 않으면 안 된다. 두 말할 나위 없이 교사의 인격상태는 교육활동에 있어서 핵심을 이룬다. 학습자가 어리면 어릴수록 그러한 경향은 더 심하다. 한 클래스는 그 특유한 색채와 성격을 띄고 있는데, 그 특색을 이루는 중심은 바로 그 클래스 담당교사의 성격과 운영방식이다. 중고등학교와 같이 상급반이 될수록 교과담임이 나누어지고 한 사람의 교사의 인격만이 암시적인 영향을 미치는 경우가 희미해져 가나, 유치원이나 초등학교에서는 하루 수업의 대부분을 담임교사와 지내기 때문에 교사는 부모에 못지않는 중요한 인물이다.

또 연령이 많아지면 학생의 인격도 자아구조가 완성되고 자아방어의 기제도 발달하게 되는데, 어린학습자일수록 자아는 미숙하고, 부모나 교사에게 의존하는 것이 많기 때문에 무의식 가운데 그러한 영향을 받는다. 그렇기 때문에 교사의 인격에 중요한 장애가 있을 때, 이는 개인의 문제로서만 아니라 사회적으로도 큰 문제가 되지 않을 수밖에 없다.

교사란 직업은 정신적으로 피해 또는 어려움을 받기 쉬운 불리한 직업인가?

첫째, 대체적으로 사람들은 교사의 행동에 지나친 간섭을 하며 다른 일반 사람보다 더 깨끗하고 바르게 살기를 기대하고 있다는 점이다. 교사가 인간적인 가치로 보면 훌륭한 것은 틀림없으나, 그러나 교사도 어떤 면에서 본다면 반드시 그러한 기대에 맞출 사람들에 있는 것은 아니다. 이 점을 매우 의식해서 고민하는 교사가 의외로 많다(김기인, 1979).

둘째, 교직이란 직업은 어린이들의 성장을 원조하는 인간으로서의 이성에 가깝게 가도록 하는 일이다. 당연히 교육의 이상, 인간적 가치의 실현과 같은 이상이 문제가 되게 마련이다. 교육논쟁의 거의 대부분이 이념에 있는 것을 보아도 다른 직업분야와는 매우 다른 점이 있다. 그러한 의미에서 교사는 이상론자이고 꿈을 키우는 사람들이다. 사실 그렇지 않으면 일에 정열을 쏟을 수가 없을 것이다. 그러나 현실은 모든 의미에서 냉혹하다. 그렇기 때문에 여러 가지 모순에 고민하지 않으면 안 된다는 점에서 교사는 일반 사람과는 다르다. 그러므로 스트레스를 많이 받는 입장에 놓이지 않을 수 없다.

셋째, 교사는 어떤 의미에서 각기 독립한 자유업이라고 불리운다. 수십 명이나 되는 학생들이 그의 손에 맡겨진다. 이 점은 환자를 맡는 의사, 재판에 관한 진행상의 전책임을 떠맡은 변호사와도 비슷하다. 이들 직업은 조직 가운데의 한 세포로서 움직이는 것이 아니라, 자신의 의지와 방식으로 사주적으로 일하는 직업이다. 따라서 전책임을 지지 않으면 안 되는 직업이기도 하다.

그런데 의사나 변호사와 다른 점은 의사는 실패하면 환자의 죽음이라는 결과가 곧 나타난다. 변호사의 경우도 잘못하면 소송에 진다고 하는 누군가 보아도 명백한 제재가 보인다. 그러나 교사는 학생의 육성에 어떤 실패가 있다고 해도 구체적으로 모든 사람에게 곧 나타나는 일이 드물다. 그러므로 교사가 실수를 해도 곧 눈에 띄지 않는다. 동시에 노력과 열정을 다 쏟는다고 해도 그 결과가 즉시 나타나는 것이 아니다. 이러한 이유에서 교사란 입장은 육체적으로는 모르는 사이에도 정신적으로는 심한 압박감을 받고 있는 것으로 생각된다.

5. 가르치는 형태

우리가 좋은 교사라는 사람을 생각할 때 교사의 수많은 역할을 고려하기보다는 그저 특별한 사람이라고 인식한다. 그들은 다른 사람과 구별되는 독특한 면이 있다. 그들의 독특한 능력은 그들을 가치롭게 하는 본질적인 특성이다. 그들은 자신에게 충분하게 있는 능력이 우리가 교사를 그렇게 가치롭게 여기는 이유는 본질적인 부분이 된다.

(1) 가르치는 형태의 5가지 형태

교사의 역할에 대한 논의보다 중요한 것은 '가르치는 것은 무엇인가?'라는 것을 이해하는 것이다. 이 점에 대해 교직생활을 선택한 이유보다 그들은 더 깊은 이유를 가지고 있다는 것을 보여 주고 있다. 그들의 이념은 교사가 되었을 때 어떻게 생각하고, 어떻게 행동하는지에 미묘하고, 강한 영향을 미치기 때문에, 여기서는 이러한 가르치는 유형을 논의하고자 한다. 일반적으로 가르치는 유형은 5가지로 나누어 볼 수 있다.

① 존재를 강조하는 형

남편, 아내, 부모가 된다는 것이 당신을 변화시키듯이, 교사가 되어도 역시 그러하다. 거기에 맞는 역할을 해야 하기 때문이다. '나는 교사이다.' 그것은 내가 무슨 행동을 해야 하는지를 의미하는 것이 아니고, 내가 누구라는 것을 알아야 한다. 내가 가르치지 않을 때도 가르치는 것을 생각하는 존재라는 것이다. 정말로 교사라는 존재는 많은 역할을 수행하는 존재 이상이다. 그래서 교사는 종합적인 경험을 하게 된다.

② 창조적 노력형

가장 창조적인 교사 중의 한명인 워깅턴(Wigginton)은 20년 동안 영어교사로 재직하였다. 폭스파이어(Foxfire)의 경험으로 알려진 창조에 대한 그의 지도는 전국적인 관심과 찬사를 받았고, 명예로운 상도 수여받게 하였다. 워깅턴이 그의 학생들을 동기화하는데 실패함으로써 느끼는 좌절감으로 시작되는 폭스파이어는 책은 학생들의 공부에 도움을 주는 잡지로 잘 알려졌다. 완전히 성공한 학생들 사이에서도, 폭스파이어는 이들 학생의 재능과 기술에 대한 표현과 개념들로 인하여 많은 인기를 얻고 있다. 교직에 대한 저자의 개인적 회고와 폭스파이어의 경험에 대해 설명한 『때로 희망은 있다』라는 책에서, 그는 가르치는 행위의 창조적인 측면을 언급하고 있다. "나는 잘하는 재주가 있었기 때문에 가르칠 수가 있었다. 즉 나는 호기심을 자아내게 하거나, 사람을 즐겁게 하는 기술이 있다. 일을 하는데 있어서 특정한 경계선 내에서 수많은 다양성과 융통성의 여지를 가지고 있다. 싫증이 나면 가르치는 일이 따분해진다. 이 점에 대해서는 비난을 받아야 한다."

가르치는 행위는 교사가 학생들의 학습과 경험을 계속적으로 형상화하거나, 재형상화하는 창조적인 노력이다. 리버만(Lieberman)과 밀러(Miller)는 그들의 책 『교사, 교사의 세계, 교사의 직무』에서 가르치는 영역에 관해 언급하였다. 즉 그것은 기능인으로서의 교사와 기능으로서 교수행위에 관한 것이다.

교사들은 일상적인 일이 적합한지 생각하거나, 재조정하며, 새로운 욕구와 비전을 실현 시킬 수 있는 형태를 만드는 데 많은 노력을 한다. 그래서 가르치는 행위의 실체는 현장에서 배우는 기교일 수 있다. 가르치는 행위가 기교로 간주될 때 가르치는 행위는 장황하고 고도의 사적인 기획으로 왜곡될 수 있다. 왜냐하면 가르치는 행위는 창조적인 교사의 표준을 충족시킬 때까지 그 대상을 새롭게 하는 그 자체에 관심을 두기 때문이다.

가르치는 행위에 대한 창조적인 노력은 오랫동안 교직에 몸담고 있는 사람들의 생활근원이 될 수 있다. 창조적인 노력은 영혼을 살찌우게 한다.

③ 활기찬 직무수행형

가르치는 행위는 예측할 수 없는 일을 포함하여 매일 매일 학급에서 활기찬 직무수행을 하는 것이다. 더욱이 교사들은 그들의 학급 학생과 개인적으로 아는 학생들과 활기찬 대화를 한다. 그래서 가르치는 경험은 강렬하고, 관심을 가지려는 노력 즉 순간순간 도전을 제공하는 것과 상호작용하는 것이다.

진실한 학습에서 어떤 교사는 다른 교사보다 가르치는 데 있어서 활기찬 측면을 포함시키고 있다. 이점을 강조하는 교사 중의 한 사람인 마샬(Marshall)은 영국에서 교실 하나만 있는 학교에서의 경험을 토대로 쓴 책인 『교육실험』에서 교수의 효율성과 과정에 대해 논의하였다. 그녀는 자유 속에서 학급을 통제하고, 수동적인 수업 대신, 개인에게 맞는 수업을 실시한다. 그리고 학생들에게 호스로 물을 끼얹는 대신에 하루 종일 깨끗한 물에 적시게끔 관심을 둔다는 것은 교직을 행하는데 있어서 가장 어려운 일이다. 이런 교수유형은 실제 경험을 통해서만 잘 이해될 수 있다. 실제 교수 상황에 참여하면 할수록, 당신의 활기찬 교직수행이 더욱 편해질 수 있을 것이다.

④ 권한 남용형

초임교사에게 가장 즉각적으로 나타나는 교수영역은 권한의 사용이다. 관습적으로 교사들은 최소한 존경을 받는다. 왜냐하면 학생들의 학업성적과 학급생활에 영향을 미치는 권한이 있기 때문이다.

심지어 민주적인 분위기를 가진 교실에서도, 교사는 학생 당락의 결정, 교육목표의 설정, 수업방법의 선택, 수업진도의 평가 그리고 학생과 함께 있을 때 일어난 일에 대한 책임을 지기 때문에, 실제 일어나는 것보다 많은 영향을 미친다.

따라서 교사의 권한은 때로 치명적이 될 수 있다. 홀트(Holt)는 그의 저서인 『아동이 실패하는 이유』에서, 불안하고 놀란 교사가 그들의 학생들을 지도하면서 느낀 심리적 갈등에 대해 논의하였다. 여기서 그는 심리적 갈등에 대한 생생한 예를 보여 주고 있다.

어머니는 얼마 전 내게 다섯 살 된 아들의 유치원 생활 첫날에 대하여 말씀하셨는데, 아들 녀석이 어린 나이에 결코 알아서는 안 될 것을 알게 되었다고 하셨다. 즉 그가 사람들에게 말하지 말아야 할 것을 들었다는 것이다. 어린이는 이것이 죄가 된다는 것을 모른다. 유치원 교사는 어린 그에게 규칙을 알려주는 대신, 그의 셔츠에 고정시킬 수 있는 길고 빨간색으로 된 '수다쟁이'라는 리본을 만들어 주었다. 그녀는 그를 수다쟁이라고 불렀고, 다른 아동들에게도 동참할 것을 권유했다. 아동들은 거절할 수가 없었다. 이러한 교수방법은 심각한 심리적 갈등의 원인이 된다.

잘 알고 있는 바와 같이, 심리적 갈등은 유치원에만 한정되지 않는다. 어느 수준에 있는 학생들은 권한을 남용하는 교사들에 의해 모욕감을 받는다. 워깅턴은 "우리들 대부분은 아동의 실체가 무엇인지를 잊고 있다. 교사 옆에 있는 잘 생기고, 적극적이고, 인기가 있으며, 진취적이며, 건강한 8학년 소년과 교과서를 잃어 버려 교사에게 꾸지람을 들은 울보 소년이 생생하게 기억난다."고 언급하였다.

교사의 믿음을 인지시키기 위해 학생들에게 영향을 미치는 힘을 교사는 가지고 있다. 때로 교사가 쉽게 한 칭찬이 학생의 성공 여부에 중요한 영향을 미친다는 사실에 놀라기도 한다.

교사가 휘두르는 권력의 성격은 잠재적이고, 선천적인 면과 관계가 있다. 따라서 의사와 같이 교사들은 그들의 권한을 남용하지 않아야 한다. 그렇게 하여야만 비로소 교사의 권한이 건강과 성장을 증진시키는데 사용될 것이다.

⑤ 봉사의 기회라고 생각하는 형

교사가 된다는 것은 애타주의적 이유를 가지고 있으므로 학생, 학교, 지역사회 나아가 전 국가에 봉사로서 기여를 한다.

코히(Kohi)는 가르친다는 것은 근본적으로 애타적이며, 타인들을 가치롭게 하는 성격을 지니고 있다. 물론 모든 교사가 애타적이라는 말은 아니다. 어떤 교사는 타인을 지배하거나, 단순히 생활을 영위하기 위하여 가르친다. 심지어 어떤 교사들은 약물을 남용하는 등의 비도덕적 면을 가지고 있다. 이런 모습들이 비록 어느 곳에서도 환영받지 못하고, 그들의 직무가 학교를 대표하지 않지만은 내가 아는 대다수의 교사들은 교직에 대한 소명의식을 가지고 자신의 직무를 성실히 수행하고 있다고 하였다.

교직의 애타적인 성격은 가르치는 동기에 있어서 가장 중요한 요소이다. 급여문제, 대중적 관심, 방학 등과 같은 기타문제는 봉사기회와 비교해서 큰 매력을 가지는 것은 아니다. 교사가 이렇게 말한다면, 교직에 남는 이유는 명백해진다.

교직에서 애타적인 보람이 어떻게 나타나든, 그것은 교사의 직업을 더욱 고귀하게 하고, 또한 인간적 중요성을 깨닫게 한다.

6. 수업기술

(1) 효과적인 강의

강의는 가장 일반적이고 전통적인 수업방법이다. 그럼에도 불구하고 효과적인 강의를 하는 것은 쉽지 않다. 효과적인 강의를 위해 고려해야 할 다양한 강의 기술과 설명전략을 살펴본다.

① 강의기술

수업은 언어를 통한 커뮤니케이션 과정이다. 수업내용을 잘 전달하려면 효과적인 강의기술을 고려해야 한다. 교사는 효과적인 강의를 위하여 강의 진행과 구성, 학생과의 상호작용, 언어적(목소리) 표현과 비언어적(몸동작) 표현, 칠판쓰기와 매체활용 등에서 자기점검이 필요하다.

② 강의진행

수업을 진행하는 과정에서 시간관리와 열의, 강의 속도 등을 고려해야 한다.

a. 강의에 열의가 느껴지는가

열의가 있는 교사의 몸동작에는 생동감이 있고 목소리가 분명하고 메시지가 확실하고 말 한마디 한마디에 자신이 있어야 한다.

b. 시간을 의미 있게 보내는가

교사가 시간을 잘 관리하는 모습은 학생들에게 본보기가 될 수 있다. 수업은 제 시간에 시작해서 제 시간에 끝내는 것이 좋다. 수업을 늦게 시작하거나, 빨리 끝내 버리거나, 수업내용과 무관한 이야기로 시간을 지나치게 허비하지는 않는지를 살펴볼 필요가 있다. 수업시간이 끝났음에도 계속 강의가 진행되는 경우 이미 학생들의 마음은 교실을 떠나 있다.

c. 강의 속도가 적절한가

수업의 결론은 끝부분에 제시되는 경우가 대부분이다. 따라서 강의를 처음에는 느긋하게 진행하다가 끝에 가서 급하게 마무리한다면 중요한 내용을 학생들에게 인식시키지 못하는 결과를 초래할 수도 있다.

③ 강의구성

강의는 시작과 끝이 명확해야 하며 수업내용은 그 안에 단락과 핵심으로 구성되어야 한다.

a. 강의에 시작이 있는가

수업의 시작은 지난 시간에 무엇을 하였는지. 이번 시간에는 무엇을 하고자 하는지, 그것을 왜 하고자 하는지에 대한 설명으로 이루어진다.

b. 강의에 숨 돌릴 여유가 있는가

사람의 집중력은 시간이 갈수록 떨어지게 된다. 한시간짜리 수업은 하나의 단막극이기보다는 중간 중간 숨 돌릴 틈을 주는 단막극으로 구성되는 것이 학생들의 집중력을 높이는 데 도움이 된다. 따라서 15~20분마다 변화를 주면 수업시간 내내 학생들의 집중력을 높일 수 있다.

c. 호기심을 유도하는가

학생들에게 도전감을 주고 지적 호기심을 자극하는 것은 학생들의 학습동기를 유발하는 데 매우 중요하다.

d. 가장 중요한 내용이 부각되는가

한번의 수업에는 반드시 핵심내용이 있게 마련이다. 이 핵심내용을 학생들이 지나치지 않도록 강의의 시작과 끝에 반복해서 강조하는 것이 필요하다.

e. 강의에 끝맺음이 있는가

강의의 끝은 그 강의의 목적을 달성하였는지의 여부로 판단할 수 있다. 각 강의마다 정해진 목표를 달성하고 분명하게 매듭을 짓는 것은 좋은 강의가 될 수 있다.

④ 상호작용

수업에서 교사와 학생, 학생과 학생 사이의 상호작용은 매우 중요한 요소다.

a. 학생들이 수업에 참여할 기회를 주는가

바람직한 수업은 교사의 일방적인 주도로 이루어지기보다는 학생들의 적극적이고 능동적인 참여를 유도하여 교사와 학습자, 학습자와 학습자 간의 상호작용이 활발히 이루어져야 한다.

b. 학생들에게 격려와 칭찬을 자주 해 주는가

학생들은 교사가 자신에 대하여 관심을 갖고 있는지 알고 싶어 한다. 따라서 학생들을 자주 격려해 주고 칭찬해 주면 학생들은 더욱 의욕적으로 수업에 참여하게 될 것이다. 또한 학생들에게는 즉각적으로 피드백이 이루어져야 효과적이다.

c. 학생들에게 효과적인 질문을 하고, 학생들이 질문하도록 유도하는가

질문은 교수자와 학생이 대화를 할 수 있는 효과적인 상호작용 방법이다. 좋은 질문은 학생들의 주의를 집중시킬 수 있고, 학생들의 참여를 유도하며, 사고를 발전시킨다. 따라서 철저하게 준비된 효과적인 질문을 하고, 학생들이 질문할 수 있도록 유도하는 질문을 던지는 것이 효과적이다.

⑤ 목소리

언어적 표현에서 가장 신경을 써야 할 부분은 발음의 정확성, 목소리의 크기, 말의 속도 그리고 적절한 억양과 소리의 변화이다

a. 발음은 정확한가

대부분의 사람은 자기 나름대로의 방식으로 커뮤니케이션을 한다. 예를 들면 'ㅡ', 'ㅓ' 모음이나 'ㄹ', 'ㅎ' 자음을 정확하게 발음하지 못하는 경우가 있고, 혀 짧은 소리를 내는 경우도 있다. 또는 '음~', '에~', '그래서~' 등 불필요한 말을 말하는 사이사이에 집어넣거나 말끝을 어물어물하게 넘겨서 무슨 말을 하는지 분명하게 알아들을 수 없는 경우도 있다.

b. 목소리의 크기는 적절한가

목소리의 크기는 말을 효과적으로 전달하는 데 필수적이다. 교사의 목소리가 너무 커서 교실에 쩌렁쩌렁 울리거나 목소리가 너무 작아서 잘 들리지 않는 것은 곤란하다. 이 때에는 교실 뒤편에 앉아 있는 학생에게 물어서 소리의 크기를 적절하게 조절한 후 강의를 시작하는 것이 필요하다.

c. 말의 속도는 적절한가

말의 속도가 너무 빠르면 학생들은 내용을 제대로 이해하지 못하고 교사의 말을 따라가기에 바쁘다. 또한 말의 속도가 너무 느리면 학생들은 다른 생각을 하게 될 가능성이 커진다. 말의 속도는 말의 내용을 강조할 것인가 아닌가에 따라서도 달라진다. 요점을 얘기할 때는 되도록 천천히 신중하게 말하고, 내용상 비중이 없는 얘기를 할 경우에는 말의 속도를 빨리 할 수 있다. 주의를 집중시키고 말의 내용을 반전시키고자 할 때는 말을 하다가 잠시 멈추는 것도 효과적이다.

d. 목소리의 억양과 속도는 변화가 있는가

아무리 목소리 크기와 속도가 적절하다고 할지라도 단조로운 소리가 계속 이어진다면 금방 지루해지게 된다. 듣기 좋은 강의를 하기 위해서는 목소리의 강약을 변화시키고 음의 높고 낮음, 속도의 빠르고 느림에 적절한 변화를 주어야 한다. 이 자체만으로도 학생들에게 내용의 중요성과 교사의 의도를 전달할 수 있다.

⑥ 몸동작

의사소통에는 언어표현뿐만 아니라 비언어적 표현도 중요하다. 따라서 비언어적인 몸동작, 자세, 시선, 표정 등을 적절히 관리해야 한다.

a. 몸동작이 의도적이고 적절한가

의사소통을 할 때의 행동을 세심하게 분석해 보면 60여 가지의 신체적인 동작이 있다고 한다. 이러한 몸동작은 해당 상황마다 서로 다른 여러 가지 의미를 나타낸다. 따라서 원하는 효과를 낼 수 있도록 적절하게 몸동작을 활용해야 한다.

b. 서 있는 자리를 옮겨 주는가

학생들이 오랜 시간동안 한군데에 시선을 맞추고 집중하다 보면 피로해지기도 하고 졸음이 오기도 한다. 그러므로 강의를 하는 동안 가끔 자리를 옮기거나 가능하면 교단에서 내려와 학생들 사이를 지나다니면 학생들의 시선을 집중시키는 데 도움이 될 수 있다. 그러나 지나치게 왔다 갔다 하는 것은 오히려 산만해질 수 있다.

c. 학생들에게 시선을 주고 있는가

강의를 하는 동안 모든 학생과 한번 이상의 눈 맞춤을 하는 것은 매우 중요하다. 이때에는 시선을 너무 빨리 움직이지 말고 학생이 교사와 눈이 마주쳤다는 것을 인식할 때까지 순간적으로 시선을 정지시키는 것이 좋다.

d. 몸동작과 시선의 효과를 극대화하는가

교실 안에는 교사 눈에 보이지 않은 숨은 공간이 없어야 한다. 뒤에 앉은 학생일지라도 칠판 글씨가 잘 보이는지 등의 질문을 통해 자연스럽게 시선과 관심을 가져 준다면 교실의 전체적인 분위기가 살아날 수 있다.

⑦ 칠판쓰기

강의를 진행하면서 칠판을 활용하는 것은 의사전달의 효과를 높일 수 있다.

a. 학습효과를 높이도록 칠판을 사용하는가

칠판을 활용할 경우에는 다음의 네 가지 효과가 있다.

- '시각적' 효과 : 말로는 묘사나 설명이 충분히 설명이 되지 않을 때 그림이나 도표, 수식으로 표현할 수 있다.
- '악센트' 효과 : 칠판에 요약해서 쓰거나 쓴 글에 밑줄 혹은 원을 그리면서 중요한 점을 부각시킬 수 있다.
- '브레이크' 효과 : 강의 진도가 급하게 나가거나 말의 속도가 빨라질 때 판서하여 속도를 늦추고 학생들에게 생각할 기회를 줄 수 있다.
- '본보기' 효과 : 전문인 또는 학자의 필기 습관을 보여 줄 수 있다.

b. 판서는 중요한 내용만 다루는가

교재에 나오는 내용을 그대로 판서하는 것보다는 교사의 말 중 중요한 내용을 요약하는 형태로 판서를 하는 것이 훨씬 효과적이다. 그러나 수업시간 내내 판서만 하게 되면, 학생들은 판서내용을 베끼기에 급급해서 교사의 설명도 제대로 듣지 못하고 수업시간 내내 교사의 뒷모습만 쳐다보게 될 수도 있다.

⑧ 매체 활용하기

수업에 매체를 활용할 때는 매체 내용과 속도 분량을 고려해야 한다.

a. 매체는 수업내용을 보완하는가

일반적으로 수업시간에 파워포인트 등을 통한 자료를 제시할 경우에는 교사의 말을 보완할 수 있는 형태로 자료를 제시해야 한다. 이미 스크린에 제시되어 있는 내용을 교사가 줄줄이 읽어 내려가는 것은 강의가 지루하게 되는 지름길이다.

b. 진도가 적절한가

칠판쓰기는 강의 진행 속도를 늦추는 반면 파워포인트 등은 강의진행을 가속하는 결과를 가져올 수 있다. 따라서 학생들이 충분히 이해하고 생각할 수 있는 시간이 제공되도록 진도를 적절하게 조절해야 한다.

c. 분량이 적절한가

매체를 통해 강의를 진행하다 보면 필요 이상으로 많은 분량의 내용을 다룰 수 있다. 따라서 중요한 내용을 효과적으로 제시할 수 있도록 매체자료를 준비해야 한다.

Worksheet 효과적인 강의기술 체크리스트

구 분	문 항	개선이 필요함		OK		잘함
목소리	1. 목소리의 크기가 적절한가?	1	2	3	4	5
	2. 말하는 속도가 적절한가?	1	2	3	4	5
	3. 발음이 분명한가?	1	2	3	4	5
	4. 목소리에 변화가 있는가?	1	2	3	4	5
	5. 목소리에 생동감(자신감)이 있는가?	1	2	3	4	5
몸동작	1. 몸동작이 의도적이고 적절한가?	1	2	3	4	5
	2. 서있는 자리를 옮겨 주는가?	1	2	3	4	5
	3. 학생들에게 시선을 주고 있는가?	1	2	3	4	5
	4. 모든 학생을 살펴보는가?	1	2	3	4	5
	5. 몸동작의 효과를 극대화하는가?	1	2	3	4	5
칠판/OHP 쓰기	1. 잘 보이는가?	1	2	3	4	5
	2. 짜임새 있고 정돈되어 있는가?	1	2	3	4	5
	3. 악센트 효과가 있는가?	1	2	3	4	5
	4. 양이 적절한가?	1	2	3	4	5
	5. 말하는 내용을 중복하지는 않는가?	1	2	3	4	5
강의 진행	1. 강의에 열의가 느껴지는가?	1	2	3	4	5
	2. 시간을 의미있게 보내는가?	1	2	3	4	5
	3. 강의 속도가 적절한가?	1	2	3	4	5
	4. 호기심을 유도하는가?	1	2	3	4	5
강의 구성	1. 강의 목표가 확실하게 전달되는가?	1	2	3	4	5
	2. 강의가 여러 단락으로 나눠져 있는가?	1	2	3	4	5
	3. 한 가지 이상의 강의 방법을 사용하는가?	1	2	3	4	5
	4. 가장 중요한 내용이 부각되는가?	1	2	3	4	5
질문, 대답, 반응	1. 학생들에게 효과적인 질문을 하는가?	1	2	3	4	5
	2. 학생들이 참여(대답)할 기회를 주는가?	1	2	3	4	5
	3. 학생들의 대답에 긍정적 반응을 보이는가?	1	2	3	4	5
	4. 학생이 못하였을 때 격려해 주는가?	1	2	3	4	5
	5. 학생들이 질문하도록 유도하는가?	1	2	3	4	5

(2) 효과적인 설명전략

① 적절한 예시의 사용

학습은 적절한 설명과 유의미하고 흥미 있는 예를 제시함으로서 촉진된다. 설명과 예시는 학습을 효과적으로 하기 위해서 의미있게 잘 구조화되어야 하고, 설명되고 있는 제시되는 교과내용이 명확하게 서술되어야 한다. 다음은 적절한 예시를 사용하여 설명할 때의 고려사항이다.

- 학생들의 이해를 촉진할 수 있는 적절한 예를 선택해야 한다.
- 예를 들 때에는 의미성을 강조해야 한다.
- 교과내용을 설명하고 제시하기 위해 구체적이며 시각적인 예를 사용해야 한다.
- 동일한 내용에 대해서 다양한 관점으로 접근할 수 있고 교과내용의 다양한 맥락에 적용할 수 있다는 것을 보여 주는 다양한 예를 사용해야 한다.
- 너무 많은 세부사항을 설명하거나 제시하여 혼란을 주지 말아야 한다.

② 학습을 촉진하기

학생의 학습을 촉진하기 위해 설명과 예시를 사용할 때 적용할 수 있는 일반적인 고려사항은 다음과 같다.

- 학생들이 학습목표를 성취하기 위해 사용해야 할 절차와 그 학습목표를 알려 주어야 한다.
- 새로운 교과내용을 소개하기에 앞서 선행지식과 기초적인 개념을 항상 다시 가르쳐야 한다.
- 학생의 관심을 끌기 위해 재미있는 머리말을 제공해야 한다.
- 새로운 교과내용을 다룰 때 교수를 서두르지 말아야 한다.

- 설명할 교과내용의 주요 특성을 분석하고 그 특성과 예의 관련 요소 사이의 관계성을 강조해야 한다.
- 전문용어를 사용하지 말고, 교과내용의 복잡한 부분을 지나치게 강조하지 말아야 한다.
- 교과내용을 설명하기 위해서 단순화된 도표, 차트, 선, 모형 등을 사용해야 한다.
- 모든 학생이 설명하는 것을 보고 들을 수 있도록 해야 한다.
- 설명이나 제시를 하는 동안 학생들의 주의를 집중시키도록 해야 한다.
- 학생들의 반응에 민감하게 대처한다. 이때 학생들이 적극적인 반응을 보이지 않는다면 설명이나 제시를 조정해야 한다.
- 학습한 아이디어의 연결을 촉진하도록 언어나 그림으로 된 매체를 제공해야 한다.
- 모든 설명은 간략하고 요령있게 해야 한다.
- 교과내용의 일반화와 적용을 보여 주기 위해 폭넓고 다양한 상황에서 교과내용이 사용됨을 제시해 보여야 한다.

③ 설명기법과 방식

효과적인 설명을 하기 위해서는 다음과 같은 설명기술과 방법에 대한 고려가 필요하다.

- 설명과 제시의 기술을 다양하게 사용하고 어떤 특정한 방식에 치우치지 말아야 한다.
- 생동감 있고 열성적인 설명방식을 개발해야 한다.
- 따뜻하게 반응해 주는 교수법을 개발해야 한다.
- 설명하거나 제시할 때 편안하고 목적이 있는 방식을 사용해야 한다.

◆ Worksheet 효과적인 설명전략 체크리스트

☐ 학생들의 이해를 촉진할 수 있는 구체적이며 시각적인 예를 다양하게 사용하였다.

☐ 너무 많은 세부사항을 설명하거나 제시하여 어수선하게 하지 않았다.

☐ 새로운 내용을 소개하기에 앞서 선행지식과 기초적인 개념을 회상하게 하였다.

☐ 설명할 교과내용의 주요특성을 분석하고, 그 특성과 예의 관련 요소사이의 관계성을 강조하였다.

☐ 전문용어를 사용하지 않고 교과내용의 복잡한 부분을 지나치게 강조하지 않았다.

☐ 단순화된 도표, 차트, 선, 모형 등을 사용하여 설명하였다.

☐ 설명을 하는 동안 학생들의 주의를 집중시키도록 하였다.

☐ 학생들의 반응에 민감하게 대처하며, 학생들이 적극적인 반응을 보이지 않을 때 설명을 조정하였다.

☐ 학습한 아이디어의 연결을 촉진하도록 언어나 그림으로 된 매체를 제공하였다.

☐ 간결하고 생동감 있으며, 열성적인 설명방식을 개발하였다.

제9장

아동 문제행동의 이해와 지도

1. 울음과 투정
2. 배변 훈련
3. 손가락 빨기
4. 공격성
5. 분리 불안
6. 어린이의 과도한 공포
7. 고집불통
8. 시기와 질투
9. 악몽
10. 버릇없는 아이
11. 소심함
12. 거짓말
13. 도벽
14. 성적 호기심
15. 이기심
16. TV와 어린이
17. 의사, 병원과 관련된 문제
18. 죽음의 문제
19. 훈육 · 지도

부모는 그들의 나이와는 상관없이 자녀와 관련된 문제라면 다른 어떤 것보다 큰 관심을 가진다. 그리고 자녀가 남다른 성취를 이루고 보다 훌륭하고 건전하게 성장하도록 노력한다는 것을 우리는 안다. 부모의 마음은 예나 지금이나 마찬가지지만 현대의 부모들은 많은 전문가들로부터의 조언과 과학적인 양육 정보를 과거 어느 때보다도 많이 접할 수 있다. 그럼으로써 다른 세대들보다 전문화되고 효과적인 지도방식을 택하고 있다.

각종의 과학기술과 학문은 비극적인 면을 수치화하여 지적하면서 과거를 비판하고 새로운 방식을 권하기도 하며, 과거에 우리가 알고 있던 자녀양육에 관한 지식을 무용지물화하게 만들기도 한다. 점차 현대는 모든 면에서 남의 직접적인 도움이나 지도 없이 생활하고 일할 수 있고, 자녀를 지도할 수 있는 새로운 방식을 탐색하는 시대라고 규정지을 수 있을만치 되어 버린 것이다.

이러한 놀라운 변화 속에서 오늘날의 부모들은 때로는 혼란과 불안에 빠지거나 시행착오로 기대와는 다른 결과를 초래하기도 하지만 그 과정에서 어린이들은 특색있는 행동양식을 습득하게 된다.

이에 본 장에서는 반드시 공식적인 해답이나 정확한 방법은 될 수 없더라도 지금까지 밝혀진 교육학, 심리학, 정신의학적 지식을 토대로 어린이의 문제행동의 이해를 중심으로 지도의 문제를 제시함으로써 그러한 곤란한 상황에 처한 부모들에게 도움을 주고자 한다.

여기에서 제시되는 문제행동은 대체로 아동기까지 발견될 수 있는 것들을 주요 관심 대상으로 하였다.

1. 울음과 투정

유아기에 어린이들이 울거나 투정을 부리는 것은 자연적인 것이며 정상적인 것이다. 그것은 자신의 불쾌를 알리려는 단 한 가지의 수단으로써 생존을 위하여 필연적으로 행하는 것이다.

어린이가 지나치게 울거나 칭얼거릴 때, 때로는 짜증도 나고 미워지기도 하며, 때로는 안스러워하기도 하고 남들에게 미안하기도 하고 수치스럽게 느껴지기도 한다. 이러한 울음이나 칭얼거리는 것에 대한 관념이나 태도는 자신의 초기경험과 밀접한 관련이 있다. 그리고 우리와 다른 어떤 문화권에서는 어린이가 울거나 칭얼거리는 것은 폐를 건강하게 하는 것으로 고려하여 무시하기도 한다.

그러나 일반적으로 어린이가 우는 것은 불편하거나 주의를 끌기 위하여 혹은 무서워서 도움을 청하는 것으로 받아들이는 경향이 명백하다. 그래서 보통 성인들은 어린이가 칭얼거리거나 울면 “너 어디 아프니?” 하고 묻게 되는 것이다. 그런가 하면 욕구충족을 희구하는 형태로서의 울음도 있다.

그럴 때면 부모들은 그 기대를 충족시켜 줄 것을 약속하게 된다.

이런 경우는 그러한 기대가 충족되더라도 다른 일에도 흔히 울고 투정을 부리거나 짜증을 부리는 행동 경향이 있다. 그것은 계속 기대를 충족시켜 부정적 행동을 강화시켜 준 결과인 것이다. 행동 수의자들의 주장은 어떤 행동에 보상이 주어졌을 때에는 그 행동을 강화시켜 주는 경향이 있음을 주장하고 있다. 그래서 부모는 바람직한 행동을 보상하기 위한 칭찬이나 승인 따위의 긍정적인 강화수단을 사용하여 수용될 수 있는 방법으로 행동이 이루어지도록 하고, 바람직하지 않는 행동을 무시하거나 강화자극을 사용하지 않도록 하라고 당부한다.

또 어떤 경우 어린이들이 울거나 칭얼거리는 것은 문제 해결을 위한 저들 나름대로의 어떤 방법을 추구하기 위한 고의적인 시도로 파악되어지는 경우도 있다. 이런 때 부모들은 어린이의 합리적인 울음에 대해서조차도 받아들이려 하지 않고 또 동정하려 하지 않는다.

성인들이 어린이가 떼를 쓰거나 우는 이유를 이해한다고 하는 것은 그들의 문제를 성공적으로 해결하는데 필수 불가결한 것이다. 벌을 준다거나 야단을 치고, 혹은 무시하거나 부정적인 강화를 사용하는 것은 증상의 처치일 뿐이다. 그러한 원인의 발견과 이해가 있게 되면 어린이의 긴장을 덜어 주게 되고 가정에의 적응에도 필요한 것이다.

어린이들이 칭얼거리거나 울 때 성인들에 의하여 주어지는 방식은 어린이에게 중요한 결과를 제공하게 된다. 즉 울음의 결과를 동정받는 것, 주의 끌기의 실패, 벌이나 조롱받는 것 등을 통해 울음으로 인하여 어떤 이익이 주어지느냐 하는 정보를 얻게 되고 그것은 이후의 행동에 중요한 역할을 하게 된다.

때에 따라 울음이나 눈물은 내재한 감정을 건전하게 해소시켜 주는 긴장해소의 기능을 한다. 실컷 울고 나면 마음이 시원하다거나 편안함을 찾게 되는 경우가 바로 이런 경우이다. 그리고 울음은 성인의 관심을 끌기 위한 호소의 수단으로 사용되어지기도 한다. 눈물을 흘리면서 울음 섞인 소리로 상대에게 호소할 때는 상대방의 마음을 약하게 할 수 있다. 어머니만 보면 즉각적으로 응석을 부리거나 울면서 투정을 부리는 어린이는 울음을 그들이 원하였던 것을 얻어내는 기법화한 것이기도 하다.

어린이에게 자신감이 생기고 만족한 관계가 형성되면 어린이들은 계속 울음에 의존하려 하지는 않는다. 따라서 어린이가 자신은 중요하고 사랑받는 존재임을 스스로가 느끼게 될 수 있도록 필요한 경험을 계속 지원해 주어야 하는 것이다.

2. 배변 훈련

어떤 어린이는 배변훈련에서 아무런 갈등도 경험하지 않고 잘 이루어지나 어떤 경우엔 부모 자식 간에 격심한 갈등과 충돌로 이어져 애를 먹기도 한다.

배변훈련이 제대로 이루어지지 않는 경우 요에 오줌을 싸거나 옷 입은 채로 옷에다 오줌을 싸 버려 소동을 빚는다. 그런 경향이 3~4세, 혹은 4~5세까지 연장될 때 부모들은 충격적으로 느껴 자녀에게 키를 쓰고 이웃에 가서 소금을 얻어 오게 하는 것과 같은 수치심을 통하여 교정하려 하였다. 이러한 행동은 초년기의 배변훈련에 잘못 기인된 것이다.

옛날의 부모들은 한 살짜리 어린이를 요강에 앉혀 스스로 행할 수 있도록 자극을 주면서 배변 훈련을 시켰다. 그러나 이후의 발달 심리학자들은 신체적으로 충분히 성숙할 때까지 배변 훈련은 쓸데없는 노력으로 간주하였다. 최근의 일반적인 견해는 소변통제가 약 20개월 이후에 시작하여 25~30개월에서는 50% 이상이 실수를 하는 것이 보통이며 4세가 되어서도 30~40%의 어린이가 가끔씩 실수를 하는 것으로 보고되고 있다.

어린이들이 소변을 가리기 위해서는 다음과 같은 조건이 구비되어야 하는 것이다. 첫째, 아이는 스스로가 생리적 신호를 자각할 수 있어야 하는 것이고 둘째, 배설하겠다고 다른 사람에게 의사표시를 하거나 아니면 화장실에 갈 수 있어야 하는 것 셋째, 적절한 시기에 긴장을 풀 수 있도록 괄약근을 통제할 수 있어야 가능하다.

때문에 어린이들이 이 세 가지 조건을 행할 수 있기까지는 부모들에게 어린이들이 오줌을 싸지 않게 하는 것은 어려운 일이다. 특히 어린이들은 그것과 관련된 생리적 충동의 지각능력, 의사 표현능력 및 괄약근 통제능력의 발달에는 현저한 개인차가 있는 것이어서 배변 훈련의 적정시기도 달라지는 것임을 알아야 한다. 생리학자나 의사들은 일반적으로 남자 어린이들보다는 여자 어린이들이 일찍이 괄약근 통제가 가능한 것으로 보고 있으며, 잠자리에서의 배변의 통제보다는 깨어 있는 동안의 통제가 먼저 이루어지는 것으로 보고 있다. 그리고 통상적으로 방뇨의 통제보다는 대변의 통제가 일찍 가능한 것으로 말하기도 한다.

그러나 배변 훈련은 그러한 신체적 조건이 다 이루어졌다 하더라도 환경적 자극 요인에 따라 여러 가지로 영향을 받는다.

이러한 점에서 볼 때, 다음의 제언은 어린이의 배변 훈련과 관련하여 유용한 방법이 될 것이다.

첫째, 어린이용 변기 의자를 마련한다. 성인용 변기는 떨어질까 두려워지고 때로는 물 흐르는 소리에 놀라서 두려움을 느끼게 되어 배변이 용이하지 않다. 지각 있는 부모들은 이러한 잠재적 위협을 제거하여 편안히 용변을 보게 한다.

둘째, 어린이들은 열중하던 일을 중지하고 화장실로 뛰어갈 수 없다는 사실을 인정한다. 우리는 때로 어린이들이 가까운 화장실에도 가지 못하고 오줌이 마려워 발을 동동 구르거나 고통스러운 표정을 짓거나 우는 애들을 볼 수 있다. 따라서 어린이들이 사용할 수 있는 화장실이 가까이 있거나 응급조치를 취할 수 있는 방법이 고려되어야 한다.

셋째, 낯선 곳에서는 어린이들이 용변을 보기 힘들다는 것을 이해하여야 한다. 어린이들은 엉성한 화장실, 추운 곳, 자기를 놀려대는 어린이가 많이 있는 곳, 혹은 열차나 여객선 안과 같은 움직이는 곳에서는 용변을 보기가 어렵다. 때문에 성인들은 친절하게 이해하면서 옆에 서서 새로운 상황에 적응할 수 있을 때까지 보호해 줄 필요가 있다.

넷째, 질병을 앓고 난 후, 신생아가 태어난 직후, 돌발적인 사건을 경험하게 되는 경우에는 방뇨를 함부로 하는 경우가 있음을 알아야 한다. 이럴 때 성인들은 그렇게 된 원인을 알아야 하고 그것에 적절히 대처해야 한다.

다섯째, 다른 애들과 비교하여 훈련시키지 않는다. 어린이마다 배변을 학습하는 데는 차이가 있는 것을 안다면 준비태세가 갖추어지기 이전에 엄격하게 훈련을 시킨다고 하는 것은 긴장을 유발하게 되어 실패하기 쉽다. 보통의 어린이는 5세쯤에 이르면 배변의 통제가 완전히 가능한 것으로 보이나, 그 이후에도 그 통제에 문제가 있다면 전문가의 도움을 청하는 것이 현명하다. 특히 배변의 문제는 심리적인 요인과도 관련이 있는 것이어서 신체적으로 정상적인 어린이에게도 배변상의 문제가 개재될 수 있으므로 그들의 심각한 내적 요구와 원인을 집중적으로 이해할 필요가 있다. 그것에 대해 벌하거나 비난하기보다, 필요한 욕구의 충족이 보다 필요하다. 흔히 지적하는 내적 욕구는 주위 어떤 사람이나 대상에 대한 분노와 증오의 표시나 안정과 사랑의 욕구 충족과 관련된 것일 수 있다.

부모들은 배변 훈련이 생의 초기에 어린이들이 반드시 겪어야 되는 최초의 학습 경험임을 잘 인식하여야 한다. 만약 그것이 잘 이루어진다면 장차의 모든 학습도 평탄히 이루어질 수 있는 것이고 성인의 기대에 부응하지 못하는 어린이로서 지목되지는 않는다. 초기의 긍정적인 학습 경험이 이후의 모든 학습의 밑거름이 되는 것이다.

3. 손가락 빨기

인간은 출생시에 생득적으로 몇 가지의 반사적 행동을 가지고 태어난다. 그 중의 하나가 입술에 와 닿는 모든 것을 빨려는 흡인반사이다. 생후 약 1년 이상까지 어린이의 생활은 이 흡인반사성에 의한 음식의 흡입능력에 따라 발달이 이루어지고 있다고 해도 과언이 아니다. 확실히 유아들은 이 흡인반사를 통하여 생리적 욕구를 충족하고 만족감을 얻고 있는 것이다. 그래서 유아들이 그들의 손가락이나 발가락 혹은 이

불자락을 빠는 것에 그리 큰 관심을 두지 않고 자연스런 것으로 치부하는 것이 보통이다. 심리학자나 의사들 가운데에는 모유나 우유를 충분히 빨아먹을 수 있었던 어린이는 이미 생리적 욕구를 해소하고 만족을 경험하였기에 손가락이나 이불자락을 빠는 경우가 적다고 주장하는 사람도 있는 것을 보면 그것은 만족을 추구하는 행동이다.

그러나 어린이들 가운데에는 4~5세 혹은 6세 넘어서까지 계속 손가락을 빨아서 때로는 손톱마저 빠질 지경이거나 이의 배열에 이상이 오는 어린이가 있다. 그러나 그들도 관심있는 물건을 갖고 놀거나 놀이를 할 때에는 그러한 습관은 나타나지 않으나 긴장하면 다시 손가락을 빠는 행동을 한다. 성인들도 정상적인 쾌락이나 즐거운 행동이 다른 사람으로 인하여 방해받게 될 때에는 말을 더듬거나 어떤 정서적 긴장을 나타내는 경우가 있다. 만약 성인이 어린이의 만족을 추구하고 쾌감을 얻으려는 행동을 제한하거나 위협하면 그들은 긴장하게 될 것은 틀림없다.

이러한 어린이의 부모는 어린이들이 어떤 때 그러한 습성이 나타나는지를 면밀히 관찰하여야 한다. 피로할 때인가 좌절했을 때인가 혹은 무서워할 때인가를 명확히 가려야 한다. 이는 흔히 성인들이 원인이 되어 성인의 주의를 구하기 위한 효과적인 방법이 손가락 빠는 것으로 잘못 학습된 데 기인한 것으로 지적되고 있다. 때문에 그러한 세심한 관찰을 통하여 원인을 밝힐 수 있다.

또 반대로 언제 어떤 때 손가락을 빨지 않는지도 파악할 필요가 있다. 손가락을 빨고자 하는 욕구를 대신하여 만족을 주는 행동이 밝혀질 수 있기 때문에 그것에 대치할 수 있는 만족스러운 활동을 증가시켜 줄 수 있다. 흔히 부모들 가운데에는 그러한 행동을 처벌을 통하여 교정을 하려고 하는 경우가 있다. 벌은 공포를 유발하는 것이어서 그러한 행동을 억제할지 모르지만 때때로 불행한 결과를 초래하기도 한다. 즉 정상적으로 만족한 활동을 하지 못하도록 심한 벌을 주었던 결과, 정서적 장애가 유발되는 경우가 발견되므로 벌의 사용은 가급적 억제하는 것이 좋다. 누구나 일상생활에서 주어지는 압력으로부터 벗어나 자유로워지고 싶어하는 것이 보편적인 현상이므로 벌의 형태보다는 수용적인 형태가 효과적이다. 더욱 만족하고 쾌감을 경험하고 싶어하는 것에 대하여 공포와 죄책감을 느끼게끔 하는 것은 대단히 위해한 것임을 알아야 한다.

손가락을 빠는 어린이 모두가 반드시 나쁘게 되고 불행하게 되는 것이라고 생각하는 것은 절대 금물이다. 성인들이 어린이의 욕구나 그들에게 닥친 위협을 수용해 주고 이해하면서 원인을 조심스럽게 규명한다면 적절한 해결책이 발견될 것이며 이에 따라 그러한 행동은 쉽게 저버릴 수 있다.

정상적인 어린이들은 저들의 정도에 맞는 환경에서 같은 또래들과 열심히 놀이에 빠져들어 거기에 심취되면 충족되지 못한 욕구를 대신하는 손가락 빠는 행동이 점차 사라지게 된다.

4. 공격성

사람들은 공격성이란 말을 매우 자주 쓰고 있다. "그 애는 매우 공격적 성격을 가지고 있다."라든가 혹은 "왜 그런 공격적 행동을 하는지 모르겠다." 등 어린이의 행동문제와 관련시켜 보편적으로 사용하기도 하고 스포츠 용어로서도 자주 사용한다. 대부분의 경우 공격성이란 말은 우리에게 부정적인 의미를 느끼게 하는 것이며, 어린이에 적용하여 사용할 때는 파괴적이고 다루기 힘든 어린이를 연상하게 한다. 이러한 어린이의 행동을 이해하기 위해서는 공격성의 본질을 알아볼 필요가 있다.

보통 공격성을 정의하기를, 상대방에게 적대적 행동을 취하고 공격을 하며 파괴적인 행동을 하는 것을 지칭하는 것으로 규정하면서 신체적 상해, 물리적 상해, 언어적 상해 등을 모두 포함시키는 것이 보통이다. 그러나, 때로는 여기에 독단적이고 대담하고 진취적인 것을 포함시키기도 한다. 따라서 공격성이란 의미에는 부정적 의미만이 있는 것이 아니라 긍정적인 의미로도 사용될 수 있는데 많은 사람들은 긍정적인 의미로 사용하기를 꺼린다.

그렇기 때문에 어린이의 공격적 행동을 운위할 때는 공격성이 항상 나쁜 것만이 아니라는 사실을 염두에 두고 고려하여야 한다.

한 때 공격성을 본능적이요, 생득적인 것으로 고려된 적도 있었으나, 1960년대 후에는 사회적 학습이론에 근거하여 아동의 공격적 행동은 모방이나 관찰 등을 통한 학습된 행동으로 보고 있다. 이러한 이론에 근거하면 어린이들은 파괴적인 성향을 가지고 태어나지는 않는다. 어린이들이 타인에 대하여 느끼는 방식은 과거의 경험의 결과이며 그러한 경험들이 행동에 반영되고 있는 것이다. 일반적으로 어린이들은 자기의 생리적 욕구나 신체적 쾌감이 충족되어져야 한다는 자기중심적 사고를 하고, 그것이 충족되기를 기대하지만 점차 성장하면서 그들이 원하는 것이 모두 충족되어질 수 없음을 학습하게 된다. 다시 말해 어린이는 자기중심적인 행동 경향에서부터 성장함에 따라서 사회적으로 동조하는 개체로 진보의 과정을 거치게 된다. 이러한 과정은 평탄하지 않고 때론 고통스럽기 때문에 어린이의 입장에서 보면 학습과정이 어렵게 느껴진다.

이런 것을 감안한다면 어린이들은 유치원이나 초등학교 입학할 나이쯤이 되면 해야 할 일과 해서는 안 될 일을 학습하게 된다. 따라서 이 때는 어떤 것을 먹어야 하고 반대로 먹어서는 안 되며 어떤 것은 만져도 되고 어떤 것은 만져서는 안 된다는 것을 학습해야 한다.

어린이들이 어머니와 함께 슈퍼마켓이나 백화점에 갔을 때 여러 가지 색상의 진열품을 보고 그것을 만지고 싶은 충동을 느끼는 것은 아주 자연스런 감정이다. 이 때 그것을 만져서는 안 된다는 것을 학습한 어린이는 만지지 않으나 그렇지 못한 어린이는 만지려 들 것이고 어머니는 그것을 제지시킨다. 이렇게 욕구좌절을 경험하게 될 때 화가 난다거나 반항하고 싶은 심정이 생기게 되고 많은 고통과 어리석은 감정을 경험하게 된다.

이런 상황에서 성인들이 이를 친절하게 수용적이고 따뜻하게 대해 주지 못하고 통제와 제한으로 대신한다면, 어린이는 그것을 받아들이지 않고 저항을 하게 될 것이다. 그리하여 남을 헐뜯거나, 조롱하거나, 욕하거나, 때리거나 하며 물건을 부수어 버리는 공격, 파괴 혹은 피동적 형태를 취하게 될지도 모른다.

대부분의 부모들은 어린이의 양육과 지도에 특수한 훈련을 받지 못하였다. 흔히 주어진 어린이를 출산하고 음식을 주는 것만으로 양육한다고 생각해서는 안 된다. 어린이의 행동의 의미를 해석하고 그들의 욕구와 감정을 이해하고 어린이들이 어떻게 느끼며 왜 그러한 행동을 하는지에 대해 어떤 통찰을 할 수 있어야 한다. 앞에서 설명한 바와 같이 어린이의 공격성은 모방과 관찰에 의한 사회적 학습의 결과라면 한편으로 어린이들의 행동은 결국 부모를 모방하고, 부모의 행동을 관찰하면서 경험적으로 습득된 형태라는 것을 이해하게 된다. 때문에 부모는 언제나 행동의 모델로서 일관성 있게 참을성을 보이고 지속적으로 학습할 수 있는 경험을 주어야 한다.

어린이의 공격적 행동을 저지하기 위하여 처벌이라는 수단을 사용하는 것은 성인은 힘에만 의존하려 한다는 인상을 어린이에게 줄 뿐이다. 그렇다고 어린이의 공격성을 무시한다거나 모른 체하거나 무관심한 것도 비효과적인 방법이다. 어떤 학자들은 권투선수들이 연습용으로 사용하는 펀치백 같은 대용물을 만들어 주고 거기에 그들의 공격감정을 표출하여 해소시키는 것도 효과적이라고 하여 그러한 종류의 지도방식을 권유하기도 했으나 최근의 공격적 감정의 통제와 관련된 연구는 그 효율성을 증명해 주지 못하고 있다. 그 보다는 어떤 이유에서든지 어린이의 공격적인 행동이 사회적으로 수용될 수 없다는 것을 확고하고 일관성 있게 말해주며 힐책할 때가 효과적이었다고 밝히고 있다. 그리고 어린이의 공격적 행동을 변화시킬 때 가정이나 학교 등에서 어린이의 생활에 중요한 영향을 미치는 주위의 사람들이 일관성 있는 방법을 사용할 때 보다 효과가 있었다는 것이다. 부모의 방법이나 의견이 통일되어 있지 못한다면 그 어떤 방법이든 효과를 거둘 수 없다. 가령, 친구를 곧잘 괴롭히는 어린이가 있을 때 어머니는 그의 행동을 사회적으로 수용될 수 없는 행동임을 이해시키려 하지만 아버지는 남자가 남에게 얻어맞고 들어오는 것보다는 오히려 그것이 좋다라는 반응을 보였다면 어린이는 거기서 '무엇을 학습할 수 있을까?' 이러한 것은 가정에서 어린이의 지도와 관련된 의견의 불일치로 인한 논쟁과 한계성의 표현이 흔히 나타날 수 있음을 시사해 주는 한 예에 지나지 않는다. 부모들 간에도 어린이의 수면, 섭식, 놀이나 활동 또는 기타의 일상생활과 관련하여 통일성이 결여된 지도가 도처에서 쉽게 나타날 수 있음을 말해 주는 한편, 어떤 경우이든 최상의 일치를 구하는 노력이 어렵다는 것을 나타내 주는 것이기도 하다.

어린이들의 공격적 행동 문제와 관련하여 부모나 성인들에게 도움이 될 수 있는 효과적인 방법을 제시하면 다음과 같다.

① 엄격한 제한을 설정한다.

공격성을 나타낼 때에는 엄격히 제한하여야 한다. 흔히 그러한 제한은 "그래서는 못 써"라고 하는 것이 보통이나 현명한 부모들은 왜 그래서는 안 되는지를 명확히 설명해 줌으로써 어린이의 이해를 도와준다. 충분한 학습 경험이 주어졌을 때 어린이는 스스로 그러한 행동을 자제한다. 또한 실행될 수도 없는 한계나 제한을 설정하는 것은 오히려 비효과적이다.

② 제한을 공정하게 한다.

공정하지 못한 제한은 실패하기 쉽다. 성인들의 제한은 경우나 대상에 따라 공정치 못하다. 예를 들어 다른 어린이에게는 수용적인 태도를 보이다가도 또 다른 어린이나, 다른 경우에서는 그와 다른 태도를 보이는 것은 절대로 삼가야 할 일이다. 그것은 어린이로 하여금 혼란과 불신을 낳게 할 뿐이다.

③ 어린이에게 원조적인 태도를 보인다.

어린이의 행동을 난폭한 것으로 또 권위에의 도전으로 받아들인다면 그러한 입장에서 어린이를 대하게 된다. 자기의 우월성이나 권위를 인정하게 하려 들면 힘과 억압적인 경향을 띠게 되고 어린이와의 관계는 원활하게 되지 못하고 대립과 항쟁적이 되게 마련이다. 때문에 승자와 패자가 생기는 대립과 억압이 아닌 수용적인 태도를 보임으로써 어린이가 진정 자기를 도와주려 한다는 것을 느끼게 하는 것이 효과적이다.

④ 그 행동의 의미를 이해하도록 노력한다.

어린이의 행동에는 동인이 있다. 어떤 욕구좌절 때문일 수 도 있고 너무 많이 부과된 제한 때문일 수도 있다. 과다한 자유, 일관되지 못한 태도, 무시와 질투, 사랑의 결핍, 혹은 과잉보호에서도 비롯될 수 있다. 때문에 부모들이나 성인들은 어린이의 행동 이면에 포함된 의미를 파악해 볼 필요가 있다.

⑤ 때로는 신체적인 수단을 사용할 수도 있음을 보여준다.

흔히 사랑과 대화로 문제를 해결토록 권유하고 이성적 태도를 보이는 것이 상례이다. 때문에 공격적인 어린이에 대하여 "계속 그러한 행동을 하도록 그대로 방치할 수 없다."는 경고를 주기를 꺼린다. 물론 공격적인 어린이에 대항하여 실제로 신체적 수단을 사용하는 것은 바람직하지 않더라도 '신체적 수단을 사용할 수도 있음'을 어린이가 느끼게 된다면 그러한 경고는 하나의 기술적 효과를 가져올 수 있다.

⑥ 잠재적인 공격적 상황을 예상한다.

어린이들은 행동을 예상하기 힘들게 만든다. 잘 놀다가도 싸우고 싸우다가도 곧 언제 그랬느냐는 식으로 잘 논다. 그들은 흥분도 잘하고 분노와 공격성도 곧잘 표현하여 항상 파괴적인 방향으로 발전할 수 있다. 이것은 성인의 적절한 방향과 중재가 없을 때는 더욱 그러하다. 때문에 성인들은 어린이의 행동에는 항상 잠재적 공격행동이 있을 수 있음을 예상하고 적절한 대응책을 강구하는 것이 효과적인 지도 방법이 될 수 있다.

⑦ 어린이에게 행동의 의미를 해석해 준다.

어린이들이 알아듣도록 말로 타이르거나 계속 반복하여 강조하는 것은 필수적이다. 어린이는 미숙하여 자신의 행동의 의미를 모르고 있을 뿐만 아니라, 충동적이고 순간적으로 행동한다. 때문에 그들이 충분히 공격적 행동이 좋지 않은 이유를 이해하도록 밝혀주고 또 부모의 기대가 무엇인지를 대화로서 밝혀 줌으로써 통찰을 갖도록 하는 것이 필요하다.

⑧ 행동에 대한 책임을 학습할 기회를 마련해 준다.

성인들은 어린이의 행동에 대하여 그들의 미숙함을 내세워 모든 책임을 면제하고 성인이 그것을 대신 하려 든다. 하지만 그러한 태도는 어린이로 하여금 책임감을 학습할 기회를 상실케 하는 어리석은 방법이다. 따라서 행동결과를 나타난 상황에 대하여 나름대로 해결하거나 어떤 결정을 할 수 있도록 도와주는 것이 현명하다. 그것은 많은 시간과 일관된 노력, 인고의 경험이 될는지 모르나 어린이가 사려깊게 행동할 수 있도록 지도하는 지름길이 된다.

⑨ 행동에 추후지도를 한다.

공격적 행동을 한 일정기간 후에 부모들이 그 행동과 관련된 학습장면을 설정하고 지도해 줄 때는 그것은 어린이들에게는 좋은 학습경험이 된다. 가령, '왜 그랬는지', '상대는 어떤 느낌을 느끼게 되었을지', '부모의 기대가 어떻게 되었는지'를 어린이로 하여금 예상케 한다면 사회적 적응을 재학습할 수 있는 기회가 될 수 있다. 과거지사라고 감추어 두는 것은 바르지 않다. 과거를 통하여 학습할 수 있는 기회를 마련해 줄 때 과거보다는 나은 행동을 기대할 수 있는 것이다.

5. 분리 불안

어린이들이 부모의 곁을 떠나려 하지 않거나, 떨어지게 되거나 떨어졌을 때는 불안으로 인하여 어쩔 줄 모르거나 혹은 울며 떼를 쓸 때 부모들은 난처하고 당혹스러워 한다. 또 한편으로는 미안하기도 하고 떠나는 것이 쇠스러워서 어린이를 잘못 양육하고 있지 않은가 하고 걱정과 자책을 하게 되는 경우가 흔히 있다.

그러나 어린이는 생리적으로 심리적으로 성인에 의존하려는 경향이 있기 때문에 사랑하고 의존해 있는 사람들로부터 떨어지는 상황에서 불안과 슬픔을 느끼는 것은 자연스러운 것이며 정상적인 것이다. 성인들도 의지할 대상이나 의지할 곳이 없는 산중이나 해변에 홀로 고립되었을 때 어떻겠는가? 이러한 현상은 인간이나 동물 모두에게서 나타나는 현상이다.

일찍이 로렌즈(Lolenze)는 동물들, 특히 조류에 있어서 생후 어떤 결정적 시기에 이르면 그 어미(혹은 어떤 대상)를 따라다니는 현상을 오리새끼의 실험을 통하여 발견하고는 각인현상(imprinting)이라고 했고, 그것은 일생동안 지속되는 종족 특유의 현상으로 설명하였다. 이러한 각인은 새끼가 어미를 따르는 추종 반응일 뿐 아니라 어떤 애착 행위로도 설명될 수 있고, 사회적 행동의 분명한 한 형태이다. 이를 두고 인간에게도 똑같은 각인현상이 그대로 적용시킬 수 있느냐 하는 것은 논의로 하고, 어린이가 어머니에 의존하고 떨어지지 않으려는 것은 확실히 애착현상이고 자연적인 현상이라 할 수 있다.

할로우(Harlaw)나 데넨비그(Denenberg) 또는 소미(Suomi)의 연구에서도 그러한 현상을 발견할 수 있다. 할로우는 철사를 감아서 원숭이 모양을 만들고 거기에 젖꼭지를 달아 생리적 욕구를 충족할 수 있는 가짜 어머니와 철사로 감은 위에 융단을 둘러 거기에 털을 붙여 놓기만 했던 가짜 어머니들을 만들어 놓고 관찰했다. 이 실험에서 새끼 원숭이는 부드러운 털을 붙인 가짜 어미를 더 좋아하고 불안할 때, 놀 때, 잠잘 때 등 많은 시간을 이 털원숭이와 지내는 것으로 나타났다. 이를 통해 신체적 접촉이 무엇보다 중요하며 이 접촉을 통하여 심신이 안정되고 그러한 접촉의 경험이 계속 행동에 반영되는 것으로 밝혀졌다.

소미와 그 동료들은 어미원숭이에 의하여 양육되던 어린 원숭이를 격리시켜 놓고 그들에게 나타나는 반응과 결부되는 행동을 관찰한 바 있다. 그들의 실험 결과는 어미로부터 격리되었을 때 일종의 우울반응이 나타났고 어미와 애착이 이루어졌던 어린 원숭이는 격리되자마자 어미와 접촉을 하려고 격렬하게 소리를 지르는 항의와 난동을 보였으며, 이러한 행동이 48시간이나 계속된 연후에는 소리를 지르거나 난동은 현저하게 줄어들고, 놀이나 활동도 보이지 않을 뿐 아니라 점차 우울 반응을 보이기 시작하였다. 그러나 어미원숭이와 재결합을 시킨 결과 우울반응이 줄어들면서 놀이와 행동이 증가되면서 정상적 행동으로 회복되고 있었음을 밝혔다.

학자에 따라서는 분리 불안 자체보다도 떨어져 있는 동안에 과거에 어린이가 어떠한 경험을 하게 되었느냐에 따라 분리 불안이 비롯되는 것으로 보기도 한다. 때문에 부모와 떨어져 있는 동안에도 말과 행동으로 부모를 신뢰하면서 돌아올 것이라고 믿음을 준다면 분리 불안은 효과적으로 해소될 것이다.

그러나 현실적으로 부모의 사회생활은 계획한 대로 되지 못하는 것이어서 신뢰성있게 행동하기가 어려운 것이라는 데 문제가 있다. 그래서 보통의 경우 부모가 집을 비우고 어린이와 떨어지게 될 때 그를 돌봐줄 사람을 구하게 되나 부모가 없는 동안에 어린이가 어떤 경험을 하게 되며 또 그 기간에 부모 자식간에 어떤 상호작용을 하느냐 하는 것은 매우 중요하다. 예를 들면, 그를 돌봐 주는 사람과의 불쾌한 경험은 분리 불안을 강화시켜 줄 수 있는 것이고, 그 동안에 부모가 밖에서 전화를 한다거나 하여 자기에게 계속 관심을 가지고 있다는 믿음을 어린이에게 준다면 그것은 유용한 처방이 될 수 있다.

부모가 직장을 가지고 있어서 어쩔 수 없이 자녀들과 떨어져 있게 되는 상황이 발생한다. 이러한 경우 부모가 어떻게 행동하느냐에 따라서 분리를 용이하게도 할 수 있고 어렵게도 만들 수 있다. 다음은 그것과 관련되어 학자들이 추천하는 몇 가지 방안이다.

① 항상 어린이에게 진실을 말하고 그것을 확실히 믿도록 행동한다.

어린이에게 사실을 사실대로 말하고 그 말을 믿게 하는 것은 매우 중요하다. 어머니는 일을 해야 한다던가, 혹은 밖에 나가지 않으면 안 된다는 사실을 믿게 함과 동시에 언제까지, 즉 네가 무엇을 하고 있는 동안에 돌아와 너를 돌보아 준다거나 함께 놀이를 할 것이라고 믿음을 주는 것은 매우 중요하다. 만일 어린이가 과거에의 경험을 통하여 그 말에 확신을 갖는다면 더욱 효과적인 것이다.

② 어린이 모르게 나가지 않도록 한다.

자녀들에게 아무말 없이 사라지기보다는 나간다는 사실을 말해 주고 언제 돌아올 것이라는 약속을 하고, 약속을 지키려 노력하여야 한다. 갑자기 사라짐으로 해서 당황하기보다는 어떤 이에게 말을 해줄 때는 불안은 만회시킬 수 있다. 특히 그때 진정으로 "빠이빠이, 안녕"이라고 하는 식의 인사는 매우 효과적이다.

③ 적당한 활동을 할 수 있게 하거나, 마음을 끌 사람을 찾도록 어린이를 도와준다.

이웃에 있는 친구를 찾아가 함께 놀게 하거나, 아니면 어린이가 친한 친척으로 하여금 함께 할 수 있도록 도와주는 것은 어린이에게는 불안에서 벗어나 행복한 경험을 할 수 있도록 하는 것이다.

④ 돌아와서는 어린이에게 약속을 지켰음을 주지시켜 준다.

어린이에게 "나는 일을 마치고 약속대로 곧 돌아왔다."라고 부모가 말해 줌으로서 부모의 말을 믿도록 하여 신뢰감을 형성해 준다면, 부모의 부재 시에 아무 일도 없을 것이라는 부모의 말도 믿게 되고 불안은 크게 줄여 줄 수 있다.

⑤ 어린이에게 부모의 부재중에 그들이 할 수 있는 활동을 마련해 주고 대화할 수 있는 기회를 마련해 줄 필요가 있다.

부모가 미안한 마음으로 돌아와서 대체로 묻는 것 중의 하나가 "무엇하고 놀았니?" 또는 "어떻게 지냈니?"이다. 이 때 어린이의 반응이 "아무것도 하지 않았다."는 반응을 하게 되면 부모는 홀로 앉아 있는 어린이의 쓸쓸한 모습을 연상하고 쓸쓸해 한다. 그러나 이웃집 아주머니나 동네 친구와의 대화 혹은 그간의 다른 어떤 경험이 있었다면 그것은 친자간의 이야깃거리를 제공해 줄 것이며 부모와 떨어져 있는 동안에 나름대로 사회적 적응을 하고 있음을 보여주는 증거가 된다. 또 그것은 부모와 떨어져 있는 동안에 고독하고 슬펐던 경험이라기보다는 훌륭하게 적응하였다는 증거이다. 그럴 때는 이제 부모들은 더 이상 걱정할 필요가 없는 것이다. 그들은 그 상황이 슬프지도 않았고, 고독하지도 불안하지도 않았던 것으로 경험하게 된다.

결론적으로 말하면, 부모와의 분리에 대하여 어린이들이 자기 신뢰감을 갖도록 하는 것이 중요하며, 그것이 현명한 처방이다. 그렇게 되면 어린이들은 주어진 환경에서 긍정적 경험을 쉽게 하게 된다.

6. 어린이의 과도한 공포

어린이들은 때때로 천진스럽고, 평화롭게 잠자다가도 갑자기 놀래 잠에서 깨어나 무서워 몸을 떨거나, 혹은 울어대는 경우를 경험하게 되고 그러한 경험으로 인하여 다음에는 잠자리에 들기를 꺼리는 일이 있어 부모들을 당황스럽게 한다. 사실 이러한 현상은 보편적인 현상으로 보여져 많은 어린이들에게 나타나고 있고, 또 부모들이 항상 주의를 하여도 흔히 발생하는 것이어서 부모에게는 그들의 공포가 불합리한 것이고, 근거가 없는 것으로 보임에도 어린이들이 그러한 반응을 보이기 때문에 어리둥절하게 되고 또 알 수 없는 표정 등을 짓는다. '두려워할 이유가 없는데도 왜 그러는지 모르겠다.', '이상하다 가위에 눌렸나?' 등등 여러 가지로 생각한다. 그 뿐 아니라 어떤 아이들은 욕조에서 놀기는 좋아하면서도 물가에 가기만 하면 심하게 공포를 느끼도 하고, 또한 낯선 사람만 보아도 겁을 내는 등 참으로 많은 공포반응을 찾아볼 수 있다. 이러한 어린이의 공포는 실제로 위험에 당면해 있을 때에도 나타나는 것이지만 상상에 의하여 나타날 수도 있는데, 그것은 대체로 후천적으로 학습에 의한 것이라 할 수 있겠다. 따라서 그 원인은 다음과 같은 것으로 생각해 볼 수 있다.

첫째, 경험부족

부모들은 어린이가 두려워할 이유가 아무것도 없는데 그러한 반응을 보인다고 불평할는지 모르나 어린이는 미숙하여 상황을 충분히 인식을 하지 못하고 있는 것이다. 어린이는 경험이나 지적 성숙을 통하여 학습하지만 미숙한 때에는 현실 상황에 대한 학습 경험이 부족하여 사태를 파악하지 못하는 것이다. 어린이 곁을 떠나는 부모는 곧 돌아올 것을 알지만 어린이는 그것을 인식하지 못한다. 또 어두움은 빛이 차단된 상태일 뿐 밝은 장면과 다름없는 것을 성인들은 알지만 어린이는 그것을 전혀 알지 못한다. 때문에 그들이 갖는 경험의 부족으로 공포를 유발하게 된다.

둘째, 체구 때문에 느끼는 어린이의 고립 무원함

우리도 실제로 경험한 바와 같이 어린시절에는 모든 것이 사실 이상으로 확대되어 느껴진다. 우리가 어렸을 적의 경험을 더듬어 보면 지금과는 달리 어른들은 모두가 키 큰 사람으로, 손바닥만한 공지도 커다란 운동장으로, 우리보다 약간 키가 컸던 상급생도 몹시 체구가 큰 학생들로 인식되던 때가 있었다. 이는 자신의 체구가 왜소한데서 느끼는 왜곡된 지각 때문이었다. 지금도 우리의 체구보다 큰 개를 보면 그 덩치에 눌려 공포를 느끼게 된다. 이 때 "겁내지 말라." "물지 않는다."라는 말은 조금도 위안이 되지 않는다. 어차피 체구가 작다는 것 때문에 열세를 느끼고 조그만 정서적 자극에도 반응은 통제되지 못하기에 크게 울거나 매우 심하게 화를 내는 것이다. 잠재된 위협에 대하여도 크게 위협을 느끼고 부들부들 떨게 된다. 그들이 반응이나 행동을 통제하게 될 수 있을 때에는 결코 과잉 반응을 보이지 않게 될 것이다.

셋째, 내면으로부터의 공포

심리학자들 가운데는 어린이는 큰 겁쟁이이기도 하려니와 자기들의 죄의식에 대하여 스스로 벌을 주려는 자들이라고 표현하기도 한다. 그들은 경험적으로 자기들의 능력이 부족함을 여러 가지 경험을 통하여 느끼고 있어서 겁이 많은 것이고, 거기에 성인이 힐책하거나, 혹은 벌을 주면 곧 자기의 행동이나 사고에 잘못이 있다고 생각하여 죄책감을 느낀다. 따라서 이러한 내면적인 공상이나 어떤 바램 때문에 두려움을 느끼고 있는 것도 사실이다.

넷째, 공포의 전염성

우리는 흔히 정서나 동기의 전염을 말한다. 부모가 겁이 많다거나 성취 지향적이라든가 혹은 짜증을 잘 낸다든가 하면 어린이는 그것을 모방하거나 혹은 관찰의 결과로 그러한 반응양식을 습득하게 된다. 따라서 이를 두고 전염성으로 운위하고 있다. 때문에 부모들이 두렵고 위험한 상황에 어떻게 대처해 나가느냐에 따라 어린이의 반응도 달라질 수 있다. 이렇게 생각된다면 어린이가 어떤 대상이나 상황에 대하여 과도하게 민감한 반응을 보이는 것은 그 주위의 성인들의 반응양식에 의한 것이라는 것도 인정하게 된다.

다섯째, 과거의 경험

때로 어린이들은 하찮은 경험을 통하여 공포를 습득하게 되기도 한다. 병원에서 엉덩이를 얻어맞으면서 고통스러운 주사를 맞고, 그 효과로 며칠씩 주사 맞은 부위에 통증을 느끼던 일, 사랑하는 애완동물과 놀다가 갑자기 물린 일, 혹은 놀이터에서 미끄럼을 타다가 떨어져 신체 한 부위가 찢긴 일들을 경험하게 되었을 때에는 주사 맞는 일, 개에 접근하는 일, 혹은 미끄럼틀에 올라가는 것에 심히 고통을 느낀다. 이는 그러한 경험이 준 잠재된 위협으로 인한 공포 때문이다.

이러한 공포는 어린이의 행동에 영향을 미쳐 어린이로 하여금 소심하게 하고 조심성 있게 행동하게 할 뿐만 아니라 어떤 일에든지 자신있게 대응해 나아가는데 장애적 요인이 된다. 잠을 잘 때 무서운 개가 나타나지 않을까 걱정이 되어 잠을 자기를 꺼리고, 물에 빠질까 겁이 나서 물가에 가기를 거부하는 것은 바로 소심하고 자신감이 결여된 때문이다. 이렇게 불안 공포가 어린이의 행동에 부정적 효과를 가져오는 것이어서 이를 제거해 주어야 함에도 성인들은 그보다는 오히려 불안과 공포를 자극하거나 혹은 조장, 강화시켜 주는 경우를 흔히 보게 된다. 따라서 현명한 부모들은 그러기보다는 어린이의 공포와 관련하여 다음과 같은 태도를 취해야 할 것이다.

① 공포반응에 대해 이해하고 도와주려는 태도를 지닌다.

어린이가 세발자전거에서 떨어져 자전거 타는 것을 겁낸다고 가정하자. 부모들은 이 때 일정시간이 경과토록 한 후에 자기가 시범을 보여주거나 다른 어린이들이 자전거 놀이를 하는 것을 보여주면서 어른들이 잡아주며, 또 어떻게 하면 넘어지지 않는다는 것을 알려줄 수 있다. 그리고 실제로 그렇게 도와주면서 격려해 주고 공포를 극복하도록 이해시킬 수 있다. 특히 그 과정에서 부모의 격려와 칭찬은 자신감을 키워주고 공포를 제거하는 데 매우 효과적이다.

② 위협을 주는 상황에 친숙하도록 한다.

개에 대한 공포 혹은 물에 대해 심히 공포를 느끼는 어린이에게 그것이 걱정거리가 되지 않음을 얼마든지 보여줄 수 있다. 그들을 데리고 수영장에 가서 함께 수영하기를 강요하지 않더라도 다른 사람이 수영하는 것을 보고, 또 친척집의 개가 물지 않다는 것을 보여줌으로써 그것에 위협이 없음을 알게 할 수 있다. 공포의 대상에 대하여 조금씩 노출량을 증가시킨다면 부모의 손을 잡고 수영장에 들어갈 수 있게 되기도 하고 개에 접근할 수도 있다. 다만 부모의 인내력과 끈기가 문제될 뿐이다.

③ 매사에 자신감을 갖도록 해 준다.

어린이를 칭찬해 주고 격려해 주면서 성공을 경험할 수 있는 기회를 많이 만들어 준다고 하는 것은 매우 중요하다. 스스로 자신감을 갖고 심리적으로 안정을 유지하고 있을 때에는 상상적인 공포는 점차 사라진다. 나는 무엇이든지 할 수 있다는 자신이 있을 때에는 자전거에서 떨어지거나 혹은 빙판에서 넘어지는 것으로 인해 자전거 타기와 스케이트 타기를 두려워하지 않는다.

④ 현실적 요구수준을 설정한다.

부모들은 때때로 어린이에게 자기들의 능력에 맞는 수준을 설정하고 어린이들에게 그 목표를 달성하기를 바라고 있다. 아직도 다리에 근육 발달이 충분히 이루어지지 않은 어린이에게 걸어서 계단 오르기를 강요하는 부모는 많다. 그 때 어린이는 넘어지고 상처를 입는 고통을 받게 되는 것은 당연하고 계단 오르기를 무서워하고 꺼리는 것은 당연하다. 이는 부모가 설정한 비현실적 요구 수준을 통한 좌절, 불안과 두려움을 경험하게 한 것이다. 이 때 "괜찮아! 일어서서 또 해봐!" 하는 식의 '실패는 심각한 것이 아니다'라는 표현하기보다는 그들의 성숙정도에 맞는 목표를 설정해 주는 것이 더 바람직하다.

⑤ 자기표현의 기회를 만들어 준다.

우리나라의 어떤 명사중의 한 분은 화가 났을 때 돌아앉아 벽에 대고 그 감정을 투사했다는 유명한 에피소드가 있다. 어린이의 공포도 그들로 하여금 말로 표현하게 하거나 부모와의 대화를 통하여 나타나게 한다면 그 반응은 약화된다.

⑥ 그들의 공포를 수용해 주면서 그 현실성을 구별하게 한다.

어린이의 공포는 그들의 입장에서는 대단히 현실적이다. 때문에 이를 억압하기보다는 수용적인 자세를 보여주어야 한다. "뭐가 무섭니? 바보같이!"라는 성인의 태도는 그들이 두려워하는 것을 이해하지 못하고 있는 증거이다. 사실 어린이의 공포는 비현실적인 것이 대부분이다. 가령 마귀할머니, 귀신, 지옥의 사자 등은 성인에게도 개념적으로만 인식되는 비현실적인 공포의 대상이 많다. 그러나 이러한 대상에 대한 어린이의 공포에 수용적인 태도를 보여주면서 그것을 비현실적인 것으로 이해시킨다면 마귀할머니에 대한 공포는 느끼게 되지 않을 것이다.

⑦ 어린이를 가르칠 때 사려 깊게 한다.

성인들은 무의식적으로 어린이에게 공포를 야기하는 경우가 흔히 있다. "길에서 놀면 위험하다. 조심해라.", 혹은 "아버지께서 야단치신다.", 하찮은 일에서도 어린이에게 공포반응을 일으켜 부지불식간에 겁 많은 어린이로 만드는 경향이 있다. 그러한 말을 통하여 세상은 모두가 위험천만한 것들이며 불안하며 믿을 것이 되지 못한다는 인식을 심어주기 때문이다. 이런 부모의 태도가 길은 위험한 것, 아버지는 야단치시는 사람으로 학습시킨다. 그보다는 세상에 대하여 또는 자신에 대해 긍정적 태도를 갖도록 지도하는 것이 효과적인 지도 방법임을 알아야 한다.

7. 고집불통

어린이들 가운데에는 성인의 지시나 조언에 결코 따르려 하지 않고 자기 뜻대로 행동하거나 혹은 반항하며 조금도 굽히려 하지 않은 어린이들이 있다. 흔히 '고집불통'으로 대표되는 어린이들은 성인들로 하여금 때때로 "내 힘으로는 어찌할 수 없는 어린이야.", "이젠 나도 손들었다."는 식으로 체념하고 한숨짓게 만든다. 어린이들이 이와 같이 되는 것은 대체로 세 가지의 이유가 있는 것으로 설명될 수 있다. 첫째, 발달단계에 따른 특성으로 나타나기도 하며 둘째, 어린이의 지도방법에 따른 결과이기도 하며 셋째, 성격특성으로 설명될 수 있다. 그러나 이러한 것은 상호관련이 있는 것이어서 이 세 가지 모두를 항상 고려하고 있어야 할 필요가 있다.

인간은 생의 출발부터 성인에 의존적인 존재이지만 이유기를 거치고 고체 음식을 섭취하며 독자적으로 걷고 행동하면서 그들 스스로가 독립적 존재이고 타인과 분리된 존재임을 발견하면서 자율을 학습하게 된다. 에릭슨(Erikson)에 의하면 남근기(phalic stage)에 해당하는 3~5세에는 성장과 근육운동의 발달에 힘입어 어린이들이 자신의 신체를 자유로이 움직일 수 있게 된다. 대소변도 스스로 통제할 수 있게 되므로 자기 일을 스스로 할 수 있다는 생각을 갖게 되어 그렇게 행동을 하게 된다. 그러나 이러한 것의 실현은 단 한 번에 의한 것도 아니고 발달단계에 따라 평탄하게 이루어지는 것은 아니다. 이러한 행동에 대하여 성인이 간섭을 하거나 방해를 하게 되면 거기에 저항이 나타난다. 이를 두고 이 시기의 특성으로 지적하기 하나 그것은 어린이가 아직도 신체적인 면이나 욕구충족면에서 성인에의 의존성 때문에 일시적으로 저항, 흔히 고집불통으로 나타난다. 그러나 이 시기의 그러한 특성은 아주 자연적인 현상이며 또 독립적인 행동을 보이는 발달단계이기 때문에 성인들이 지시하는 대로 행하도록 기대하기는 힘든 것이다.

이러한 발달단계에서 어린이의 순종을 갈망하는 성인들의 태도는 이 시기의 어린이들이 자율을 바라는 힘의 세기를 이해하지 못하고 있음을 반영한다. 그들은 어린이의 욕구만을 검증하는 것이 아니라 자신들의 힘도 검증하려 들고 있는 것이다. 어린이의 고집을 성인들은 그들의 힘의 과시나 힘의 증명을 위한 도전으로 이해하려 들고 있으나 그보다는 어린이가 스스로의 욕구를 이해해 줄 것을 바라는데 목적이 있다. 따라서 어린이를 지도할 때 힘의 대결이 아니라 그들의 욕구의 이해와 욕구충족에 도움을 준다는 태도가 고집스런 행동을 예방하는 데 도움이 될 것이다. 친자간에 승자와 패자가 가려지는 의지의 전쟁으로 빠지거나, 부모의 자존심이 상처를 입는 따위의 어리석음을 경험하게 되는 상황으로의 진행은 부모나 자식간의 심리적으로 상처만을 남기는 것이어서 결코 바람직스럽지 않다.

때로 어린이들은 어떤 놀이나 활동에 심취하고 있어서 다른 일로 인한 방해나 간섭을 받기 싫어하는 경우가 있다. 가령, 우리들의 자녀가 피로하여 잠을 자고 있을 때나 재미있는 만화를 보는데 심취해 있을 때 식사를 하라고 주문을 받으면 좀더 잠을 자겠다든가 혹은 만화를 조금만 더 보겠다고 하는 것을 두고 고집불통이라고 부르기도 하나 그의 욕구가 충족되면 더 이상은 고집불통이 아닌 것처럼 어린이의 행동에는 성인의 이해와 자유의 허용이 필요하다. 결국 고집불통이란 성인의 몰이해와 자유의 구속에서 비롯된 것이다. 성인이 그들 뜻대로 어린이들에게 계속 고집불통이라고 하면서 자기들의 의사를 권위와 지위로서 강요하는 것도 고집불통이다. 아무도 이 세상에 태어날 때 고집스럽게 태어나지는 않는다. 선천적으로 어떤 질병에 걸리기 쉬운 특성이 있고 그렇게 될 수 있는 환경이 있는 것처럼 정서적으로나 성격적으로도 개인적 민감성에 차이가 있다. 그러므로 "어린애가 고집이 세다." 혹은 "그렇게 고집 센 애를 처음 본다."라고 하며 그 고집을 연령에 따라 비교하거나 개인 간에 비교한다고 하는 것은 그 민감성의 차이를 잘못 인식하고 있는 것이라 하겠다.

고집불통은 어린이나 성인에게도 있는 언제 어디서나 나타날 수 있는 특성이다.

8. 시기와 질투

질투란 애정의 상실에 대한 정서반응이나 타인 소유에 대한 고통감의 표시인 것이다. 이러한 질투나 적대감정은 성인이나 어린이들 모두에게 보편적으로 찾아볼 수 있는 정상적인 것이다. 그러나 성인들은 보편적으로 이러한 감정을 사회적으로 수용되기 어렵다는 것을 알고 있기 때문에 억제하거나 다른 것으로 대치한다. 어린이의 경우에는 그것을 사실로 느끼고 자신의 안정에 위협이 되는 것으로 불합리하게 인정하여 그 반응이 지체 없이 표면적으로 노출시킨다는 데 성인과 큰 차이가 있는 것이다.

어린이의 경우는 흔히 부모의 애정을 다른 사람이나 대상에게 빼앗아 멀리하도록 위협한다고 느끼게 될 때 질투반응을 보이는 것이어서 2~4세 때 가장 현저하게 나타나고 형제 간의 관계에서 빈번하게 나타난다. 어린이들은 갓난 동생의 출현으로 그러한 감정을 느끼게 되어 보다 더 어린애와 같은 행동으로의 퇴행 행동을 나타내기도 하고 동생을 병원으로 다시 보내도록 촉구하기도 하며, 때로는 대치된 공격적 행동을 보이기도 한다.

이러한 경우 부모나 주위의 성인들은 어린이가 그것을 위협적 상황으로 받아들이지 않도록 여러 가지로 노력해야 한다. 가령 어린이들을 다른 가정과 접촉함으로써 현실적인 경험을 하게 한다거나, 혹은 부모는 그를 사랑할 수 있는 여러 명의 성인이 있어 주의 깊게 그것을 보상하는 것도 좋은 방법이다.

특히 어린이들은 부모가 저들과 같이 지낼 시간이 적게 될 때에 질투의 신호를 보내게 된다. 때문에 질투의 문제를 잘 이해하고 있는 사람들은 어린이들에게 만족한 경험을 마련해 주기 위하여 특별한 주의를 기울여 주거나 칭찬을 받을 수 있는 기회를 마련하는 데 인색하지 않는다.

어린이의 질투는 비단 갓난 어린 동생의 출현으로만 나타나는 것은 아니다. 때로는 어떤 이유로 해서 애정의 상실을 상상하고서 나타내기도 하고 형제 간에 부당한 비교에서도 나타나는 등 그 상황은 다양하다.

부모는 그들의 자녀 모두가 자신들에게 특별한 존재여서 항상 자신들의 자식임을 잘 알고 있으나 자녀들은 그것을 알지 못하는 것이다. 때문에 성인의 경우도 마찬가지이지만 어린이에게는 저들에 대한 호의와 애정의 상실이 결코 없을 것이라는 것을 말과 행동으로 신뢰를 줄 필요가 있다. 따라서 부모가 늘 옆에 있어 주고 사랑해 주며, 어린이들이 부모에게는 특별한 존재임을 느끼도록 해주는 것이 매우 중요하다.

또 질투적인 어린이들에게 변경시킬 수 없는 상황, 예를 들면 갓난 동생을 병원으로 돌려보내는 일 따위는 있을 수 없는 사실임을 분명히 해 줄 필요가 있다.

성인들은 무심히 어린이의 안전이 위협받는다는 사실을 깨닫지 못하고 불쑥불쑥 말을 던질 때가 있다. 가령 "네 동생이 제일 예쁘다.", "제일 잘 생겼다.", "제일 착하다."라고 무심히 말을 할 때 어린이는 자기는 예쁘지 않고 잘 생기지도 못하고 착하지 않은 아이로 느끼지게 된다. 이 때 그들이 분개하고 질투를 느끼는 것은 당연하며 더욱 민감한 어린이는 그것에 대한 적개심은 대단하고 충격적인 마음의 상처를 입을 것은 당연하다.

어린이들이 모든 것을 자기중심적으로 생각하고 판단하는 것은 아주 정상적이라는 것을 부모들은 인정할 필요가 있다. 따라서 어린이가 어느 정도 성숙될 때까지는 타인의 감정에 동조하거나 남의 생각은 자기 생각과 다르다는 것을 이해하지 못한다. 즉 부모의 장난기가 포함되고 농담으로 표현된 이야기가 진실로 경험되는 것이다. 어린이가 질투에 대하여 어떻게 그 나름대로 현실적 방법을 선택하느냐에 따라서 잠재적 위협상황에 대처할 능력도 길러진다. 자신감, 독립심, 안전감 같은 것은 적절한 역경을 성공적으로 극복할 수 있었을 때 형성되는 것이다.

9. 악몽

부모들 중에는 어린이들이 잠을 자다가 갑자기 놀라서 깨어나 소리를 지르기도 하고 울어대는 바람에 덩달아 잠을 깨게 되는 일이 있어 수면부족, 심신의 피로 등으로 인하여 짜증스러움을 느끼는 사람들이 많다. 이런 경우 부모들은 대체로 어린이가 심신이 허약해서 그런 것이 아닌가 하고 많은 걱정들을 하게 된다. 그러나 그것은 어린이들이 잠에서 무서운 꿈에 시달려서, 흔히 일어나는 것이다. 연구된 바에 의하면 대부분의 어린이들은 무서운 꿈을 꾸고 있고 어떤 애들은 다른 애들보다 그러한 꿈을 자주 꾸는 것으로 밝혀지고 있다.

어린이들이 잠을 잘 때 무서운 꿈으로 해서 놀라 깨는 것은 그들이 꿈과 현실을 구분하지 못하고 있기 때문으로 설명되고 있다. 실제로 꿈을 꿀 때의 경험은 신체적, 정서적으로 현실 경험과 똑같은 것이어서 혈압 상승, 더 많은 아드레날린 분비, 호흡이 가빠지며, 눈을 부릅뜨기도 한다. 어린이에게서도 정서적 반응은 확실하게 나타나고 있어서 울고, 소리 지르고, 전율을 하게도 되고, 꿈을 꾸면서 오줌을 싸기도 하고, 때로는 벌떡 일어나 방을 뛰어다니기도 한다. 이럴 때 성인들은 어린이의 악몽의 경험을 지켜볼 수도 없고, 이해하거나 도와줄 방법도 없는 것이어서 안타깝게 만든다. 그렇다고 우습게 여기거나 야단을 칠 수도 없는 것이다.

그러나 꿈에서의 경험을 충분히 언어화할 수 있는 연령 수준에 있는 어린이들의 경우는 부모나 형제들과 꿈에 대하여 이야기하게 하거나 질문해 봄으로서 꿈이라고 하는 것이 현실이 아니며 현실과 어떻게 구분될 수 있는지를 학습시킬 수 있다. 즉 꿈의 경험 내용을 스스로 언어와 관련시켜 그 비현실성을 이해시킬 수 있다. 어린이가 가지고 있는 개념들 중에서 특히 악몽과 관련된 내용들은 모두가 잘못된 개념들이다. 어린이들은 TV에서, 동물도 말하고 사람들이 하찮게 죽거나 죽은 사람도 다시 살아 움직이고 마귀 할머니가 나타나 어린이를 무섭게 하는 따위가 모두 사실인 것으로 믿고 있다는 데 문제가 있다. 따라서 이러한 잘못된 생각을 바로잡아 주는 일이 매우 중요하다.

부모들을 어렵게 만드는 것은 쉽게 꿈의 내용을 설명하지 못하는 어린이나, 자기가 깨어나 왜 울었는지조차 명확히 말할 수 없는 경우이다. 그들은 악몽이 두렵기도 하거니와 한편으로는 졸립기도 하지만 잠을 안 자려고 하는 것은 자기들의 불확실성에 대하여 방어하는 방법이다. 이로 인하여 부모는 불을 켜고 앉아서 어린이가 진정하도록 껴안아 주면서 안심시켜 주려고 노력한다.

흔히 어린이들은 잠자리에 들기 전에 특별한 활동이나 TV에서 공포를 느끼는 장면 등이 관련되어 악몽에 쉽게 빠진다. 신체적으로 거칠고 험악한 놀이나 행동은 깊은 잠을 들게 하는 데 장애요인이 되는 것으로 밝혀지고 있다. 때문에 어린이가 잠을 자기 전에는 정신적인 자극이 될 만한 것이나 흥분하게 만드는 심신의 행동은 제한하도록 하는 것이 필요하다. 일부 연구자들이 밝힌 바에 의하면, 잠자기 전에 소화하기 힘든 음식을 먹는 것도 악몽에 시달리게 하는 것임을 지적하기도 한다.

또 다른 연구들을 보면, 어두움에 대한 공포가 흔히 무서운 꿈과 상관이 있는 것으로 밝히고 있다. 때문에 그러한 두려움과 관련 있는 것을 긍정적인 경험으로 연결시켜 해소할 수 있다고 본다. 가령 어둠 속에서 손전등을 가지고 물건을 찾아내는 놀이, 어둠속에서 음식을 먹는 다거나 침대 밑에 숨기, 어두운 방 안에서 어머니와 즐거운 놀이나 이야기하는 식은 어두움에 대한 공포를 긍정적인 경험으로 전환시켜 주고 자신감을 형성해 주는 경험으로 지적하기도 한다.

어린이는 충분한 잠을 필요로 하는 데 충분한 잠을 자지 못하는 경우도 문제를 야기할 수 있는 것으로 지적되기도 하고 심신이 피로하게 되는 경우도 악몽과 관련된다. 특히 잠잘 때 조용한 분위기에서 잠들며 평상시에 정해진 시간에 취침하도록 하는 것은 꿈에서 두렵고 무서운 경험을 경감시켜 준다고 보고되기도 한다.

10. 버릇없는 아이

사람들은 어린이가 고집이 세고 불손하며 제멋대로 행동하거나 제가 원하는 것이면 언제든지 마음대로 하려고 하며 자신의 욕구가 충족되어지지 않으면 떼를 쓰는 자기중심적 어린이를 보통 버릇없는 아이라고 부른다. 흔히 어린이들이 이러한 행동을 보이게 되면 눈살을 찌푸리게 되고 부모는 성가시다고 느낀다. 물론 어린이가 아무 때나 징징거리고 울거나 떼를 쓰는 것은 버릇없다는 징표가 될 수 있을지는 모르나 한편 생각해 보면 그러한 어린이들은 성인의 사랑을 희구하고 있는지도 모른다. 반면에 성인은 어린이가 버릇이 나쁘게 되는 것은 바라지 않기 때문에 어린이들이 울고 찡찡거려도 일부러 주의를 기울여 주지 않기도 하며 어린이의 진정한 감정을 무시해 버리는 경우도 있다. 어떤 경우이든 분명한 것은 부모의 애정 결핍에 의한 것임에도 보통 그런 애들은 버릇없다고 보는 것이다. 그래서 성인들은 어린이의 진정한 욕구가 무엇인지를 알아야 하는 것이고 그에 기초하여 행동하여야 한다.

부모는 모두 자기들의 자녀가 형편없고 버릇없는 아이라고 불리어지지 않기를 바란다. 그것은 만일 그렇게 된다면 자녀의 양육면에서 부모로서 무능하다는 것을 말하는 것이어서 대외적으로 수치를, 내적으로는 죄책감을 갖게 되기 때문이다. 그래서 자녀에게 여러 가지 물건을 사주고 주의를 계속하지만 계속 그러한 행동을 하는 것은 어린이들의 기본적인 욕구의 일부가 충족되어지지 않고 있음을 의미한다. 부모들이 알아야 할 것은 모든 것이 충족되고 안정되어 있어서 부족한 것이 없는 어린이들은 결코 칭얼거리거나 울거나 떼쓰지 않는다는 사실이다. 더욱 어린이들은 행복을 발견하기 위하여 물질적 획득이나 소유를 원하지 않는다는 사실이다. 때문에 물질적으로 충족시켜 주는 것이 어린이에게 안정감과 사랑을 받고 있다는 감정을 갖게 한다는 것은 잘못된 생각이다. 우리가 너를 이만큼 사랑하고 있다는 징표로서, 완구나 선물 등을 사용하여 나타내 보이려는 것은 어린이를 잘못 이끌어 가는 것이다.

어린이들 가운데에는 자기가 애정의 중심적 존재가 되기를 바라거나 자기의 욕구는 무엇이든 즉각적으로 충족되어져야 한다고 생각하여 부모에게 강요하는 어린이가 있다. 자칫 부모들 가운데는 이러한 어린이에게 끌려다니게 되는 경우가 발생한다. 그러나 확고하고 분명하게 타인의 존재와 욕구를 인식시킬 뿐만 아니라, 적절히 욕구불만에 대한 인내심을 길러 주려고 노력해야 한다.

어린이들은 성인들이 다른 사람들과 교제할 때처럼 세련되어 있지 못하여 주의를 끌려고 울거나, 자기중심적으로 행동하고, 남을 괴롭히는 행동을 하는 것은 사회화가 제대로 되어있지 않다는 것임을 알아야 한다. 어린이가 빨리 학습해야 할 것은 이 세상은 자기 혼자만이 사는 것이 아니라는 것, 또 자기의 행동은 누구에게나 받아들여져야 한다는 것은 잘못된 생각이라는 것을 깨닫고 어떻게 하면 사회적으로 잘 수용될 수 있는지를 학습해야 한다.

또 하나 고려해야 하는 것은, 어린이들의 버릇없는 행동은 성인의 훈육이나 양육방식을 나타내 주는 것으로도 볼 수 있다. 어떤 부모가 일관된 행동을 취하지 못하는 예로써 어린이가 계속 사탕을 사 달라고 조를 때 처음에는 안 된다고 거절했으나 결국 어린이의 요구에 굴복했을 때 어린이가 거기서 학습할 수 있었던 것은 울고 칭얼거리고 계속 떼를 쓰면 자신이 원하는 것을 얻을 수 있다는 것을 학습하게 된다. 그리하여 그러한 투쟁방법, 혹은 욕구충족의 기술을 습득하게 된다. 물론 지나치게 제한적이어서도 안 되겠으나 분명함과 일관성을 유지하면서 어린이에게 합리적으로 이해될 수 있도록 한계를 명확히 설정해야 된다.

어린이나 성인들 모두가 때로는 물질적인 충족이나 즉각적인 주의를 나타내는 것이 사랑으로 잘못 인식하고 있다. 그것보다는 진정 그들이 사랑받고 있다는 심리적 보장이 필요하다. 따스한 피부로 감싸주고 키스를 해주는 것처럼 진정한 정을 보여준다고 하는 것은 강력한 힘을 가지고 있다. 어린이는 부모가 저들을 사랑하고 있는지 어떤지를 불확실하다고 느낄 때, 강력한 힘을 빼앗긴 데서 위협을 느끼게 되는 것은 자명하다.

11. 소심함

부모들의 걱정거리 중의 하나가 어린이가 지나치게 부끄럼을 잘 타고 소심한 것이다. 이것은 손님에게 인사도 제대로 못 할 뿐만 아니라 말도 못하고, 새로운 상황에서는 꿀 먹은 벙어리처럼 되어 제대로 대응하지도 못하며, 스스로 그러한 상황에는 접근하려 하지 않고, 때로는 어쩔 줄 몰라 당황해 하는 것으로 나타난다. 이러한 행동을 어른들은 "천성이 소심하다." "내성적이어서 그렇다."라고 탓하면서 그렇게 행동하는 것이 어린이 자신보다는 어린이의 경험적 배경이 문제라는 사실을 생각하지 않는다.

부모들이 자신의 불안한 감정을 감추려고 조심하더라도 어린이들은 부모의 신체적 표현, 말소리, 얼굴 표정 등으로 전달이 되어 부모의 불만을 감지한다.

부모들이 자식을 망쳐 놓는다는 말이 있듯이 부모들은 미숙한 어린이로 하여금 작은 일에도 칭찬과 격려를 해줌으로써 어린이의 사기를 북돋아 주고 자신 있게 행동할 수 있도록 도와주어야 닥쳐올 일에 적절히 대처할 능력을 갖게 되는데도 엄격한 규칙만을 설정하여 놓거나 그들이 충분히 달성할 수 있는 목표를 설정해 주지 않고 딱딱한 분위기에서 권위에 의하여 억압하는 경우가 있다. 그럴 때 아이들은 거기에서 행동의 확신을 기대하지 못한다. 결과적으로 그들은 그러한 상황이나 권위를 극복하지 못하여 소심해질 수밖에 없다. 어렸을 적부터 수용적 분위기에서 자신을 표현할 수 있었던 어린이, 사기를 적절히 진작할 수 있었던 어린이들은 그러한 경험에서 소심함을 극복할 수 있다.

이렇게 소심하게 된 어린이들은 그러한 장면이나 일에 점진적으로 자연스럽게 노출시키는 것이 필요하다. 하지만 그러한 상황에 강제적 힘에 의하여 끌려간다는 것은 새로운 상황에의 적응을 더 어렵게 만들어서 긴장을 낳게 하고 공포적인 경험을 하게 되어 오히려 그것이 충격적인 경험이 될 수도 있다. 낯선 사람에게 부끄러워하고 새로운 상황에 접근하지 못하여 주의부터 하며, 혼자 일하기를 꺼리고 겁을 내는 소심한 어린이에게는 동정과 이해를 수반한 지도가 필요하다. 어린이의 불쾌나 긴장을 보고 우스워하고 조롱하고 비판하는 성인들에 의해서는 문제가 더 심각해질 뿐이다.

어린이들이 소심한 것은 보편적인 현상이고, 그것은 그의 성격적 특성은 아니라는 것을 기억해야 한다. 명사들 가운데는 어려서 매우 수줍어하고 소심하였던 것이 그들에게는 매우 유익했다는 것을 자서전에서 고백한 사람도 있다. 과도하게 소심한 때는 그것을 극복하도록 사려 깊게 도와준다면 얼마든지 극복할 수 있다.

12. 거짓말

거짓말이란 사실은 다르다는 것을 알고 있으면서 다른 사람으로 하여금 그것을 사실로 믿게 하기 위하여 사실과 다르게 말하는 것을 뜻한다. 그러나 그릇된 지식 혹은 잘못된 사고로 인하여 거짓말을 하게 되는 경우도 있는가 하면 상상적인 것에 근거하여 이루어지는 경우도 있고, 병적으로 거짓말을 하는 경우 등 그 범위는 대단히 넓다. 그러나 어린의 거짓말은 일반적으로 다음과 같은 경우가 대부분이다.

첫째, 권위로부터의 처벌을 피하기 위한 형태가 있다.

어린이에게 있어서 벌은 불쾌한 경험이고 고통을 수반한다는 것을 경험적으로 알고 있다. 따라서 그들은 벌을 피하고자 하는 반응을 자연히 하게 된다. 예를 들어 그릇을 깨뜨리고서도 자기가 그러한 실수를 하지 않은 체 사실을 사실대로 말하려 하지 않는다. 때문에 심하게 벌을 자주 준다고 하는 것은 어린이들로 하여금 거짓말을 자주 하도록 조장하는 결과를 유발하게 된다. 어린이들이 어려운 상황에 빠질 때에는 그들 스스로가 자신을 방어하기 위하여 방어기제로서 비진실을 말하는 것이다.

둘째, 타인의 주의를 끌기 위한 거짓말의 형태가 있다.

어떤 사람들은 사소한 일을 가지고도 그것을 과장하거나 나름대로 각색을 하여 허풍을 떨기도 하여 별명이 허풍장이로 통하는 경우가 있다. 그럴 때 처음에는 많은 사람의 주의를 끌게 되는 것은 그것에 대한 호기심에서이지만 결국은 속았다는 것을 알게 된다. 어린이들은 어떤 것에 대한 보상으로 과장해서 허풍을 떪으로써 마치 중요한 것을 자기만이 하는 것처럼 거짓말을 하여 성인의 주의를 끌려고 노력을 한다. 예를 들어 자기가 본 어떤 교통사고를 다른 사람에게 확대하여 이야기하면 귀를 기울이거나 그 말에 주의하게 되는 것은 바로 그러한 속임수 때문인 것이다.

셋째, 장난이나 농담으로 거짓말을 하는 형태가 있다.

성인들의 경우도 농담으로 거짓말을 자주하고 있는 것은 그 거짓말을 함으로써 속아넘어가는 것에 쾌감을 느껴서이다. 우리는 만우절날에 여러 가지 경험을 통하여 남을 골려 주어 속아 넘어가는 것을 보고 얼마나 재미있어 했는지 모른다. 이러한 것은 어린이들도 마찬가지이다. 유명한 이솝의 우화 가운데 늑대가 나온다는 거짓말로 사람들을 속여 쾌감을 즐기다가 정말로 늑대에게 당하는 어린이의 이야기는 누구나 잘 알고 있다. 성인들은 그것을 통하여 도덕적 강론을 펴면서 거짓말의 위험성을 경고하기도 한다.

넷째, 남을 감싸주거나 보호해 주려는 형태의 거짓말이 있다.

친구들과 함께 놀다 친구의 잘못으로 다쳤을 때 어찌할 바를 모르는 친구를 안심시키기 위하여 "아프지 않다"고 말하는 거짓말 속에는 분명히 친구를 보호해 주려는 동정적 태도가 서려 있고, 주사에 대한 공포를 느끼는 어린이에게 부모나 의사들은 주사 맞을 어린이를 달래기 위해 아프지 않다고 거짓말을 한다.

다섯째, 남을 골탕 먹이거나 보복하기 위한 거짓말의 형태가 있다.

어린이들이 형이나 친구를 골탕 먹이거나 보복하기 위하여 부모에게 과장해서 사실대로 이야기하지 않는 것이다. 있지도 않은 일을 만들어, 즉 날조된 정보를 부모에게 고하여 야단을 맞게 하거나 처벌받게 만드는 것은 확실히 보복의 성격이 다분하다. 또 권위에 대한 적개심과 반발심으로 권위의 손상을 입히기 위한 의도로 거짓말을 한다. 어린이가 부모에 대한 적개심으로 그들의 학업성적을 일부러 떨어뜨린다거나 이상한 행동을 꾸며 부모들을 당황하게 만드는 것은 그러한 심리적 의도가 숨어 있는 것이다. 한편으로 생각해 보면 이런 유형의 거짓말은 성인과 어린이의 대결의 결과로 보이며, 이런 때 부모들은 그들에 대한 심각한 위협으로 해석하면서 과잉반응을 보이게 된다.

그것이 어떤 형태의 거짓말이든 거짓말을 하게 되면 점점 더 거짓말을 잘하고 자주하게 된다는데 문제가 있다. 작은 거짓말이 더 큰 거짓말이 되는 것이다. 때문에 부모들은 거짓말을 하는 뒤에 숨은 참뒤 이유를 이해하는 것이 문제를 해결하는 데 도움이 된다. 또 권위에의 도전이든 주의집중을 시키기 위한 것이든 그것은 애정의 결핍으로 인한 것이므로 그들에게 보다 많은 주의와 관심을 보일 필요가 있고 건전한 자아개념을 형성해 줄 필요가 있다. 또 어떤 경우에는 그 사태가 가져올 결과에 대한 두려움으로 한 경우가 있다면 부모의 훈육체제를 바꿔야 한다. 자존심에 상처나 신의 고통을 가져오는 벌의 체제는 고쳐져야 한다. 사실 어떤 부모에게서 사랑스러운 자녀를 상대로 한 것으로는 너무도 끔찍한 욕과 힐책 체벌을 할 때가 있어 우리를 아연하게 하거나 실망을 시키는 경우가 있다. 이를 경험한 어린이가 그 공포를 해소시키기 위하여 어떠한 행동을 할 것인가?

어린이를 이해하려고 노력하여야 한다. 어린이를 거짓말쟁이나 허풍선이라 낙인을 찍어 놓고 그들과 건전한 의사소통을 하겠다고 한다면 그것처럼 허망한 꿈은 없다. 진실하고 솔직하게 말할 수 있을 때 대화가 있는 건전한 친자 관계가 형성된다.

13. 도벽

어린이들이 부모의 지갑에서 모르게 돈을 꺼내어 쓴다거나 혹은 남의 가게에서 물건을 훔친다거나 장난감을 슬쩍 숨겨 가지고 나오는 등 자기가 원하는 것을 훔치는 경우가 있다. 이런 때 부모들은 어린이 행동을 비행이나 비행 전 단계의 행동으로 보고 당황해 하고 걱정을 하게 된다. 간혹 부모들 가운데에는 그러한 행동이 나이가 어려서 사리를 분별하지 못한 탓으로 돌려 심각한 것이 아니라고 생각하면서 자위하려 들기도 하나 장래와 관련하여 항상 민감하게 대처해야 할 문제이다.

어린이가 남의 물건에 손을 댄다는 문제의 이면에 숨어 있는 동기를 식별한다고 하는 것은 그렇게 쉬운 문제는 아니다. 때로는 그러한 행동을 하는 어린이조차도 자신이 남의 물건을 왜 훔쳤는지를 알지 못하는 경우가 있는가 하면 몹시 가지고 싶었던 물건을 가질 수 없었던 어린이가 단순히 그 물건을 보고 숨겨 갖고 나올 수 있는 기회가 되었기에 손을 댈 수도 있고, 또 어떤 어린이는 원하는 것을 추구하는 행동에 익숙하지 못하여 단순히 그것을 취하기 위한 행동으로 그렇게 했을지도 모른다. 또한 자기의 것이라고는 한번도 가져 보지 못한 어린이는 자기 것을 만들어 보고자 했던 유혹으로 그렇게 했을 수도 있어서 그러한 행동 뒤에 숨겨진 동기를 이해하기 어려운 것이다.

어린 시기에 도벽의 원인을 밝힌다고 하는 것은 미래의 도벽을 저지하는데 큰 도움이 된다. 우리 속담에 "바늘 도둑이 소 도둑된다." "세 살 버릇 여든까지 간다." "가랑비에 옷 젖는다." 등은 초기의 행동이 장래의 문제행동과 깊은 관련이 있음을 시사해주는 것으로 그러한 행동을 초기에 지도해야 할 필요성을 말하는 것이다. 때문에 이러한 어린이들과 부모는 진정한 동기와 관련된 부분에 관심을 가져야 한다. 때로는 그 행동에 대한 벌의 사용이 아니라 그러한 행동을 해서는 안 되는 이유를 밝혀주는 것으로 충분할 수 있다. 어떤 경우이든 어린이들에게 부모들은 저들의 감정을 이해하고 있음을 알려 줄 필요가 있다.

그러나 장기간에 걸쳐 반복되는 심각한 도벽의 문제는 분노, 좌절, 심신의 고립무원 따위의 감정들과 관련이 있는 것이어서 전문가의 도움을 받아 적절한 조치를 취할 필요가 있다.

14. 성적 호기심

어린이는 3~4세쯤 되어 저들이 어떻게 태어났는지를 물어 오거나 남녀의 신체적 구조의 차이에 대해 물어올 때처럼 난처한 때가 없다. 거짓말을 하자니 그럴 수는 없고 사실대로 말하자니 부끄럽다고 생각되어 결국 우물쭈물해 버리고 만다.

사실 과거에는 가정은 물론 학교에서조차 성에 대한 교육문제는 논의의 대상이 아니었으나 현대에 이르러서는 공개적이고 솔직한 대화를 하는 방향으로 변한 것 같다. 따라서 외국에서는 교사가 학생들 앞에서 나체로 서서 성교육을 실행하는 경우도 있었다. 이러한 사람들은 신체란 누구나 같아서 부끄러워하거나 숨길 이유가 없으므로 교과서에도 자연스럽게 포함시킬 것을 주장한다.

가정에서나 학교에서 어린이들의 성에 대한 질문을 할 때 답변을 할 준비를 갖추어 둘 필요가 있다. 만일 준비가 되어 있지 않거나 부정확하게 주어질 때에는 그들은 친구들로부터 곡해되고 다듬어지지 않는 정보를 접하게 된다.

성문제만이 아니라 그 밖에 어떤 문제에서건 어린이는 호기심에 대하여 공개적으로 솔직하게 사실대로 대답을 얻었을 때 그들의 호기심은 충족되어질 것이고 건전한 기초가 형성된다. 만약 솔직하지 못하다거나 비공개적인 경우에는 그들의 호기심은 충족되어지지 않으며, 때로 반복적인 질문에 접하게 마련이다. 따라서 성인은 항상 괴롭고 난처함을 경험하게 될 뿐이다. 결과적으로 그들의 이해수준에 맞추어 정확한 정보가 주어지는 것이 중요하다.

어린이의 성교육의 목표는 그들의 이해수준에 맞게 솔직한 정보를 주는데 있는 것이며 또 성에 대한 정보는 충분한 지식과 건전한 태도, 오랜 기간에 솔직히 대답하는 결과에서 얻어지는 것이다. 그러함에도 많은 성인들은 생의 진실에 대하여 어린이들에게 솔직하게 말해 주지 않고 인간의 생식과정에 대하여 충분히 이해할 수 있도록 하지 못하는 것이 고민인 것이다.

어린이에게 성에 관한 지식을 가르치는 최선의 방법은 식물이나 동물 및 그 밖에 재생산체제에 대하여 자연적 경험을 마련해 주는 것이라고 할 수 있다. 많은 교육학자나 심리학자들의 견해는 동물들이 어떻게 새끼를 잉태하고 어떻게 출산하는지를 관찰하게 하는 방식과 같이 자연스럽게 경험하도록 하거나 그림책을 통하여 간접적으로 호기심을 충족시켜 줄 수 있다고 본다. 이런 방법을 통할 때 그들의 호기심과 주어진 지식 및 경험이 쉽게 연결될 수 있는 것이다. 어린이들은 기술적, 이론적으로 사실을 이해하기는 어려워도 씨를 심어 꽃이 피는 것, 동물을 보는 것 등의 직접 경험과 건전하고 공개적인 분위기에서 가장 정직하고 성실한 답변을 해주는 경험을 통하여 제일 잘 학습하게 된다. 이러한 경험들이 성에 대하여 건전한 태도를 형성하는데 최선의 기초가 됨을 인식하여야 한다.

다음은 어린이들의 성교육과 관련하여 필요한 유의 사항이다.

첫째, 어린이에게 항상 진실을 말한다.
둘째, 정확한 언어를 구사한다.
셋째, 어린이가 소화시킬 수 있는 지식만을 제공한다.
넷째, 결코 질문을 회피하거나 당황하지 않는다.
다섯째, 장차 더 많은 질문을 자유롭게 할 수 있다고 느끼게 하는 태도를 지닌다.

15. 이기심

우리는 가정이나 학교 혹은 어린이들의 놀이집단에서 장난감이나 먹을 것 그 밖에 어떤 물건을 독차지하려는 어린이를 때로 볼 수 있다. 그런 상황에서 행동을 제지하거나, 남과 함께 나누어 주도록 말할 때에는 실쭉해 하거나, 혹은 떼를 쓰는 어린이를 보통 이기적이고 자기중심적인 어린이로 칭하며 성인들은 그것을 적응상의 문제인 것처럼 걱정을 하는 경우가 있다.

그러나 어린이가 자기중심적이고 이기적이라는 것은 결코 비정상적인 것은 아니다. 사실 우리 성인들도 자기중심적 성향이 있다는 것이 사실이다. 어린이의 사고나 감정, 행동은 모두가 자기중심적으로 이루어지고 있고 언어마저도 그렇다는 것을 이해하게 되면, 아이들이 좋아하는 음식을 독차지하려 하고, 좋아하는 장난감을 혼자 가지고 놀며, 부모의 사랑을 잃지 않으려는 행동들에 대하여 포기하도록 강요하고 위협을 하거나 때로는 통제한다고 하는 것은 비현실적 요구라는 것을 알 수 있다. 그렇다고 어린이가 원하는 그대로 모든 것을 독차지하게 해야 한다는 의미는 아니다. 다만 자기중심적 행동은 어린이의 자연적 감정에서 비롯되었음을 인정해야 한다는 것이다.

따라서 이러한 것을 인정하고 부모는 강요나 위협, 혹은 행동을 통제하기보다는 모든 것을 독차지 하는 행동은 좋지 않다는 생각을 갖도록 하여 관심을 갖고 여러 가지를 선택할 수 있도록 도와주는 태도를 취하도록 한다. 이러한 이유에서 유치원에 따라 누구나 충분히 가지고 놀 수 있는 장난감을 마련하기도 하는가 하면, 누구나 함께 할 수 있도록 순서를 정하여 차례대로 갖고 놀도록 한다.

이러한 상황의 설정은 어린이들로 하여금 공동체 의식이나 사회적 적응을 할 수 있도록 학습기회를 마련해 주려는데 그 의미가 있다. 보다 구체적으로 말하면 이런 것을 통하여 자신의 이기적인 요구가 항상 충족될 수 없다는 것과 다른 애들도 자기와 똑같은 것을 똑같이 느끼고 있다는 것을 경험하게 하는 것이다. 그리고 다른 애들과 모든 것을 함께 할 때 더 많은 즐거움을 느낄 수 있으며 나누어 갖는다고 하는 것을 어려운 학습과제임을 알게 하려는 의도에서 비롯된 것이다.

성인들은 사람들이 비이기적인 행동을 할 때 어떤 보상이나 만족감이 수반된다는 것을 어린이들에게 보여줄 수 있는 최선의 모범적인 모델을 될 수 있다. 그러므로 비이기적이 될 것을 강조하고 요구하는 대신에 성인들 스스로가 협동하면서 비이기적인 행동을 어린이에게 보여주며, 일상생활에서 선을 행하는 것의 중요성을 보여주고 강조할 기회를 마련하는 것이 필요하다. 그렇게 하여 어린이들로 하여금 비이기적인 행동과 태도를 지니도록 한다.

그러나 유감스럽게도 성인들은 성인의 기준에서 판단하고 결정하면서 어린이들의 진정한 자기감정에 아랑곳없이 강요에 의해 비이기적인 행동을 하도록 하여 그에 대해 보상이 주어지고 있다. 어린이가 보편적인 행동을 하지 못하게 될 때에는 자신에 대하여 신뢰하지 못하게 될 뿐만 아니라 훌륭한 처방은 되지 못한다. 때문에 성인들은 어떤 순간에는 어린이들이 포기할 수 없는 어떤 일이 있다는 사실을 존중해 줄 필요도 있으며 한편으로는 사회는 협동 속에서 살게 되어 있고, 주고받는 것이 그 일부라는 것을 스스로 점진적으로 반복적인 경험을 통하여 학습하도록 하여야 한다.

16. TV와 어린이

많은 부모들이 자녀들의 TV시청에 대하여 관심을 갖고 있고 나아가서는 TV가 어린이에게 주는 그 효과에 대하여 긍정적인 태도와 부정적 태도로 구분되기도 한다. 즉 TV는 적절히 통제되기만 하면 어린이의 발달에 긍정적 효과를 가져올 뿐만 아니라, 하나의 오락으로서의 효과도 기대할 수 있고 길거리의 위험함보다는 덜 위험하며 세상사에 대하여 민감할 수 있다는 것 등을 지적하면서 어린이의 TV시청에 덜 제한적이다. 사실 TV의 화면과 음성은 어린이들의 학습에 자극적 요소로 작용하기도 하고 어린이의 호기심을 증가시켜 줄 수도 있다. 이런 것은 진정 어린이의 복지를 위하고 책임 있고 조심스럽게 제작된 프로그램의 경우는 어린이들의 지적 호기심과 정신적 발달과 성장을 촉진하는 측면도 많다. 의심스럽다 하더라도 어린이들이 시청한 것을 통하여 토론케 하다든가 시청시간을 적절히 제한할 수 있다면 그것은 유익한 효과를 가지게 된다고 주장하는 사람들도 많다.

그러나 한편으로 어린이들에게 나쁜 영향을 준다는 주장은 그것이 갖는 부정적인 측면, 특히 때로 무가치한 것의 방영 혹은 전쟁과 폭력으로 인한 가치체계의 혼란, 무절제한 노출로 인한 심신의 장애, 또는 과다한 광고로 인한 음식의 선택에 곤란 등이 지적되고 있다.

여러 가지 연구들을 종합해 보면 폭력적 만화나 TV 프로그램에 어린이들이 노출될 때 그들은 공격성향이 확실히 증가되는 것을 발견하고 있다. 스타인(Stein)과 프레드리히(Friedrich)에 의하면 사람들은 성별에 따라서 나이나 사회계층에 관계없이 TV나 만화의 폭력물에 대하여 공격적으로 반응을 나타내고 있었으며 그 효과는 남성이나 어린이 혹은 아주 어린애를 가리지 않고 나타나고 있으며 특히 저들의 감정을 사회적으로 수용될 수 있도록 표현방법을 학습하는 난세에 있는 취학전의 아동들에게는 아주 민감한 것으로 나타났다. 이 시기의 어린이들은 모든 것에 아주 민감하고 인상적인 반응을 보이는 시기에 있어서 그들이 보고 듣는 것을 보다 쉽게 흉내 내거나 동조하고 싶어한다.

여러 가지 연구들의 지적에 따르면 사회적 학습모델을 관찰하는 것은 매우 의미가 있다고 보는 것이어서 과도한 폭력물의 노출은 해로운 결과를 가져오는 것으로 지적한다. 그럼에도 불구하고 성인들은 자신들에게 해롭지 않으니까 어린이들의 행동에 부정적 영향을 미친다고 하는 사실을 망각하고 있다. 우리나라의 TV프로그램에도 많은 폭력물과 오락물이 방영되고 있는 바, 이를 모방하여 행동함으로써 일으킨 문제가 허다하게 많음에도 아직도 계속 비슷한 성격의 프로그램이 그대로 방영되고 있는 것은 어린이의 문제를 고려하지 않고 있는 것이다.

어린이는 행동으로서 가장 잘 학습하는 시기에 있다. TV앞에 피동적으로 앉아 있다고 하는 것은 능동적인 행동을 할 수 있는 시간을 어린이들로부터 탈취하는 것이어서 결과적으로 어린이들의 학습에 지장도 가져오게 한다.

뿐만 아니라 과자류, 음료 및 식품류를 비롯한 의류와 약품 등에 대한 무절제하고 경쟁적이며 자극적인 광고물은 어린이들의 건전한 식사습관에 큰 변화를 주는 요인이 되고 있고, 전통적인 식사 문화에 변혁을 가져오고 있는 것으로 보인다. 발달단계에 있는 어린이에게는 그들의 성장에 필요한 균형된 칼로리를 가지고 있는 음식물을 선택하도록 인도되어야 함에도 매스컴을 통한 유혹으로 군것질이 늘고, 결과적으로 식욕을 감퇴시키고 있다. 생각해보면 방부제가 첨가된 음식류가 보편화되면서 식탁 위에서는 반드시 한 자리를 차지하게 되었는가 하면 어떤 가정에서는 그러한 음식으로 한 끼의 식사가 대신되기도 한다. 뿐만 아니라, 어머니의 정성어린 손끝에서 나오던 음식 맛이 화학조미료로 대체되어 우리의 구미를 바꿔 놓기도 하였다.

스콧(Scott)의 연구에 따르면 사업광고가 어린이의 식사습관에 가장 큰 영향을 주는 것으로 보고되고 있고, 또 워드(Ward)의 연구는 8~10세 어린이의 어머니들이 음식류를 구입할 때 자녀들이 제공한 정보에 따라서 식품류를 선택하고 있는 비율이 91%인 것으로 보고 한 바 있다. 사실 이제 TV는 많은 가정에서 생활에 중요한 부분이 되고 있는 것은 의심의 여지가 없다. 사려 깊은 부모들은 TV프로그램의 매혹성에 대항하고자 하나 이제는 그것이 너무 깊숙하게 생활에 침투되어 어쩔 수 없는 것 같다. 이제 부모들이 취할 수 있는 효과적인 행동은 어린이의 TV시청을 적절히 제한하는 것이라 하겠다.

또 하나는 폭력문제다. 공격적인 것, 혹은 상업적인 광고에 대하여 어린이로 하여금 충분히 이해할 수 있도록 언어적 설득과 함께 사회가 추구하는 가치관의 형성에 노력하는 일이다. TV의 긍정적 효과를 주장하는 견해 중 하나로서 거론된 교육적인 프로그램은 어린이에게 유용한 지식과 여러 가지 기능을 습득하게 하고, 아울러 협동심, 동정심 등을 증가시키는 일면이라고 주장되어지는 것처럼 TV는 사용자의 능력에 따라 그 영향이 달라지는 면이 있다. 범세계적인 뉴스, 대음악가의 연주, 신비한 자연의 모습, 나아가서는 국토에 대한 이해 등의 지식습득과 감상은 간접적인 경험이지만 유용한 학습경험이 될 수 있다. 부정적 측면만을 보고 걱정할 것이 아니라 그 대신 긍정적인 가치를 발견하여 긍정적인 영향을 미칠 수 있도록 하는 성인들의 노력 여하에 따라 그 효과를 기대할 수 있다.

17. 의사, 병원과 관련된 문제

어린이나 성인들 모두가 통상적으로 진찰이나 치료를 받기 위하여 의사나 병원을 찾는 일은 긴장과 불안을 야기하게 된다.

그러나 실제로 어린이의 경우는 성인의 불안한 태도가 그대로 전수되어 불안을 느끼게 되거나 아니면 과거의 치료 경험에서의 고통과 관련된 감정에서 비롯되는 것이다. 그러한 이유로 해서 어린이들은 병원에 간다고 하면 대부분이 울고 가지 않겠다고 떼를 쓰며 도피반응을 보이게 된다. 따라서 최선의 길은 이와 같은 불안과 공포, 또는 고통의 경험을 긍정적 관념의 연합으로 바꾸어 주는 것이 필요한 것이다.

어렸을 적부터 부모와 함께 정기적 검진을 받음으로써 의사나 병원을 찾는 것이 주사를 통한 아픔, 혹은 어떤 수술을 통한 고통이나 약을 복용하는 괴로움이 반드시 수반되는 것이 아님을 인식시켜 줄 수 있고,

의사나 간호사는 고통을 주는 사람이 아니라 친절하고 도움을 주는 사람임을 인식시킬 필요가 있다. 따라서 그 이후의 불쾌가 수반될 때에는 공포감을 상당히 줄여주는 효과가 있다. 어린이들로 하여금 자기 기제를 통하여 의학적 처치에 대하여 친숙하게 만들 수도 있다. 즉 장난감 모형의 청진기, 주사기, 반창고 등을 가지고 인형에게 시술하는 놀이를 하게 한다거나, 그러한 것과 관련된 그림책이나 이야기를 통하여 경험을 줄 수도 있다. 그리고 성인과 동반하여 병원에 가서 심장박동을 듣게 해준다거나 혈압을 재거나 설명해 줌으로써 그들의 불안과 의사나 병원에 대한 부정적 감정을 감소시켜 줄 수 있다. 실제로 불쾌감이나 고통이 수반되는 경우에는 치료하는 동안에는 잠깐 동안 고통을 느끼는 것이지만 곧 고통에서 벗어날 수 있을 것임을 인식시켜 줄 필요가 있다. 어린이들은 아직 어려서 질병과 치료에 대한 이해가 부족하기 때문에 질병을 고치는 것이 왜 좋은 것인지를 이해하지 못한다. 때문에 충분히 이해시키도록 노력해야 한다.

근래에는 병원에 따라 어린이가 부모와 함께 환자실도 구경할 수 있도록 개방하여 기기 등을 조작해 보게 함으로써 병원에 대한 인식을 달리하도록 하고 외과적 수술을 관찰할 수 있도록 배려하는 경우도 있다. 병원을 찾을 때의 불안이나 긴장은 질병의 치료에도 역효과가 나타남이 보고되고 있기도 하다.

제니스(jenis)는 수술직전의 환자들을 공포나 불안의 정도에 따라 3집단으로 구분하고 비교한 바 있다. 관찰한 결과에 따르면 가장 불안이 심했던 집단은 수술 후에도 계속하여 공포, 고통과 불편함을 호소하였고 불안이 덜 하였던 집단에서 수술후에 고통이나 공포를 보이지 않았으며 불안이나 공포가 전혀 없었던 집단에서는 수술후에 고도의 공포와 고통, 분노를 느끼고 있었다는 것이다. 이러한 연구결과를 어린이의 질병이나 병원치료와 관련시켜 고려한다면 어린이가 가지고 있는 불안감이나 공포는 감소시켜 주어야 할 필요가 충분히 있는 것이다. 그것은 의사나 병원을 찾는 것에서부터 치료받고 약을 복용하는 문제에까지도 모두 적용될 수 있다.

어린이가 병원을 찾아갈 때 두렵고 긴장되고, 초조하게 되는 것은 자연적인 현상이다. 어린이들로 하여금 용감하게 행동하며 눈물을 감추도록 억압할 때에는 결국 병원은 저들에게 보다 심하게 긴장을 경험하게 할 뿐이다. 이해적이고 수용적인 성인들은 어린이들로 하여금 의사나 간호사 또는 병원과 관련하여 일어나는 불쾌감을 조절할 수 있는 능력을 갖도록 도와주는 입장을 취하는 것이다.

18. 죽음의 문제

죽음에 대하여 어린이들은 가까이 할 수 있는 기회가 적은 것이어서 익숙해 있지 못하다. 애완동물의 죽음, 가정내의 제사 그리고 이웃의 초상을 통해 어린이들은 죽음의 문제를 경험하고 이로써 인간의 죽음에 대한 나름대로의 태도와 신념을 갖게 된다. 그러한 태도와 신념은 성인에 의하여 혼란되거나 갈등을 일으키는 지식과 정보로 인하여 애곡되기도 한다. 어떤 경우는 가족의 종교적 배경에 기초하여 형성되기도 하며, 죽음이 미화되기도 한다.

우선 어린이들은 동물이나 인간이 죽음으로 어떤 현상이 발생하는지를 알고 싶어 한다. 이때 성인들은 죽음의 현상을 분명히 해줄 필요가 있고 어떤 사실이나 정보만을 제공한다고 하는 것은 한정된 경험만을 하게 하는 것임을 알아야 한다. 한정된 경험이란 다음과 같은 것이 된다.

· 죽음은 움직일 수 없게 되고 숨을 쉬지 않거나 더 이상 볼 수 없는 것을 의미한다.
· 다시 살아나지 못한다.
· 더 이상 느끼지 못한다.
· 잠자는 것과는 다르다.

· 다시 돌아오지 못한다.
· 살아 있는 것은 언젠가는 죽는다.
· 가까운 장래에 죽음이 예상된다.
· 죽는 것은 자연적인 것이다.
· 죽음은 두려워할 것이 못된다.

사실 이러한 사실에 기초하여 죽음을 설명하는 것은 어린이가 쉽게 죽음을 이해하게 된다. 그러나 이런 사실의 것보다는 나아가서 죽음에 대한 철학과 태도를 갖도록 하는 것이 보다 중요하다. 인간은 출생하여 성장하고 나이가 들어 죽는다. 때문에 어린이들은 자연적 방법으로 생의 순환양상을 이해할 필요가 있고 가족원이나 친구의 죽음에 대한 비탄의 감정도 느끼고 표현할 수 있도록 지도되어야 한다. 즉 죽음은 자연적인 것이나 그의 슬픔과 애도의 감정과 건전한 표현 방식도 학습해야 한다. 또 어린이들은 때때로 저들이 사랑하는 사람의 죽음과 관련하여 그러한 일이 자신에게도 일어나지 않을까 하고 공포를 느끼게 되기도 한다.

때문에 어린이들에게 저들은 그렇게 되지는 않은 것이라는 것을 확신시켜 줄 필요가 있다. 예를 들면 가족원의 죽음에 대하여 죽음의 원인을 충분히 이해시켜 사랑하는 사람의 예상되는 죽음에 대한 마음의 준비를 시켜 줄 뿐만 아니라 어린이 자신은 그렇게 되지 않는다는 것을 믿게 해 줌으로써 하던 일을 계속 행할 수 있도록 할 수 있다. 자신에게 닥칠지 모르는 불행을 예상하고 어린이가 좌절과 불필요한 죽음의 공포를 느끼고 있는 것은 정신건강상 좋지 않다.

19. 훈육 · 지도

어린이의 비행 문제나 사회적으로 수용될 수 없는 행동을 다루는데 있어서 가정이나 학교에서 흔히 훈육을 통한 지도의 문제를 깊이 고려한다. 그러나 훈육의 방식은 가정마다 다르고 사람마다 달라서 어떤 이들은 어린이들이 잘못을 저지르는 경우 충고로서 끝나는가 하면 그러한 행동을 호되게 야단치거나 채찍으로 다스리고 있기도 하다. 그것은 어린이들의 본성은 선한 것이어서 말로서도 충분히 이해시켜 통찰을 구하면 된다는 입장과 인간의 본성은 반사적인 것이어서 규율에 따라 항상 엄격한 양상으로 길러야 할 필요가 있다고 보는 것이다. 이렇게 사람에 따라 훈육문제에 대해 근본적으로 입장을 달리한다.

훈육이란 말은 전통적으로 사용되어 온 교육적인 용어이나 경우에 따라 여러 가지 의미로 사용되어 온 것이며, 특히 정서나 인간의 의지를 도야함으로써 인격을 한정시키고자 하는 넓은 의미의 도덕 교육의 일환으로 고려되는 것이다. 그러나 통상적으로 훈육은 첫째, 벌의 의미를 내포하고 있고 둘째, 권위에의 순종과 질서에의 동화를 뜻하고 셋째, 잘못을 바르게 인도하고 자신을 강하게 훈련시켜 적절히 통정할 수 있는 능력을 배양하도록 하는 의미이다. 그러나 그 어떤 의미로 사용되건 훈육에는 많은 문제점이 있음을 성인들은 이해하고 있어야 한다. 우선 벌의 문제를 보면, 벌이란 어떤 행동을 금지시키거나 잘못된 습관을 소멸시키기 위하여 사용되는 불쾌자극, 즉 체벌 및 심리적 불쾌자극 등을 총칭한다.

흔히 말하기를 보상이나 칭찬은 그 행동을 재발생 가능성을 촉진하고 벌은 행동을 억압할 뿐 바람직한 행동의 재발을 보상하지 못하는 것으로 보면서 벌의 사용을 꺼린다. 벌은 비인도적이며, 벌을 통하여 얻을 수 있는 효과는 부정적인 것으로서 불안, 공포, 고통과 적개심 및 도피반응을 유발한다고 보는 것이 지배적이다. 벌은 행동을 개선하고 바람직한 행동을 유발시키기 위한 것이어서 그 효율적 사용이 기대되는 바 다음과 같은 점에 유의하여 어린이에게 부정적 효과를 줄일 수 있는 것이다.

· 아동의 행위에만 국한시키고 인격과는 결부시키지 아니한다.
· 시종 일관성 있게 사용한다.

· 조리 있고 정연하게 행동 직후에 준다.
· 가능하면 벌의 양을 줄이고 과용을 삼간다.
· 무엇 때문에 벌을 받는지를 항상 명확히 해준다.
· 공정성을 최대한 유지하면서 벌을 사용한다.
· 벌을 집단 앞에서 주지 말고 개인적으로 조용히 행한다.

이러한 배려 없는 벌의 무절제한 사용은 결국 어린이를 오히려 더 문제를 심각하게 만든다.

또 질서에의 동화와 권위에의 순종의 경우도 마찬가지로 여러 가지 문제를 야기하게 한다. 흔히 어린이는 미숙하여 성숙한 성인에 의하여 행동을 통제하거나 불가피하게 조절할 필요가 있다고 느끼는 사람이 많다. 그러나 이러한 성인에 의한 행동의 조절이나 통제가 확대된다면 어린이에게는 불만을 야기하게 되고 통제에서 벗어나게 되면 방종으로 인하여 행동은 더 악화될 가능성이 생긴다. 더욱 문제가 될 수 있는 것은 권위에 의한 행동의 강요나 통제나 조절에 의하여 바람직한 행동을 유발할 수 있느냐의 문제도 있고, 또 그 적절한 범위의 문제도 생각하게 되는 것이다. 어린이가 독자성을 인정받지 못하고 매사에 권위의 지시에 의하여 행동이 통제되고 조절된다면 장차 인생의 중요한 문제에 당면하여 스스로 책임감 있는 행위를 기대할 수 있겠는가?

그럼에도 부모는 물론 교사들까지도 어린이를 독립된 개체로 인정하지 아니하고 성인의 관점에서 다루려고 하는 불합리가 우리 문화 가운데 깊이 자리잡고 있는 것이다. 따라서 성인들은 어린이에게는 더 많이 성숙된 지식을 줄 수 있어야 하고, 어린이들이 충분한 경험을 갖고 있지 못할 때에는 진심으로 이해해 주며 진정으로 그들의 행동에 대해 알 수 있도록 도와주는 생애의 조력자가 되어야 하는 것이다. 사랑을 통하여 통제하는 것이나 벌을 권위로서 즉각적으로 순종하도록 하는 것은 기대 효과가 같다고 하더라도 그 의미는 대단히 차이가 있는 것이다.

첫째, 어린이를 위험으로부터 지키려는 부모의 노력임을 보여준다.

흔히 훈육과 관련하여 권위는 힐책이나 벌 또는 심리적 고통을 수반하는 것이어서 어린이는 사랑의 상실로 받아들이기 쉽다. 비록 종아리나 엉덩이를 때리더라도 사랑을 버리지 않았다는 확신과 더 큰 문제를 일으키지 않도록 어린이를 지켜주기 위한 벌을 사용한다는 것을 알려주어야 한다. 때문에 단호한 한계를 설정하고 편견이 없이 행하여야 한다.

둘째, 가능하면 어린이는 존중하는 것이 보다 좋은 훈육이 된다는 것을 명심해야 한다.

훈육은 어린이의 성장과 학습경험의 일환이 되어야 한다. 권위나 부모를 위한 훈육이 아닐진대 어린이의 성장을 위한 것이어야 하며, 따라서 행동의 제한도 어린이의 호기심이나 창의성의 금지가 아니라 그들의 안정과 조화, 발전을 위한 것이 되는 훈육이어야 한다.

셋째, 어린이의 능력을 고려한 훈육이어야 한다.

어떤 부모들은 어린이의 능력에 맞지 않는 규칙이나 한계를 설정하고 그것을 행하도록 요구하는 경우가 있다. 가령 벌이 그들의 능력에 맞지 않게 부적절히 주어지거나 부모가 요구하는 규칙이나 약속이 어린이가 지킬 수 없는 것이어서는 훈육으로서의 본래 의미를 상실하게 된다.

넷째, 수용할 만한 행동에는 보상을 주고 벌을 가급적 피하려 한다.

바람직한 행동에 대하여는 칭찬을 주는 것이 나쁜 행동에 대하여 벌을 주는 것보다 훨씬 효과적임을 알아야 한다. 어린이들은 칭찬에 대하여는 항상 만족을 경험할 뿐만 아니라 그 행동을 강화시켜주고 재 보장해 주는 것이다. 그러나 바람직하지 않는 행동의 경향성에 대하여 벌이나 불쾌자극을 주는 것은 바람직한 행동을 재보장해주지 못하는 것이기 때문에 그러한 행동은 소거되도록 노력하여야 한다.

다섯째, 스스로 행동에 책임을 지도록 한다.

어린이가 비록 미숙하다 할지라도 점차로 자신의 행동에 책임을 지도록 만드는 것이 훈육의 궁극적 목적이기 때문에 어려서부터 규칙이나 제한이 필요한 이유를 어린이가 이해하고 그것을 지키면서 행할 수 있는 기회를 만들어 주어야 한다. 그러한 기회를 통하여 그는 사회적으로 성숙될 수 있다.

여섯째, 직접적 경험을 통한 학습이 가치 있음을 알아야 한다.

어린이들은 스스로가 충분히 탐색해 볼 수 있는 환경과 저들의 사회적 기능을 안전하게 해 볼 수 있는 환경을 필요로 한다. 그러나 직접적 경험없이 부모가 잘못을 행하지 않도록 엄격한 통제만 강요하거나 잘못을 행했을 때는 벌은 준다고 하는 것은 건전한 지적 발달이나 정서적 성숙을 해볼 수 있는 경험이 그만큼 적어진다.

일곱째, 훈육의 문제는 적절한 예상을 통하여 피할 수 있다.

우리나라 속담에 견물생심이란 말이 있듯이 어린이들은 부모가 무심코 놓아둔 돈을 보면 가져다 과자를 사 먹고 싶어지거나 장난감을 사고 싶어진다. 따라서 그러한 행동을 방지하기 위하여서는 돈을 함부로 놓아두지 말아야 한다. 때문에 부모나 성인들은 훈육과 관련된 잠재적인 문제 영역을 이해하고 문제를 피할 수 있는 상황에 관심을 갖고 예방에 노력해야 한다. 현명한 부모들은 소를 잃기 전에 외양간을 고치는 식의 훈육적 태도를 보인다.

여덟째, 훈육에는 일관성 있는 자세가 필수적이다.

성인의 훈육에 대한 관점과 태도는 각양각색일 때가 많다. 어떤 행동에 대하여 아버지와 어머니, 조부모 혹은 학교에서의 교사들이 생각하는 것이 다르고 또 비록 생각이 같다 하더라도 문제를 다룰 때의 태도가 다를 수 있다. 어린이들이 그러한 성인들의 생각과 태도가 다르다고 느끼게 될 때 그들은 무엇이 중요하고, 성인들이 '무엇을 어떻게 기대하고 있는지'를 몰라 혼란에 빠지게 되어 각각의 성인들 앞에서는 서로 다른 행동을 하게 된다. 때문에 훈육이 효과적으로 이루어지려면 항상 일관성이 있어야 하고 성인들간의 통일성이 있어야 한다. 가령 어린이의 어떤 문제행동을 놓고 부부간에 의견의 불일치를 보이는 것도 문제려니와 어린이 앞에서 그 문제를 가지고 서로 다툰다고 할 때 어린이는 거기서 무엇을 생각하게 되겠는가?

아홉째, 훈육은 적절한 사람이 행한다.

훈육의 문제는 그 내용이나 질에 따라 여러 가지 문제가 있는바 그 문제에 가장 잘 맞는 사람도 있을 수 있다. 부모가 다같이 어린이를 사랑한다고 하더라도 여아에 대한 훈육을 할 때는 아버지보다는 어머니가 행할 때 엄격할 수 있는 것이고 흔들리지 않는다. 때문에 훈육을 할 때는 그 문제에 가장 적절한 사람이 행하도록 해야 한다.

열 번째, 어린이에게 기대하는 바를 분명히 한다.

자기 의사를 분명히 전한다고 하는 일이 무엇보다 중요한 일임에도 때로 성인들은 상대의 눈치를 보면서 자기의사를 나타내기를 주저할 때가 있다. 그러나 훈육을 할 때에는 어린이들에게 분명한 메시지를 전달하면서 행동의 변화를 기대하여야 한다. 사랑과 동정으로 주저하거나 분명하지 못한 의사의 표시는 필요한 어린이의 행동을 유발할 수 없다.

[부 록]

◈ 실제사례를 통해 본 심리학적 접근에 의한 교육방법

교사들은 적합하지 않은 도구를 가지고 얻기 어려운 결과를 기대한다.

교사는 누구나 효율적인 도구와 재능을 겸비할 필요가 있다. 문제는 심리학이 이러한 도구와 재능을 마련해 줄 수 있느냐 하는 것이고, 또 하나는 심리 요법 개념들이 특별한 교육적 실제 문제에까지 적용될 수 있겠느냐 하는 점인데 그렇다고 볼 수 있다. 여기서는 모든 교사들이 직면하고 있는 일상적인 상황과 심리적인 문제를 다룸에 있어서 구체적인 대안과 실제적인 해결 방법을 살펴보기로 하겠다.

최선의 해결책

학급에서 어떤 문제가 생겼다고 하자. 도서관에 쌓여 있는 장서는 아무 도움이 되지 못한다. 강의나 모든 교과 과정 역시 도움이 될 수 없다. 오직 노련한 기술만이 위기의 순간에서 구출해 낼 수 있다. 교육에 있어서 고려되어야 할 점은 노련한 솜씨를 발휘하는 태도이다.

우리는 훌륭한 교육이란 어떤 것인지 이론적으로는 잘 알고 있다. 또 모든 개념도 이미 다 파악하고 있다. 그러나 불행하게도 교육 이론의 개념 파악이나 착상만으로는 아이들을 잘 가르칠 수 없다. 학생들은 해결하기 어려운 문제들을 제기한다.

학급을 원만하게 이끌고 나가기 위해 교사는 심리적으로 사소한 일면도 다룰 줄 알아야 하고, 대수롭지 않은 다툼, 갈등, 갑작스런 사건 등 매일같이 일어나는 사소한 일들을 효과적이고도 다정하게 처리할 수 있는 특별한 솜씨가 있어야 한다.

훌륭한 교사들일수록 평범한 대안을 말한다. 즉, 잘난 체 하거나 거만스럽게 행동하지 않으며, 학생들에게 설교조로 얘기하거나 도덕적인 것을 강조하지 않는다. 하찮은 실수의 원인을 밝히려 하지 않으며, 학급에서 일어나는 일들에 대해서도 까닭을 묻지 않는다. 학생의 과거 일이나 장래 문제에 좌우되지도 않는다. 오직 현재 일어난 일을 가지고 처리할 뿐이다.

최악의 사태

비록 직업적인 일이라고 하더라도 교사는 먼저 인간 존재에 관심을 갖게 마련이다. 교사들이 하는 일은 고되다. 학생들의 갖가지 요구에 늘 응해야 한다. 또, 어떤 교사들은 매우 힘든 일도 맡고 나선다. 그들은 피할 수도 있는 언쟁이나 지나쳐 버릴 수 있는 하찮은 충돌에다 그들의 시간과 정력을 낭비하고 있다.

다음의 사례를 통해 교사의 잘못된 반응에 대해 생각해 보기로 하겠다.

■ 사생활 침해

선생님은 좋은 의도로 학생에게 관심을 보였는지는 모르겠으나 결과적으로는 도움이 되지 못했다. 감정을 파악하기란 위험스런 일이다. 가능한 한 그런 일은 피해야 한다. 예의는 서로 적당한 간격을 필요로 한다.

그러므로 허가 없이 함부로 남의 일에 간섭해서는 안 된다. 자기를 드러내 놓는 일은 개인적인 선택에 달려 있으며, 아울러 침묵을 지킬 권리도 있다.

남을 도와주고자 할 때는 신중하고도 간결하게 대해야 한다. 큰 소리로 오랫동안 수다스럽게 일러주는 교훈은 학생들을 당황케 한다. 이것은 학생들로 하여금 반항심과 원한을 품게 만든다.

■ 모욕적인 언사

[예] 열한 살 난 카알은 아무리 해도 학교 창문을 열 수가 없었다. 이를 본 교사가 "아니 창문도 못 여니? 어쩌면 그렇게 아무것도 모른단 말이냐" 라고 말하자 카알은 얼굴을 붉히며 자리에 가 앉아서 낮은 목소리로 교사를 욕하는 것이었다.

위의 사례를 통해 보면 교사의 태도는 학생에게 큰 상처를 입혔다. 학생들이 아무리 제 능력을 확신할 수 없는 단계에 있더라도 그들의 지능에 대해 공개적으로 비난하는 것은 상처받기 쉬운 약점을 찌르는 것이다. 악의에 찬 비난은 학생들로 하여금 더 잘 해 보겠다는 각오를 갖게 하기는커녕 창의력마저 빼앗아 버린다.

무엇보다도 교사는 인간애를 몸소 보여 주어야 한다. 다른 사람들이 비난하는 곳에서는 위로를 해주어야 하며, 꾸지람을 하는 곳에서는 도움이 되어 주어야 할 것이다. 교사는 외과 의사처럼 메스를 사용해서는 안 된다. 그 상처가 영원히 남아 있을 수도 있기 때문이다.

비꼬는 말은 아이들에게 좋지 않다. 그것은 곧 자신감과 자부심에 상처를 입힌다. 그것은 극약과 같아서 치명적일 수도 있다. 가혹할 만큼 비꼬거나 빈정거리는 것은 학생들로 하여금 공격적인 성품을 부추기는 결과를 초래한다.

이 밖에도 교사는 편견을 가져서는 안 되며, 감정조절 능력과 또한 학생의 욕구가 무엇인가를 알아서 이에 응할 수 있는 능력이 있어야 한다.

학교 체제나 교과 내용을 바꾸고 싶어 하지 않는 교사는 한 사람도 없다. 그러나 위에서도 예를 보았듯이, 교육이 지니고 있는 수많은 문제들은 바로 교사와 학생과의 관계에 뿌리를 박고 있다는 점이다. 학교의 체제를 효과적으로 변경하기 이전에 교사들의 변화가 선행되어야 한다.

교사와 학생과의 의사소통

만일 우리가 학급을 개선하려 한다면, 어디에서 출발해야 할까? 교사들이 학생들에게 어떤 반응을 보이고 있는가를 점검해 보는 것으로 시작하는 것이 좋을 듯하다. 즉, 교사와 학생 간에 어떻게 의사소통이 이루어지고 있느냐가 결정적인 요인이다. 이것은 학생의 생활에 좋든, 나쁘든 영향을 미치기 마련이다. 흔히 우리는 우리의 반응이 받아들여지고 있는지 너무 무관심한 것이다. 그러나 학생들에게 있어서 이 문제는 치명적일 수 있다.

학생과의 관계를 개선하기를 바라는 교사는 습관적인 부정적 언어를 사용하기 보다는 긍정적인 말을 사용할 필요가 있다. 학생의 마음을 이해하기 위해 교사는 그들의 마음을 사로잡아야 한다.

■ 정중한 말

어른과 학생 사이의 대화에서 가장 중요한 것은 과정이다. 학생도 어른에게서 정중한 말을 듣고 싶어한다. 즉, 부모와 교사가 학생들에게 대하는 태도가 어떠한가 하는 점이다. 그들의 말은 학생들의 자부심과 자존심에 영향을 미치는 것이다. 나아가 부모나 교사들이 사용한 언어가 학생의 운명을 결정하기도 한다. 부모나 교사는 아이들로 하여금 자신의 가치를 의심하게 만드는 일상적인 말을 하여서는 안 된다. 건전하다고 하는 것은 다른 사람의 내적 실제를 믿는 것에 달려 있다. 그런데 이러한 신뢰는 대화를 어떻게 이끌어 나가느냐 하는 과정에서 생기게 된다.

■ 중요한 원칙

교사들의 바람직한 분위기 조성과 최악의 사태를 빚어내지 않기 위해서는 어떠한 원칙을 준수해야 될까? 정성을 다해 가르치는 교사들은 아이의 입장에 서서 이해하려고 한다. 그러나 사태를 악화시키는 교사들은 학생들의 성격과 인격을 판단하려 한다. 여기에 효과적인 대화와 비효과적인 대화의 본질적인 차이가 있다.

[예] 어느 학생이 물을 엎질렀다. 그 상황을 고려한 교사 A는 "오. 물을 쏟았구나. 물걸레로 닦아야 하겠는 걸"이라고 했지만, 교사 B는 성격을 들추면서 "너는 언제나 손이 거칠어. 어쩌면 그렇게도 조심성이 없니?"라고 말했다.

교사 A는 관심과 걱정스러움을 보여준 데 반하여, 교사 B는 학생들을 불안하게 만들고 원망을 하게 만들었다. 한 교사는 문제 해결에 중점을 두었으나, 다른 한 교사는 오히려 문제를 더 일으켰다. 이러한 원리를 학급 운영 과정에 적응시킬 경우, 학생에 대한 교사의 태도는 달라질 것이다. 즉, 교사가 화를 내거나 지시를 하는 표현부터 달라질 것이다. 칭찬하는 태도, 평가를 하는 방법, 위로하고 안심시키는 방법, 시험 절차를 말하는 태도 같은 모든 것이 바뀌게 될 것이다.

■ 분노의 표현

"아이들은 때로는 여러분을 당황하게 만들고, 괴롭히기도 하고, 화나게 하기도 할 것이다. 그러나 화가 났을 때, 여러분이 할 수 있는 일은 바로 이것이다."

교사들 가운데 이러한 내용의 강의를 들어본 사람은 별로 없다. 한 실화로 어느 교사는 이렇게 대답하였다.

"대학에서 이러한 문제를 가르치지 않았다는 것은 중대한 일입니다. 그러나 우리가 어렴풋이 알기로는, 좋은 교사는 절대로 화를 내어서는 안 된다는 점이지요." 교사들의 대다수가 화를 내는 것에 죄의식을 느끼고 있고, 어떤 이들은 이 일로 인하여 자신에게는 교사라는 직업이 적합한 것이 못된다고 의심하고 있다.

사실상 교단에 서다 보면 짜증스런 일들을 피할 수 없는 때가 많다. 과중한 수업, 학생들의 끊임없는 요구, 돌발적인 위기 등 온갖 일들이 화를 내게 만든다. 그렇다고 교사들은 자신이 갖는 감정을 사과할 필요는 없다. 왜냐하면 유능한 교사라 해서 성직자나 순교자일 수는 없기 때문이다. 그는 성자의 역할을 하지 못할 뿐더러, 천사의 대역도 할 수 없다. 자기의 인간적인 감정을 인식하고 그것을 존중한다. 교사라고 하여 언제나 자제만을 할 수 없으며, 언제나 진실성에 얽매일 수는 없다.

유능한 교사는 항상 성실한 반응을 보여 주며, 자기의 감정에 따른 적절한 단어를 구사한다. 그의 괴로움을 숨기지도 않으며, 인내로써 가장하지도 않는다. 그는 불쾌한 일이 있는데도 유쾌한 것처럼 행동하는 위선을 보이지 않는다.

유능한 교사는 화내는 것을 두려워하지 않는다. 왜냐하면 학생에게 상처를 입히지 않고서도 그의 감정을 나타낼 수가 있기 때문이다. 한 발 더 나아가서는 학생에게 모욕감을 주지 않고도 화를 풀 줄 아는 비결을 터득하게 된다. 기분이 상했을 경우에도, 학생에게 욕을 하거나 성격이나 개성을 들추어 나무라지 않는다.

화가 나더라도 흥분하지 않고 사실에 머무른다. 그가 본 것, 느낀 것,

기대하고 있는 것을 일러 준다. 그는 결과 자체를 탓하지, 사람을 탓하지는 않는다. 화가 났을 때에는 이를 억제하기보다는 많은 요인을 제거하는 것이 바람직스러움을 알고 있다. 그래서 '나'라는 말을 사용함으로써, 스스로를 자제하고 학생들을 보호한다. 이처럼 교사와 학생 사이의 상호적인 대화는 모욕적인 말을 쓰지 않고도 분노를 표현할 수 있는 방법을 배우는 데 있다.

■ 협력 구하기

사려 깊은 교사는 학생들을 그의 우연한 결과로만 대하지는 않는다. 학생을 때로는 미워할 줄도 알고, 사랑할 줄도 알고, 어느 것을 택할지 망설이기도 하는 복잡한 특성을 지닌 인간 존재로서 대한다. 학생들은 교사에게 의존하게 되는데, 이러한 의존심은 결과적으로 적대감정을 불러일으키게 된다. 이러한 감정을 줄이기 위해 교사는 학생에게 독립심을 키워주도록 해야 한다. 자립심이 강할수록 타인에 대한 원망과 증오감도 줄어든다.

적개심을 없애는 방법 한 가지는 학교생활에 영향을 미치는 일들에 대해 학생으로 하여금 말을 하고 선택할 수 있도록 기회를 부여하는 것이다.

■ 바로잡아 주는 것은 방향을 제시해 주는 일이다.

학생들을 바르게 조정해 주는 것은 곧 그들로 하여금 구김살 없이 자라노록 하는 섯이다. 이섯은 과성을 발함이시 행위나 인격을 판단하는 것은 아니다.

■ 교사의 질문

좋은 건강을 유지하려면 질병의 예방이 필요하다. 마찬가지로 지각이 있는 교사는 학생으로 하여금 열등감이나 죄의식을 느끼게 하는 말이나 분노와 적개심을 유발하는 말을 하지 않는다. 또, 이러한 교사는 화를 내게 하고 반항심을 불러일으키기 쉬운 질문이나 비판을 피한다.

교사의 질문은 결코 추상적인 것이어서는 안 되며 구체적이어야 한다.

위험스러운 칭찬

칭찬은 때로는 좋을 수도 나쁠 수도 있다. 다음의 사례들을 통해서 알아보자.

■ 평가냐, 이해냐?

위의 두 가지 질문은 다 일리가 있다. 평가하는 칭찬은 해로우나, 이해심이 있는 칭찬은 건설적이다. 정신요법에서는 아동에게, "너는 참 좋은 애다." "너는 계속하여 훌륭한 일을 하려무나."라는 식의 말을 결코 쓰지 말라고 한다. 판단하는 칭찬은 피하는 것이다. 그 이유는 무엇일까? 도움이 못되기 때문이다. 오히려 이러한 칭찬은 불안감을 조성하고, 의존심을 기르고, 반항심을 불러일으키기 쉽다. 또한 학생에게 자기 신뢰와 자제심을 갖도록 하지 못한다. 이러한 일들은 외부의 판단이 필요하지 않다. 그들은 내적인 동기를 평가로 하여 신뢰를 받아야 한다. 학생들이 바르게 자라기 위해서는 평가적인 압력으로부터 자유롭게 되어야 할 필요가 있다.

■ 칭찬의 과정

칭찬은 두 가지 측면에서 생각할 수 있다. 하나는 우리가 학생들에게 칭찬하는 것과, 다른 하나는 어른들의 칭찬을 듣고서 흐뭇한 나머지 자기 자신에게 하는 칭찬이다. 우리는 학생들의 노력과 수고와 성취에 대해 좋은 점은 무엇이며, 고마운 것은 무엇인지를 말해 주어야 한다. 그러면 학생들은 자신에 대한 결론을 내리게 된다. 우리가 말하는 내용이 사건과 느낌을 현실적이고 고맙게 여기고 있는 것으로 묘사될 때는, 아이들은 그들 자신에 대한 결론을 긍정적이고 생산적인 것으로 내리게 된다.

■ 평가의 의미

적극적인 평가는 오히려 부정적인 의미를 지닐지도 모른다. 또, 판단하는 칭찬은 불안감을 조성하고 서로 거리감을 야기시킬지도 모른다. 그래서 대화를 단절시키며 관계에 금이 가게 만들기도 한다. 그러므로 칭찬할 때에는 문제되는 행위에 대해서만 고맙다고 하고, 성격적인 문제에 대해서는 이러니저러니 평하지 말아야 한다.

훈육 어떻게 해야 하나?

■ 벌주기

인간관계는 배가 커다란 암초에 걸려서 침몰하는 것과는 달리, 잔 돌멩이에 의해 파선되는 것과 같다. 교사는 날마다 학생들의 훈육 문제를 다루는 데 있어서 가장 큰 해를 끼칠 수도 있고 반대로 훌륭한 교육적인 효과를 거둘 수도 있다. 교사가 화가 났을 때 보이는 즉각적인 반응은 욕을 하거나 아니면 조용히 타이르거나 화풀이를 하거나 아니면, 학생으로 하여금 반성하도록 분위기를 이끌어가거나 둘 중의 하나이다. 가장 좋은 훈육 방법은 교사가 겸허하게 학생들의 마음에 끼고 파고드는 식으로서 일련의 작은 승리이다.

교사들은 자신이 오늘날의 혼돈과 폭력에 물들어 현대와 같은 광기 풍조에서 헤어나지 못하고 있음을 알고 있다. 과거에는 다만 교실 안에서의 사건이 있었지만, 이제는 농성, 데모, 스트라이크 등 여러 가지 양상으로 바뀌어 가고 있다. 학생들의 내면에는, 조금만 부주의하여 다루어도 폭발되기 쉬운 이를테면, 광물질 같은 것으로 가득 차 있다. 따라서 꾸지람은 폭발을 초래하게 된다.

■ 자제력

훈육이란 수술하는 것처럼 정확성이 요구된다. 이를테면 수술이 아무데나 째고 꿰매고 자르지 않듯이, 훈육을 하는데도 두서없는 이야기는 금물이다. 특히, 교사는 불쑥 화를 내거나 모욕을 주어서는 안 되며, 독설적인 언사를 쓰지 않는 자제력과 훌륭한 태도를 보여주어야 한다.

훈육이란 책에 쓰여 있는 그대로 할 수 있는 성질의 것이 아니다. 훈육은 잘-잘못을 가리기보다는 교사의 관용에 있다.

교사는 폭군이 아니다. 그의 주어진 권한은 제한되어 있다. 교사의 권위는 학생을 다루는 유능한 솜씨와 잘 설복시킬 수 있는 능력에서 비롯된다. 그의 최상의 무기는 폭력과 처벌을 피하는 것이어야 한다.

그렇다면 과연 어떤 사람이 훌륭한 훈육자이겠는가? 그것은 바로 학생들을 폭력으로부터 벗어나 신뢰로 서 있는 교사이겠다.

참고문헌

공석영(2000). 『생활지도와 상담』, 서울: 동문사.

권두승 · 조아미(2004). 『평생학습사회 실현을 위한 성인학습 및 상담』, 서울: 교육과학사

김기정(1996). 『긍정적 자아개념의 형성(교육학연구 16)』, 서울: 문음사.

김남성(1990). 『행동요법』, 서울: 배영사.

______(1998). 교육심리학』, 서울: 교육과학사.

김명희 외 역(1998). 『다중지능의 이론과 실제』, 서울: 양서원.

김민남(1985). 『Kohlberg의 발달이론』, 서울: 교육과학사.

김상윤(1986). "도덕내용의 심각성에 대한 아동의 직관적 변별력," 『교육학연구』, 제24집 제1호, 63-74.

김상윤(1988). "인지적 도덕발달이론에서 단계별 특성에 따른 도덕성발달 경향분석," 동아대학교 대학원 박사학위논문.

김상호(1980). 『태도교육』, 서울: 교육과학사.

김선 역(1996). 『교육과 창의성』, 서울: 집문당

김선남(1983). "자아실현 소집단 훈련프로그램이 여대생의 자아실현에 미치는 효과," 『교육학연구』, 제20권 제1호, 64-76.

김순혜 · 김양희 · 박승호 · 박정옥 · 송숙희 · 송의열 · 송인섭 · 윤명희 · 윤운성 · 이경화 · 이경희 · 정수자 · 정종진 · 조소현(1998). 『인간이해를 위한 심리학』, 서울: 상조사.

김순택(1978). 『목표 별 수업』, 서울: 교육과학사

김현진(1999). "다중지능 측정도구의 타당화 연구," 석사학위논문, 서울대학교 대학원.

김언주(1987). 『심교육심리학』, 서울: 문음사.

김언주 외 역(1996). 『동기이론(교육학연구 41)』, 서울: 문음사.

김영채(1978). 『측정, 평가총론』, 서울: 교육과학사.

김영채 역(1979). 『학습심리학』, 서울: 중앙적성연구소.

김옥환 · 김정규(1979). 『교육심리학』, 서울: 형설출판사.

김용래(1978). 『교육심리학』, 학문사.

김용태(1970). "성취동기와 성격특성 및 가정환경특성과의 관계," 고려대학교 교육대학원 석사학위논문.

김정규 · 손지수(1975). 『교육심리학』, 서울: 교육출판사.

김정한(1978). 『생활지도』, 서울: 형설출판사.
김정휘 · 주영숙(1978). 『교육심리학 탐구』, 서울: 형설출판사.
김충기(2000). 『교육심리학』, 서울: 동문사.
김현택, 박동건, 성한기, 유태용, 이순묵, 이영호, 진영선, 한광희, 황상민(2003). 『-인간의 이해- 심리학』, 서울: 학지사.
김희수 외 역(2000). 『좋은 학교를 만드는 비결』, 한국심리상담연구소.
라병술(1979). 『심리학개론』, 형설출판사.
문선모(2000). 『학생상담 이론과 실제』, 서울: 양서원.
문선모 역(1980). 『심리학개론』, 형설출판사.
문용건(2001). 『다중지능 인간지능의 새로운 이해』, 서울: 김영사.
문용린(1986). "인지발달론의 관점에서 본 도덕성발달 연구의 문제와 전망," 『교육이론』, 제1권 제1호, 55-83.
민영순(1992). 『교육심리학신강』, 서울: 문음사.
박규훈(1982). "청년기학생의 욕구 저지와 공격기제에 관한 일연구," 경북대학교 교육대학원 석사학위논문.
박남기(2003). 『학급경영 마이더스』, 서울: 교육과학사.
박도순, 변영계(1988). 『교육과정과 교육평가』, 서울: 문음사.
박병량(1997). 『학급경영』, 서울: 학지사.
박선환 · 박숙희 · 신은영 · 이주희 · 정미경 · 김혜숙(2001). 『정신건강론』, 서울: 양서원
박성수(1987). 『생활지도』, 서울: 정민사
______(1999). 『생활지도』, 서울: 정민사.
박성익 · 임정훈(1991). "컴퓨터 보조 협동학습의 교육적 활용을 위한 일고찰."
박소연 · 김문수 역(2001). 『동기-이론 연구 그리고 활용』, 시그마프레스.
박아청(1973). "국민학교 교사의 효율성과 지각향성간의 상관연구," 연세대학교 대학원 석사학위논문.
______(1975). "창의적 무제해결능력 증진을 위한 실험연구," 『교육학연구』, 제1권 제3호, 42-54.
______(1981). "교육연구를 위한 실험에 대한 일고찰, 한국교육," 한국교육개발원, 제8권 제1호, 71-86.
______(1984). 『아이덴티티의 탐색』, 서울: 정민사.
______(1998). 『현대의 교육심리학』, 서울: 학문사
______(2005). 『교육심리학의 이해』, 서울: 교육과학사.
변창진 · 김경린 역(1984). 『사회적 학습이론』, 서울: 중앙적성출판부.

변홍규 역(1992). 『학습이론과 그 현장적용』, 서울: 교육출판사.
서봉연 역(1983). 『발달의 이론』, 중앙적성출판사.
서봉연·송명자 역(1990). 『인지발달(개정판)』, 서울: 중앙적성출판사.
서봉연·이순형(1983). 『발달심리학 : 아동발달』, 서울: 중앙적성출판부.
설기문(2004). 『인간관계와 정신건강』, 서울: 학지사
송경헌 외(2000). 『21세기 학급경영전략』, 서울: 원미사.
송순재 편(2000). 『사유하는 교사』, 서울: 내일을 여는 책.
송인섭·김정원·정미경·김혜숙·신은영·최지은·박소연(2004). 『교육심리학』, 경기: 양서원.
송인섭 외 공저(1998). 『인간이해를 위한 심리학』, 서울: 상소사.
신명희(2002). 『교수방법의 심리적 기초』, 서울: 학지사.
신명희·박명순 외(1998). 『교육심리학의 이해』, 서울: 학지사.
신보신일 외(1997). 『학교 상담심리학』, 서울: 중앙적성출판사.
신세호 외 역(1999). 『창의력 개발을 위한 교육』, 서울: 교육과학사.
심우엽(2001). 『교육심리학』, 교육과학사.
아름다운학교운동 본부 편(2001). 『아름다운학교』, 인간과 자연사.
안순희(1975). "정서부적응아의 지도에 관한 연구," 연세대학교 교육대학원 석사학위논문.
안창일(1986). 행동주의 상담(전국 대학 카운슬러 연구협의회 편, 상담의 이론과 실제).
연문희 외(2002). 『학교상담: 21세기 학생생활지도』, 서울: 양서원.
유안진(1999). 『아동발달의 이해』, 서울: 문음사.
윤정륜(2003). 『학교교육심리학』, 서울: 형설출판사.
이상로(1987). 『현대교육심리학』, 중앙적성출판사.
이상로·진위교 역(1982). 『수업과 학습의 과학 : 학습심리학』, 중앙적성출판부.
이상주 역(1990). 『미래를 위한 교육』, 서울: 배영사.
이선숙(2001). 『내안학교와 학생들의 생활이야기』, 서울: 교육과학사.
이성진(1985). 『교육심리학의 새로운 쟁점과 이론』, 서울: 교육과학사.
이성진·박성수(1984). 행동수정의 사례집, 서울: 교육과학사.
이소희·손홍숙·홍숙자·송순·이명옥·이규미·강란혜·박미석·백경숙·조성연·도미향·강기정·임원신·김민정(2004). 『인간행동과 사회환경』, 경기: 현학사.
이숙정(2001). "다중지능과 친사회적 행동의 관계 연구," 석사학위논문, 숙명여자대학교 일반대학원.
이순연(2003). 『창의력이 세계로 흐른다』, 서울: 열린아트.

이승복 · 이현진 · 김혜리 · 김영란 역(1996). 『심리학사』, 서울: 학문사.

이인정 · 최해경(2001). 『인간행동과 사회환경』, 서울: 나남출판사.

이장호(1986). 『상담심리학 입문』, 박영사.

이정규 역(1986). 『몬테소리 교육학 입문』. 한국몬테소리연구소.

이재창(1988). 『생활지도』, 서울: 문음사.

이종재 외(2003). 『교사론』, 서울: 교육과학사.

이종태(2000). 『대안교육과 대안학교』, 서울: 민들레.

이충원(1981). 『교육심리』, 서울: 학문사.

이현림 · 김지혜(2005). 『성인학습 및 상담』. 서울: 학지사.

이형득(1979). 『집단상담의 실제』, 서울: 중앙적성연구소.

______(1982). 『인간관계 훈련의 실제』, 서울: 중앙적성연구소.

______ 외(1984). 『상담의 이론적 접근』, 형설출판사.

______ 편(1992). 『상담심리』, 교육과학사.

이혜성 역(1982). 『성장심리학』, 이화여자대학교 출판부.

이희도(1980). "IGE모형과 개발식 수업프로그램," 경북대학교 교육대학원 논문집.

______ 외(1981). 『현대수업원론』, 서울: 교육과학사.

임규혁(1996). 『교육심리학』, 서울: 학지사.

______(2005). 『학교학습 효과를 위한 교육심리학』, 서울: 학지사.

임승권(1986). 『교육심리학』, 서울: 양서원.

임의도 역(1964). 『교육목표분류학Ⅱ: 정의적 영역』, 서울: 배영사.

________(1967). 『교육목표분류학Ⅰ』, 서울: 배영사.

임창재(2000). 『교육심리학』, 서울:학지사.

장대운(1989). 『현대교육심리학』, 서울: 동문사.

장상호(1981). 『행동과학의 연구논리(교육과학신서17)』. 서울: 교육출판사.

______(1982). 『발생적 인식론과 교육』, 서울: 교육과학사.

장은진(1992). "아동의 성역할 발달에 영향을 주는 사회환경적 요인과 인지적 요인간의 관계," 이화여자대학교 대학원 석사학위논문.

전성연 외 역(2003). 『학습과 교수에 대한 이해』, 서울: 교육과학사.

장연집 · 박경 · 최순영(2004). 『현대인의 정신건강』, 서울: 학지사

전윤식 외(1997). 『복합지능과 교육』, 서울: 중앙적성출판사.

정범모(1969). 『지력의 교육』, 서울: 배영사.

정범모 · 박용헌(1972). 『성취동기-그 육성과정의 이론과 실제-』, 서울: 배영사.

정순례(2003). 『교육심리학』. 서울: 원미사.

정영진(1996). 『자녀발달의 결정적 시기』, 서울: 학지사.
정옥분(2004). 『아동발달의 이해』, 서울: 학지사.
______ 역(1991). 『인간발달의 이론』, 서울: 교육과학사.
정우현(1977). 『현대교사론』, 서울: 배영사.
정원식(1969). 『인간과 교육』, 서울: 배영사.
______(1969). 『정의의 교육』, 서울: 배영사.
______(1977). 『잠재적 교육과정의 개념구성』, 한국교육개발원.
정원식 · 김호권(1989). 『성격진단검사』, 서울: 코리언테스팅 센터.
정종진(1988). 『교육평가신강』, 서울: 형설출판사.
______(1991). 『동기와 학습』, 서울: 성원사.
정채기(2003). 『교육심리학』. 서울: 학문사.
조대봉(1990). 『인간행동의 이해와 자아실현』, 서울: 문음사.
조사형 외(2001). 『학생같은 선생님, 선생님 같은 학생』, 서울: 또 하나의 문화.
조수환(2004). 건전한 삶을 위한 정신위생. 서울: 동문사
조영남(1991). "인지양식과 수업전, 후방략으로서의 목표에 따른 학습성과 분석," 『교육학연구』, 제29권 제4호, 142-156.
조혜정(1996). 『학교를 거부하는 아이, 아이를 거부하는 사회(교육현장1)』, 서울: 또 하나의 문화.
조혜정(2000.12). 『학교를 찾는 아이, 아이를 찾는 사회』, 서울: 또 하나의 문화.
주영숙 · 김정휘 (1978). 『교육심리학 탐구』, 서울: 형설출판사
진시화(1977). "여대생의 자아개념과 능력수준 관계에 관한 연구," 연세대학교 교육대학원 석사학위논문.
최승재(1972). "자아개념과 가정환경 및 학업성취와의 상관관계연구," 연세대학교 교육대학원 석사학위논문.
최정웅(1979). 『지각심리학』, 서울: 을류문화사.
한국복지정책연구소 편집부(2002). 『아동복지론(사회복지사 국가시험)』, 서울: 고헌출판부.
한순옥 외(2001). 『방과후 자아 존중감 프로그램』, 서울: 양서원.
한양대 사회인지발달연구모임 역(1996). 『유능감을 키우는 교실』, 서울: 정민사.
한종철(1988). 『교육심리학』, 서울: 양서원.
홍경자(2004). 『청소년의 인성교육-나는 누구인가』, 서울: 학지사
홍대식 편(2001). 『현대 심리학개론』, 서울: 청암미디어.
홍영희 역(1999). 『학급붕괴』(아사히신문사), 서울: 초록배매직스.

허순희(1996). "유아의 창의성 증진을 위한 놀이 중심 음악교육 프로그램의 개발과 효과," 계명대학교 교육대학원, 박사학위논문.

Amstrong, T.(1997). 『복합지능과 교육』(전윤식 · 강영심 공역). 서울: 중앙적성 출판사.

Bandura, A.(1977). *Social learning theory*. Englewood Cliffs, NJ: Prentice Hall.

__________(1977). "Self-Efficacy: Toward a Unifying Theory of Behavioral Change," *Psychological Review*, 84.

__________(1986). Social Foundation of Thought and Action. Englewood Cliffs, New Jersey: Prentice-Hall Inc.

__________(1989). Social cognitive theory. *Annals of Child Development*, 6, 1-60.

Ashcraft, M.(1989). *Human memory and cognition*. Glenview, Ⅱ: Scott, Foresman.

Atkinson, R. C., & Shiffrin, R. M.(1968). Human memory: A proposed system and its control processers. In K. W. Spence & J. T. Spence (Eds.). *The psychology of learning and motivation: Advances in research and theory* (vol.2). Orland, FL : Academic Press.

Bandura, A. & Walters, R. H.(1963). *Social Learning and Personality Development*. New York: Holt, Rinehart, & Winston.

Beilin, H.(1992). Piaget's enduring cotribution to developmental psychology. *Developmental Psychology, 29,* 191-204.

Berk, L. E.(1993). *Infants, children and adolescents.* Boston: Allyn & Bacon.

Blanck, G.(1990). Vygotsky: The man and his cause. In L. C. Moll(Ed.). *Vygotsky and Education*(pp. 31-58). MY: Cambridge University Press.

Carlson, N. R & Buskist, W.(1997) Psychology: *The science of behavior* (5th ed). Boston: Ally and bacon.

Carole, A.(1992). Classroom: Goals, structures, and student motivation, *Journal of Educational Psychology*, 84, 261-271

Cipani, E.(1998). *Classroom management for all teachers: 11 effective plans.*

Clarizio, H. F., Craig, R. C. & Mehrens, W. A.(1981). *Contemporary issues in educational psychology*. Boston: Ally and bacon.

Clark, B.(1988). *Growing up gifted*(3rd Ed.), Columbus: Merrill.

Clark-Stewart, A., & Koch, J. B.(1983). *Children: Development through Adolescence*. Canada: John Wiley & Sons, Inc.

Covington, M. V., & Beery, R. G(1976). Self-worth and learning. New York Holt, Rimehant and Winston, Inc.

Cronbath, L.J. and Snow, R.E.(1977) *Aptitudes and Insturctional Methods: A Handbook for Research on Interactions*. New York : Irvington.

Daniel, K. O'Leary & Susan, G. O'Leary.(1980). *Classroom Management: The successful use of behavior modification*. New York: Pergamon Press, Inc.

Daniel, L, B.(1976). *Educational psychology: The teaching-learning process*. Chicago: Moody Press.

David, E.H. and Edmund, V.S.(1974) *Between psychology and Education*. Illinois : The Dryded press.

David, J, W.(1970). *The social psychology of education*. New York: Holt, Rinehart and Winston, Inc.

David, J, W., & Frank, J. D.(1975). *Joining together. Group theory and Group skill*. New Jerset: Prentice-Hall, Inc.

Elkind, D.(1976) *Child Development and Education*. New York : Oxford University Press.

Erikson, E. H.(1968) *Identity : Youth and Crises*. New York : Norton.

Feldhusen, J. F & Treffinger, D. J.(1977). *Creative thinking and problem solving in gifted education*. Dubuque, IA: Kendall/Hunt, Pulishing Co..

Franks, C. M.(Ed).(1969). *Behavior therapy: Appraisai and status*. New York McGrew-Hill Book Company.

Gagne. R. M.(1985). *The conditions of learning and theory of Instruction*. New York: Holt, Rinehart and Winston, Inc.

Gardner, H.(1991). *Creating mind*. New York: Basic Books.

Gelman, R., & Baillargeon, R.(1983). A review of some Piagetian concepts. In P. Mussen(Ed.), *Carmichel's manual of child psychology Vol. 3: Cognitive development*(E. Markman & J. Flavell, Volume Eds.). New York: Wiley.

Gilchrist, M.(1972). *The psychology of creativity melbourne university press.*

Ginsburg, H & Oppe, R. S.(1969). *Piaget' theory of intellectual development: An introduction.* New Jersey: Prentice-Hall

Glass, A. L., Holyoak, K. J.,& santana, J. L.,(1979). *Cognition.* Massachusetts: Addison-Wesley Publishing Company.

Golann, S. E.(1963). The psychological study of creativity. *Psychological Bulletin.*

Gronlund, N.E.(1974) *Individualizing Classroom Instruction.* New York : Macmillan.

Guilford, J. P.(1950). Creativity. *American psychologist.*

Guilford, J. P.(1967) *The Nature of Human Intelligence.* New York : McGrawHill.

Guilford, J. P.(1967). *The nature of human intelligence.* New York: Willey.

Hall, C.S., & Lindzey, G.(1978) *Theories of Personality.* New York : Joho Wiley & Sons.

Hall, J. P.(1976). *Classical Conditioning and instrumental Learning: A Contemporary Approach.* Philadelphia: Lippincott.

Hall, J.P.(1976) *Classical Conditioning and instrumintal Learning : A Contemporary Approach.* Philadelphea : Lippincott.

Havinghurst, R. J.(1972). *Developmental tasks and educations.* New York: David Mckay.

Hergenhahn, B. R.(1976). *An introduction to theories of learning.* Englewood Cliffs, NJ: Prentice-Hall.

Kitano, M. K. & Kirby, D. f.(1986). *Gifted education-a comprehensive view.* Canada: Little, Brown and Coo..

Komives, S. R., Cucas, N., & McMahon, T. R.(1998) *Exploring Leadership.* San Fransisco: Jossey Bass Publishers.

Lewin, K.(1942), Field Theory of Learning. Year Book. 19. Soc. Study., 41. Part Ⅱ.

Maddux, J. E.(Ed.)(1995). *Self-efficacy, adaptation, and adjustment:*

Theory, research, and application. New York: Plenum Press.

Maevin, R.G. & michael, M.(1973). *Behavior change through self-control*. New York: Holt, Rinehart and Winston, Inc.

Mahoney, M. J., & Thoresen, C. E.(1974). *Self-control: Power to the person*. Pacific Grove: Brooks/Cole Pub.

Maier, H. W.(1978). *Three theories of child Development*. New York: Harper & Row.

Maslow(1954). *Motivation and personality*, Harper.

Maslow(1970). *Motivation and personality*(2nd.ed), Harper.

McCormick, C. B. & Pressley M..(1997). *Educational psychology: Learning, instruction, assessment*. New York: Longman.

Merriam, S. B.(1988). *Case study research in education: A qualitative approach*. San Francisco: Jossey-Bass Pub.

Miller, P. H.(1993). *Theories of Developmental Psychology*. NY: W. H. Freeman and Company.

Miltenberger, R. G.(2001). *Behavior modification: Priciples and procedures*. U.A.: Wadsworth

Moorman, C. & Dishon D.(1983). *Our Classroom: We can learn together bay city*, MI: Personal Powder Press.

Morgan, T. C., King, R. A., & Robinson, N. M.(1979). *Introduction to psychology*. Tokyo: McGraw-Hall International Book Company.

Nash R.(1973). *Classroom observed: The teacher's perception and the pupil's performance*. London and Boston: Routledge & Kegan Paul.

Neath, I.(1998). *Human Memory: An Introduction to Research, data, and theory*. Pacific Grove: Brooks/ Cole publishing company.

Paivio, A.(1971). *Imagery and verbal processes*. New York: Holt.

Palincsar, A., & Brown, A.(1989). *Classroom dialogue to promote self-regulated comprehension*. In J. Brophy(Ed.), *Advances inresearch in teaching*. Greenwich, CT: JAI Press.

Piaget, J.(1970) Piaget's theory. In P.H. Mussen (ed.), *Carmicahll's manual of child psychology* (3rd ed.). pp.703~732, New Yor: Wiley.

Riyans, D.G.(1965) *Characteristics of Teachers*. Washington, D.C. :

American Councill on Education.

Rogers, C.R.(1961) *On Becoming a Person : A Therapist's View of Psychotherapy*. Boston : Houghton Mifflin.

Rogoff, B., & Moreiji, g.(1989). Perspectives on children's development from cultural psychology. *American Psychologist*, 44, 343-348.

Samuel, W. (1981). *Personality: Searching for the sources human behavior*. Tokyo: McGraw-Hill

Shaffer, D. R.(1996). *Developmental psychology: Childhood and Adolescence*. Pacific Grove: Brooks/Cole Publishing Company.

Siegler, R. R.(1991). *Childern's thinking*(2nd ed.). Englewood Cliffs, NJ: Prentice-Hall.

Simon, S.B., Howe, L.W., & Kirshenbaum, H.(1972) *Values Clarification*. New York : Hart Publishing Co.

Skinner, B, F.(1978). *Reflections on behaviorism and society*. Englewood Cliffs, N.J.: Prentice-Hall, Inc.

Skinner, B.F.(1968) *The Technology of Teaching*. New York : Appleton-Century-Crofts.

Slavin, R. E.(1994). *Educational psychology: Theory and practice*. MA: Allyn and Bacon.

Sternberg, R. J.(1986). *The triarchic mind: A new theory of human intelligence*. New York : Veking.

Stipek, D.(2002). *Motivation to Learn: Intergrating theory and practice*. Boston: Allyn and Bacon

Stone, G. L.(1981). *Cognitive-behavioral approach to counseling psychology: Implication for practice, research, and training*. Englewood Cliffs, N.J.: prentice-Hall, Inc.

Tappan, M. B.(1998). Sociocultural psychology and caring psychology: Exploring Vygotsky's "hidden curriculum." *Educational Psychologist*, 33, 23-23.

Thoresen, C. E.(1973). *Behavior modification in education*. Chicago: Chicago University Press.

Thorndike, E.L.(1915) *Educational Psychology* (3 Vol.) New York : Teachers Columbia University.

Torrance, E. P.(1962). *Guiding creative talent*. Newjersery: prentice-Hall.

Torrance, E. p.(1972). Can we teach children to think creatively? *Journal of creative behavior.*

Torrance, E. P.(1981). *Thinking creatively in action and movement.* Scholastic Testing Service, Bensenville, IL.

Torrance, E. P.(1983). *Preschool creativity*, In K. D. Piaget & B. A. Bracken(Eds.), *The Psychoeducational Assesment of Preschool Children*, New York: Grune & Stratton.

Torshen, K.P.(1977) *The Mastery Approach to Competency-Based Education.* New York : Academic Press.

Tulving, E.(1985). How Many memory systems are there? *American Psychologist*, 40, 385-398.

Washburne, C.W. and Marland, S.P.(1963) *Winnetka: The History and significance of an Educational Experiment.* Englewood Cliffs, N.J. : Prentice-Hall.

Wertsch, J. V.(1999). *The zone of proximal development: Some conceptual issues.* In P. Lloyd, & C. Fernyhough (Eds.), *Lev Vygotsky: Critical assessments: The zone of proximal development*, Vol. 3. New York: Routledge.

Wertsch, J. V., & Tulviste, P.(1992). L. S. Vygotsky and contemporary developmental psychology. *Developmental Psychology*, 28, 548-557.

Witkin, H.A., and Goodenough, D.R.(1977) Field dependence and interpersonal behavior. *Psycological Bulleyin*, 84, 661~689.

Witt, J. C., Elliot, S. N. & Greshan, F. M.(ed.)(1988). *Handbook of behavior therapy in education.* New York and london: Plenum Press.

Yantis, S., & Meyer, D.(1988). Dynamics of activation in semantic and episodic memory. *Journal of Experimental Psychology: General*, 117, 130-147.

찾아보기

[저자 소개]

• 이위환
1958년 서울 출생. 영남대학교 교육학과 학사·석사를 수료하였으며 계명대학교에서 교육학박사학위를 취득하였다. 한국교육심리학회와 한국교육사회학회 이사를 역임하였으며 현재는 상주대학교 아동복지학과 교수로 재직중이다.
관심분야로서는 아동의 사회성발달과 아동심리측정에 대하여 관심을 가지고 있으며, 저서로서는 『현대사회와 교육』, 『아동의 교육심리학적 이해』, 『교육철학 및 역사』 외 다수가 있다.
메일주소 : whlee@sangju.ac.kr

• 김용주
1964년 대구 출생. 상주대학교 아동복지학과 학사·석사를 수료하였으며 계명대학교 교육학박사과정(교육심리학 전공) 이수 중이며, 중국 지닌대학에서 교육학을 연구하였다. 현재 대구광역시정어린이집 원장으로 있으며 상주대학교 아동복지학과 겸임교수로 재직중이다.
관심분야로서는 몬테소리, 레지오에밀리아, 발도르프 프로그램, 효과적인 부모역할, 의사소통기법에 대해서 관심을 가지고 있다.
메일주소 : citykid97@hanmail.net

교육심리학

2007년 2월 5일 초판인쇄
2007년 2월 10일 초판발행

저 자 이 위 환 · 김 용 주
발행인 유 성 렬

발행처 **청 목 출 판 사**

150-845
서울특별시 영등포구 신길4동 233-96
전화 (02) 849-6157(代) · 2820
FAX (02) 849-0817
·등록 제318-1994-000090호/1994.2.2

·파본은 바꾸어 드립니다.

값 15,000원

http : //www.chongmok.co.kr

ISBN 978-89-5565-176-8